农村中小学布局调整中的利益博弈

——基于苏镇个案的实地研究

张洪华 著

南开大学出版社

天　津

图书在版编目(CIP)数据

农村中小学布局调整中的利益博弈：基于苏镇个案的
实地研究 / 张洪华著. －天津：南开大学出版社，2014.11
ISBN 978-7-310-04681-2

Ⅰ．①农… Ⅱ．①张… Ⅲ．①农村学校－中小学－
布局－调整－研究－中国 Ⅳ．①G639.21

中国版本图书馆 CIP 数据核字(2014)第 235210 号

南开大学出版社出版发行
出版人：孙克强
地址：天津市南开区卫津路 94 号　　邮政编码：300071
营销部电话：(022)23508339　23500755
营销部传真：(022)23508542　邮购部电话：(022)23502200
*
河北昌黎太阳红彩色印刷有限责任公司印刷
全国各地新华书店经销
*
2014 年 11 月第 1 版　　2014 年 11 月第 1 次印刷
230×170 毫米　16 开本　21.25 印张　2 插页　290 千字
定价：39.00 元

如遇图书印装质量问题,请与本社营销部联系调换,电话:(022)23507125

本研究得到了天津职业技术师范大学师范能力与职业能力研究发展中心资助，谨致以衷心的感谢！

Supported by Teaching Ability & Vocational Capability Research & Development Center

前　言

　　农村中小学布局有其内在逻辑，并受外部环境因素的影响与制约。农村中小学布局调整既是统筹教育资源、推动农村教育改革的人为举措，也是社会变革对农村教育发展的客观要求与自发结果。在农村中小学布局发展演变的历程中，普遍存在着理论逻辑与实践逻辑的分歧与对立。本项研究选择特定区域，以实地调研的形式深入分析学校布局调整背后各种力量的此消彼长，以便揭示农村中小学发展演变的规律，为进一步解决农村中小学布局调整的遗留问题，推动农村教育顺利转型提供参考与借鉴。具体而言，本书框架共分三个部分。

　　第一部分包括三章。第一章阐述了本项研究的选题缘由、研究现状、研究对象和研究方法，对苏镇及所在区域的地理环境、历史人文、经济状况和教育传统进行了比较详尽的介绍，点明了其为中国一般农村典型的特点。第二章分析了自新式学堂产生以来，在现代化与城镇化的大背景下，农村人口结构与学校生源的发展变化，加之国家政策不断地摇摆于公平和效率之间，使得农村中小学的数量、规模与布局也随之发生了相应变化。在计划经济体制下，个体利益与地方利益从属于国家利益，缺乏自我表达的意识与空间，农村中小学布局受国家政策和人口因素影响较大。第三章阐明，20 世纪 90 年代以来，利益主体逐步分化且日益成熟，在农村中小学布局调整中依据各自实力，选择符合自身利益的表达方式和行动策略，使学校布局向着有利于自己所在群体的方向发展。

　　第二部分是实地调研成果的主体部分，包括三章，分别介绍了苏镇学校布局调整的三种类型。第四章选取了苏镇较早建立的几所小学为个案，以它们的发展和命运为主线，分析不同时期政府和村民办学、子女入学积极性的变化，以及学校的发展、增减与合并。第五章选取了位于苏镇最北端的一所中学为例，通过该校屡次被撤并仍能存在的事实，分析了农村初中学校撤并过程中各种力量的抗衡。第六章以第四中学被撤并，私立学校嵌入为开端，介绍了万隆学校在当地从无到有、从弱到强的发展变化，以及给当地教育教学、生源流动和学校规模等造成的影响。

第三部分是本项研究的深化与结论部分，也是全书的难点所在。第七章分析了中央、地方和农民等不同利益主体在不同历史时期对待教育的目标取向及行动逻辑，阐明了由此导致的各个时期学校布局的特点。第八章是思考与展望：首先以实证调研为基础，分析比较了苏镇中小学布局调整的各种可能；其次，从历史的角度，对当前农村中小学布局调整中的各种争议进行了反思；最后指出，农村中小学布局调整应该站在历史和全局的高度，让农村孩子看到成长与发展的希望，让农村学校成为儿童成长的乐园，坚持教育均衡发展，积极构建城乡和谐的学校生态体系。

目　录

第一章 导　言

一、研究缘起

在"三农"问题日益凸显的社会背景下，城乡教育均衡发展备受社会关注。农村学校布局的发展演变比较明显地呈现了基础教育资源在城乡间、校际间配置与流动上的倾向，也是导致城乡基础教育差距悬殊的重要因素之一。作为一个从农村长大又接受了高等教育的教育研究者，能够在自己熟悉的环境中做社会调查，既是一种机缘，也是一种责任，我深感有义务为促进城乡基础教育的均衡发展略尽绵薄之力。

（一）农村教育备受关注

在以城市化、工业化为核心的现代化进程中，传统的乡村文明被排斥于"现代文明"之外。虽然当今农村的面貌有了很大程度的改变，但城乡差别依然存在，在许多地区还表现得非常明显。当城市中的人们热衷于互联网、麦当劳、时尚与高福利之时，在农村还有许多人为衣食、入学和基本的医疗费用担忧。城乡差别是现代化进程中的一种比较普遍的现象，与历史因素和地理因素息息相关，也与政策的制定与执行紧密相连。改革开放以来，我国的城乡发展一直处于不均衡状态，城乡发展的不平衡日益成为制约经济发展的重要因素。1993 年，号称"温三农"的温铁军根据在安徽的调查，在《经济日报》上公开发表了题为"汝果欲支农，功夫在农外"

的文章，认为农村问题主要受宏观政策影响，而不是简单的农业问题。20世纪 90 年代后期以来，国家在政策导向上越来越关注缩小城乡差别。在1998 年 10 月党的十五届三中全会上，江泽民同志就指出："农业、农村和农民问题是关系改革开放和现代化建设全局的重大问题。没有农村的稳定就没有全国的稳定，没有农民的小康就没有全国人民的小康，没有农业的现代化就没有整个国民经济的现代化。"党的十六大报告指出："统筹城乡经济社会发展，建设现代农业，发展农村经济，增加农民收入，是全面建设小康社会的重大任务。"从此以后，党和国家缩小城乡差别，解决"三农"问题的力度越来越大。

在古代，以私学、私塾为主的农村教育在维系社会稳定，为统治阶级输送人才方面发挥了积极作用。在近代，学校教育曾被赋予改造社会的功能，20 世纪上半叶一度形成乡村建设运动的热潮。新中国成立以后，在扫除文盲和九年义务教育普及过程中，农村中小学得以迅速发展并做出了突出贡献。然而，随着城镇化的推进，城乡差距日益明显，农村学校与城市学校之间的鸿沟几近不可逾越。新世纪以来，国家大力缩减区域差距，积极推行新农村建设，然而，作为农村重要文化机构的农村学校却日益凋敝，对于农村学校的功能定位以及发展方向，引发了越来越强烈的社会关注。

（二）个人研究取向

我出生在农村，8 岁入学进入村小，而后一路攀升，经镇初中、县高中、省属高校到部属高校，内心经历了很多文化冲突，并逐渐适应了城市生活的节奏。自大学以来，我一直从事教育专业的学习、研究和教学，在不断的奋斗、挣扎与调适中，在城市生活与农村生活、城市教育与农村教育的冲突和比较中，不断反观自我，从自身的成长经历中探寻答案：我是如何成为现在的我的？我和儿时的伙伴有了什么区别？为什么会出现这些区别？环境和教育起了什么影响？是环境造就了我，还是我背弃了环境？作为乡亲眼中的成功者，又是经历了农村和城市不同教育、不同生活方式的人，我应该如何解读农村教育？

缺少对政策对象和基层执行机构深层把握的政策设计，势必会遇到执行的阻力，由于理解、条件和利益的不同，会导致政策在不同程度上的失真。由于教育的话语权和决策权集中于城市，受现代整齐划一思维方式的影响，教育政策的制定更多地带有城市倾向。在制定教育政策时，往往会忽略两个非常重要的基本问题：第一，农村孩子为了什么而读书？第二，农村原有的价值体系起了什么作用？这种以城市的眼光关照并设计乡村教育的方式，由于缺乏对乡村生存状况的了解，有些教育政策不仅无助于农村教育问题的解决，反而会使乡村在盲目追赶城市的过程中增加本已十分沉重的负担。基层政策执行机构是一个特殊的官僚利益集团，由于不同执行官员的偏好和不同地区政策环境的不同，同一公共政策的实施结果会有非常悬殊的差别。

基础教育政策在执行过程中，政策目标与基本战略在多大程度上被修改？乡村社会的固有观念和价值体系起了什么作用？作为一个教育理论研究者，笔者深感有责任、有义务探究布局调整中隐含于事实背后的实践逻辑与理论逻辑的冲突，为农村中小学布局调整的顺利实施以及推动农村教育成功转型提供参考和借鉴。

（三）研究意义与价值

学校布局是一个国家或地区学校在地理空间上的分布结构。学校布局合理与否直接关系到教育资源的利用效率。[①]由于影响学校布局的社会经济发展水平和人口分布是不断发展变化的，因而学校布局的调整是不可避免的。学校布局调整既是社会变革的重要组成部分，也是教育自身发展的需要。农村学校布局调整不应该是简单的撤校并校，而应该是农村教育成功转型的契机。综观世界各主要发达国家农村教育经验，在中小学教育发展方面，几乎都经历了从因陋就简、分散布点到合并重组、扩大规模的过程。

在我国，自近代新式学校产生以来，至少经历了20世纪30年代、50

---

① 石人炳. 国外关于学校布局调整的研究及启示[J]. 比较教育研究，2004（12）

年代、80 年代初、90 年代、21 世纪初五个时期的农村中小学布局调整。历次学校布局调整都有特定的目的，新一轮学校布局调整契合了国家推动城镇化和新农村建设的发展战略。每个阶段学校布局调整的社会环境、依靠力量、战略目标的实现程度及调整周期都各不相同，深入分析我国农村学校布局调整的发展历程，可以探究学校发展、社会环境与国家政策之间的关系，既有助于丰富教育基本理论在我国本土意义上的内涵，也可以服务于农村基础教育的决策与实践。

2001 年，为适应城镇化进程和学龄人口波动的需要，国务院在《关于教育体制改革与发展的决定》中明确提出要"合理规划和调整学校布局"。如今，这场由政府主导的规模大、速度快、涉及面广的新一轮农村中小学布局调整已经接近尾声。作为一场变革，农村中小学布局调整给农村基础教育带来了强烈的震荡。震荡过后，各要素是如何寻求平衡并进一步发展的？调整的详尽过程如何？这场变革是否与农村基础教育发展的要求契合？在多大程度上实现了预期目标？对农村基础教育产生了怎样的影响？目前，我国的教育政策研究者多从专家视角而非公众视角、更喜欢引证和争论观点而很少花时间用数据证实自己的观点，有关教育政策研究的论文更多采用了坐而论道的方式，像是在回答"策论"。①尽管这种纯理论的研究以其鲜明、深刻、完美的特点，在引领实践发展中具有不可替代的作用，然而，另一方面也反映出在教育研究领域，我国还缺少从公众视角出发、在实地调查中注重数据证实的研究成果。本书拟采用实地研究的方式，通过对农村中小学布局调整中不同利益主体的分析和不同学校发展轨迹的探索，揭示教育政策理论逻辑与实践逻辑的真相，为解决农村中小学布局调整遗留问题，推动学校布局调整工作，进一步深化和农村教育的顺利转型提供参考与借鉴。这在崇尚纯理论研究和城市经验的学术研究领域，也应当是一种必要的补充。

---

① 范国睿. 从教育舆情的历史变迁看美国公立学校的发展（代序）[A]. 范国睿，刘涛，王佳佳. 美国公众眼中的公立学校：1969～2007 年卡潘／盖洛普教育民意调查报告[M]. 北京：教育科学出版社，2009：11

二、研究现状

学校布局调整是一项系统的长期的工作，涉及经济、政治、文化、教育各个方面，综合分析国内公开发表的著作与期刊文章，情绪化的主观评述和经验性的总结较多，无论其视角还是所触及的问题，多有雷同。每年成倍增长的文献带来的不仅仅是研究的繁荣，不一致甚至相互矛盾的研究成果也给教育实践工作者和理论研究者驾驭和把握本领域研究状况造成了不少困难。在全国范围的学校布局调整高潮渐趋平静之际，对已有研究文献进行量化处理，抽取不同研究的特征向量并进行归类，有助于了解和保存不同研究之间差别变化的程度及趋向。

（一）定量分析

以"中国学术文献网络出版总库"的"高级检索"为搜索平台，以"农村"为主题，以"中小学"或含"学校"并且包含"布局调整"为题名，起始时间不限，截止时间为 2010 年 12 月 31 日，共搜索到文献 203 篇。

1. 作者单位分析

分析文献的作者单位可以比较清楚地了解哪些单位或部门最为关注这一研究领域，来自不同单位的观点和研究视角有何不同。从作者单位类型上来看，主要集中在师范类院校，占文献总数的一半以上，基层教育行政单位和中小学都有一定比例的文章发表。

表 1.1　文献作者单位类型及篇数

单位类型	文章篇数	百分比
师范院校	106	52%
其他院校	26	13%
教育局	9	4%
中小学	3	1%
教科所	3	1%
其他	56	28%

从研究单位发表文章的数量来看，排名前十位的除中南财经政法大学和西南大学外，其他都为师范大学。华中师范大学以 42 篇占据首位，他们的研究涉及农村中小学布局调整的原因、动力、成效、问题及对策等各个方面，比较系统。①东北师范大学在 2009 年成功举办"公平、质量、效率：农村教育政策的抉择"国际学术研讨会以后，有关农村中小学布局调整的研究发展迅猛，以 23 篇的文献数量居于第二位。

表 1.2　研究文献作者单位及篇数（排名前十）

作者单位	篇数
华中师范大学	42
东北师范大学	23
北京师范大学	7
华东师范大学	5
中南财经政法大学	3
内蒙古师范大学	3
西北师范大学	3
西南大学	3
吉林师范大学	2
陕西师范大学	2

2. 学科分析

将农村中小学布局调整研究所涉及的学科作为一项分析指标有助于说明该问题所涉及的研究领域，也能在某种程度上说明其受关注的程度。按"中国学术文献网络出版总库"中的学科分类，检索到的文章所涉及的学科及篇数如表 1.3 所示。

---

① 参见：范先佐，郭清扬. 我国农村中小学布局调整的成效、问题及对策[J]. 教育研究，2009（1）：31～38；范先佐. 农村中小学布局调整的原因、动力及方式选择[J]. 教育与经济，2006（1）：26～29

表1.3 农村中小学布局调整研究涉及的学科及篇数

学科	篇数
中等教育	132
教育理论与教育管理	55
初等教育	9
成人教育与特殊教育	3
中国政治与国际政治	2
财政与税收	2
行政学及国家行政管理	1
计算机软件及计算机应用	1
学前教育	1
职业教育	1
自然地理学和测绘学	1

尽管有少量文献涉及了政治学、经济学、管理学、计算机科学、地理测绘学等诸多学科,然而很显然的是有关农村中小学布局调整的大部分研究集中于教育学科领域,其研究篇目占已有文献总数的95%以上。

3. 年度分析

通过分析一定时期内研究文献数量的变化可以在某种程度上反映该领域受关注的程度以及研究发展的变化态势。20世纪90年代,在教育经费短缺的情况下,为了加快实现"普九"目标,我国农村地区开始自发地进行学校布局调整。这一时期的研究文献主要来自基层教育管理部门。最早的一篇文章出自江苏省海安县教育局,文章发表在1992年《教育理论与实践》杂志上,作者根据当时小学布局及其调整中存在的问题,提出了一些初步建议。①1995年和1997年都有文章出自教育局或地市教育委员

---

① 葛敬义. 实现规模办学 提高办学效益——关于农村一般小学布局调整和学校建设问题的思考[J]. 教育理论与实践,1992(05)

会。①2003 年,《中国教育报》和《中国教师报》发表文章介绍了地方布局调整的状况,并对个别地区的"贪快"现象提出了警示。自此以后,相关研究文献呈年度持续增长趋势。自庞丽娟、范先佐等知名学者撰文分析了布局调整的原因、动力、问题、方式选择及对策后,有关农村中小学布局调整的研究渐成高潮。②2008 年,随着各地布局调整负面影响的凸显,围绕布局调整中兼顾教育公平和教育均衡的研究逐渐成为焦点。

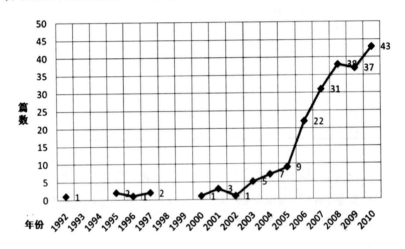

图 1.1 农村中小学布局调整研究文献年度分析

4. 研究类型分析

基础研究与其他研究的比例也是反映某领域研究状况的重要指标。基础研究以认识现象、发现和开拓新知识为目的,通过实验分析或理论性研究获得关于现象和可观察事实的基本原理、原则或规律,有助于加深对客观事物的认识和研究的深化。行业指导、政策研究和应用研究则带有很强的目的性,侧重于将基础研究成果发展为实际应用的形式。从发表的论文

① 昌泽斌. 超前性合理性效益性有序性——关于农村中小学布局调整的实践与思考[J]. 教育科学, 1995(1):18~19;孙家振. 调整学校布局优化资源配置——关于农村义务教育阶段学校布局调整的实践与思考[J]. 山东教育科研, 1997(1):73~75

② 庞丽娟, 韩小雨. 农村中小学布局调整的问题、原因及对策[J]. 教育学报, 2005(4):90~96;范先佐. 农村中小学布局调整的原因、动力及方式选择[J]. 教育与经济, 2006(1):26~29

情况来看，现有研究仍然偏重于基础研究，行业指导和政策研究仍需加强。

表 1.4　农村中小学布局调整研究文献层次及篇数

研究层次	篇数
基础研究（社科）	104
行业指导（社科）	39
其他	27
基础教育与中等职业教育	19
政策研究（社科）	9
职业指导（社科）	2
高等教育	2
基础与应用基础研究（自然科学）	1

（二）定性分析

参考国外相关研究，从调整的原因、标准、效果以及改进策略四个方面对已有文献进行比较分析，可以看到国内外在相关研究上的差异，从而有助于从一种更广阔的视野看待中国本土的农村中小学布局调整问题的研究与实践。

1. 关于调整的原因

国外学者普遍认为：人口的变化会直接影响学校布局的调整，人口规模、年龄结构、分布的变动都将导致学校数量和分布的变化，人口增加、年轻化、分布分散将要求教育服务的增加；反之，则要求教育服务的减少。比如，萨拉·赫斯科维奇（Sara Heshcovitz）分析了特拉维夫和耶路撒冷两座城市的人口变动对学校布局的影响。1970 年至 1988 年，特拉维夫市人口呈减少趋势，年龄结构老龄化；相反，耶路撒冷人口规模增加，年龄结构呈年轻化趋势。在学校布局方面，特拉维夫有大量学校关闭，耶路撒冷则新建了不少学校。①

　　节约经费也是学校布局调整的重要原因之一。在美国，有学者指出，州政府不断地鼓励学校合并，名义上是为了提高效率，实际上是为了节约经费。他们还分析了不同规模的学校合并所能节省的费用，结果是规模越小的两所学校合并节省的费用越多，而规模越大的两所学校合并节省的费用越少；如果学校人数超过 3000 人，管理等费用还会增加。②

　　我国学者关于学校布局调整的原因也主要是从经济、人口两个方面来论述的，另外，还兼顾了我国税费改革与城镇化的特殊国情。范先佐教授认为，合理的教育布局能够使教育资源得到充分利用，学校布局要随经济社会的发展，特别是人口的年龄结构和空间分布变化而不断调整。他还认为新一轮农村中小学布局调整是农村税费改革的一种自然选择，是农村城镇化的必然结果，也是农村生源减少的客观要求。另外，农村人口的大规模流动和广大农民及其子女对优质教育资源需求的急剧增加，也要求对农村中小学布局及时进行调整。③

　　从国内外的文献来看，学校布局调整的原因几乎都来自教育外部，是被动的调整，鲜有从教育本身需要的角度来论述布局调整的重要性。为数不多的几篇关于布局调整与学生学业成绩关系的研究④，为本书从教育视角研究调整问题打开了一个窗口。

　　2. 关于调整的标准

　　世界银行全民教育资助项目高级执行专家塞尔加·塞尼克（Serge Theunynck）认为，学校布局调整没有标准不行。没有标准，学校可能建在

① Sara Heshcovitz. Socio-Spatial Aspects of Changes in Educational Services: TelAviv and Jerusalem, 1970-1988 [J/OL]. *The Service Industries Journal*, Apr. 1991: 11.

② Duncombe, W., and Yinger, J. Does school district consolidation cut costs? Center for Policy Research, The Maxwell School [J/OL]. Syracuse University Working Paper No. 33, 2001

③ 范先佐. 农村中小学布局调整的原因、动力及方式选择[J]. 教育与经济, 2006（1）.

④ 陈惠慈. 日本小规模学校的复式教学[J]. 教育导刊, 1994（Z2）；和学新. 班级规模与学校规模对学校教育成效的影响——关于我国中小学布局调整问题的思考[J]. 教育发展研究, 2001（1）；胡咏梅, 杨素红. 学生学业成绩与教育期望关系研究——基于西部五省区农村小学的实证分析[J]. 天中学刊, 2010（06）

不恰当的地点，或导致学校资源闲置。没有弹性的标准也不行，刚性的标准会影响到入学。[①]关于什么时候关闭学校，进行布局调整，耶格尔（Yeager）在 1979 年提出了三条标准：（1）综合考虑各种因素（上学距离，交通工具的选择等）；（2）将关闭学校对社会的影响降到最小；（3）原学校资源的充分利用。[②]还有学者用物理距离（physical distance）、文化距离（cultural distance）和时间距离（time distance）等三种方法来衡量上学距离。[③]加拿大萨斯喀彻温省在布局调整前，充分收集当地教育发展信息，在量化的基础上进行预测，模拟学校布局调整的做法可以为我们提供借鉴。[④]

我国学者郭清扬等人在介绍美国学者关于学校规模、服务人口和服务范围的基础上，提出判断和评价农村中小学布局是否合理的标准是学校规模、服务人口和服务范围。他通过调整前后的数据比较发现，"农村中小学的布局调整力度较大，中小学的服务人口和服务范围都有显著增加和扩大，学校规模的扩大更加明显"，"表明学校布局调整取得了良好成效"。[⑤]石人炳认为："中小学校布局调整就是对现有教育资源进行重新组合，其目的是要在义务教育阶段学龄人口不断减少的情况下，适度扩大学校规模，提高教育投资效益。"他指出，当前农村学校布局调整主要有三种标准：学校服务范围标准、学校人群数量标准和学校规模标准。这些都是从办学效益角度提出的，缺少以人为本的考虑，认为除此之外还应该考虑时间距离、文化距离和心理距离。[⑥]

---

① Serge Theunynck. School Constructionin Developing Countries: What Do We Know? [EB/OL]. [2009/5/30]. http: //www.sheltercentre.org/library/School+Construction+Developing+Countries+What+do+we+know.

② Yeager, R. F. Rationality and Retrenchment: The Use of a Computer Simulation to Aid Decision Making in School Closing [J]. *Education and Urban Society*, 1979 (11).

③ Douglas Lehman. Bringing the School to the Children: Shortening the Path to EFA [EB/OL]. August, 2003. [2009/5/30]. http://siteresources.worldbank.org/EDUCATION/Resources/Education-Notes/EdNotes RuralAccessInitiative. pdf

④ 杨兆山等. 加拿大学校布局调整研究及其启示[J]. 外国教育研究, 2007（12）

⑤ 郭清扬, 王远伟. 我国农村中小学布局调整的总体评价[J]. 河北师范大学学报（教育科学版）, 2008（3）

⑥ 石人炳. 用科学发展观指导中小学校布局调整[J]. 中国教育学刊, 2004（7）

　　从文献来看，我国关于标准的研究略逊一筹。尽管有学者从以人为本的角度考虑涉及了心理距离的问题，但仍然停留在模糊概念的层面，缺少操作上的实际意义。在美国的学校关闭与学校合并实践中，程序是比较严格的，有些州有专门的关于学校关闭或合并的立法。在我国的布局调整实践中，自上而下的行政命令起到了决定性作用，关于标准的制定与执行相对比较粗糙。鉴于我国幅员辽阔、地形复杂、人口分布不均，本研究无意得出具有普适意义的学校布局调整标准，研究者将集中精力探究现有标准在执行中对政策目标群体产生的影响，他们的态度、行为产生了哪些变化，其消极影响是否可以避免，等等。

　　3. 关于调整的后果

　　国外关于调整后果的研究集中反映在学校关闭方面。有研究表明，学生入学率与上学距离成反比；也有研究指出，在学校关闭前的相当长时间内，学校的正常教学秩序会受到影响。费普斯的研究则指出：学校是标志邻近地区"适宜居住"（livability）的象征，居民常对关闭本地学校持消极态度。[1]萨拉·赫斯科维奇也认为关闭学校是对当地成为完整社会单位的破坏，当地村民会认为该地区生命周期一个重要阶段的结束。[2]梅茨等人的研究刚好相反，认为学校关闭，也可能给社区带来新的发展。[3]也有学者认为学校合并改变了学校规模，而学校规模对学生成年后的收入水平有一定关系，他们的研究发现在较大规模的学校里接受教育的学生成年后工资收入水平相对较低。[4]

　　在我国，有些地方政府缺乏科学系统的规划，将国家布局调整政策简

---

① Phipps, A. G., and Holden, J. Intended Mobility Response to Innercity School Closure (Canada) [J]. *Environment and Planning*, 1985(17).

② Sara Heshcovitz. Socio-Spatial Aspects of Changes in Educational Services: TelAviv and Jerusalem, 1970-1988 [J]. *The Service Industries Journal*, Apr 1991: 2.

③ Mets, M. H. The Closing of Andrew Jackson Elementary School: Magnets in School System Organization and Politics [A]. In B. S. Bachrach (ed.). *Organization Behavior in Schools and Schools Districts* [M]. New York: Praeger, 1981.

④ Christopher R. Berry. School Consolidation and Inequality [EB/OL]. [2009/5/30]. http://harrisschool.uchicago.edu/About/publications/working-papers/pdf/wp_07_02.pdf.

单理解为撤并或减少学校，盲目追求规模效益，追求撤并的数量与速度。庞丽娟等人认为，部分地区不合理的农村中小学布局调整引发了严重的问题，包括：农村中小学生上学路程遥远、困难，且存在严重的安全隐患；子女教育费用骤增，农民家庭无力支撑，难以为继；农村寄宿学校安全、卫生、管理等方面凸显许多困难，严重影响学生身心健康；中心学校教学班数量陡增，教师工作繁重，教育质量难以有效保证；一些地区农民群众的切身利益与感情受到伤害，产生社会稳定隐患，等等。①

从以上文献可以看出，国外相对于国内而言，关于调整后果的研究更多地关注了社会文化、教育公平等深层次的长期影响，而我国关于调整后果所反映出的问题则多是操作层面上的，对调整后当地居民、学生学业成绩和未来发展缺少深层次的系统研究。

4. 关于改进策略

在改进策略方面，多数学者认为科学的规划可以避免不必要的调整，也能降低调整中的不利因素的影响。道格拉斯·雷曼（Douglas Lehman）认为分散的、自下而上的教育规划（bottom-up school planning）通常优于集中的、自上而下的决策（top-down decisions），前者往往比后者更切合实际，也更合理，从而可以更好地避免新学校闲置或邻近地区教育需要得不到满足的状况。②也有学者反对盲目关闭小规模学校，赛尔加·塞尼克认为，在农村地区，多年级同班上课和只有一个教师的小学是必要的，但这些小的学校需要有特别的设计和教学方法。③

在我国，许多学者都提到了科学规划的重要性。庞丽娟认为："应该正确认识、科学理解中央的农村中小学布局调整政策，应该深入调研当地社会、经济、教育等实际情况，科学统筹规划，因地、因时制宜，积极稳

---

① 庞丽娟，韩小雨. 农村中小学布局调整的问题、原因及对策[J]. 教育学报，2005（4）：90~95.

② Douglas Lehman. Bringing the School to the Children: Shortening the Path to EFA [EB/OL]. August, 2003. [2009/5/30]. http://siteresources.worldbank.org/EDUCATION/Resources/Education-Notes/EdNotes RuralAccessInitiative. Pdf.

③ Serge Theunynck (2003). Education for All: Building the Schools [EB/OL]. [2009/5/30]. http://siteresources.worldbank.org/DISABILITY/Resources/280658-1172610312075/EFABuildingSchools. Pdf.

妥推进农村中小学布局调整工作。"① 还有些学者提议设立专项基金，如调配专用资金建造教学楼、宿舍楼，购置教学设备，免收住宿费、水电费，建寄宿制学校的蔬菜基地，等等。②李祥云运用"私人教育成本"的概念，指出学校规模越大，私人教育成本越高，学校布局调整应该综合考虑公共与私人教育成本。③范先佐等人还提到要慎重对待村小和教学点的撤留问题，对保留下来的村小和教学点给予适当支持、加强农村中小学师资队伍建设等。④

　　尽管农村中小学布局调整的初衷是"优化资源配置"和"提高教育质量"，然而在实施中许多地方政府调整中小学布局的动力却来自"减轻政府的财政负担，追求规模效益"。经费不足是目前面临的重大问题，在资源有限的情况下，指望政府解决所有的问题并不现实，要结合地方实际，优化资源配置，提高教育质量，做到因地、因时制宜，深入调研地方的社会、经济与教育状况，揭示在政策实施过程中不同力量的消长及运行机制。

（三）当前学校布局调整中存在的突出问题

　　2001 年以来，不少地区撤并了一批条件较差的教学点，妥善分流安置了一批不合格教师，集中配置教学资源，办学的规模效益明显提高。当然，这一过程还存在一些问题，制约着学校布局调整的顺利进行和城镇化水平的进一步提高。

　　1. 地方政府盲目执行，缺乏科学合理规划

　　农村中小学布局调整是一项系统工程，需要制定科学的规划。布局调整规划方案应该结合城镇发展规划重点考虑学校规模、服务范围和服务人口等因素，还需要考虑村民的心理感受、经济承受能力、自然条件等因素。然而，许多地方政府盲目追求规模效益，将国家布局调整政策简单理解为

----

① 庞丽娟. 当前我国农村中小学布局调整的问题、原因及对策[J]. 教育发展研究，2006（2B）
② 孙艳霞. 农村中小学布局调整的得失[J]. 人民教育，2004（22）
③ 李祥云. 农村中小学布局调整与"两免一补"政策实施情况分析[J]. 教育发展研究，2008（21）
④ 范先佐，郭清扬. 我国农村中小学布局调整的成效、问题及对策[J]. 教育研究，2009（1）

撤并或减少学校，盲目追求撤并的数量与速度。

2. 部分村民干部不理解，利益感情受伤害

多年以来，政府投入农村义务教育的经费非常有限，村级小学多是由当地村干部带领村民多方筹资建起来的，现在要将学校停办或撤并，许多干部和村民难以理解。更重要的是，孩子到邻村或中心校上学，交通、饮食、住宿等问题加重了家庭负担，家长还要担心孩子在路上和学校的安全。

3. 路途遥远存隐患，新辍学问题凸显

在一项基于中西部 6 省 177 个乡镇的调查中[①]，样本学生上学的平均距离为 4.8 公里，66.2%的学生上学靠步行，29.6%的家长和 27%的学生认为自己上学不方便。尽管导致近几年农村学生辍学的原因有多个方面，但不可否认农村边远山区大规模撤点并校，客观上造成了部分小学生上学难、上学远的问题，甚至导致这些地区小学辍学率远高于其他地区。有调查显示，有的乡镇中学辍学率竟高达 70%。[②]

4. 教育经费严重短缺，寄宿办学加重负担

农村税费改革导致了教育经费不足，学校布局调整的目的之一在于优化资源配置。然而布局调整后，对寄宿提出了更高要求，加重了家庭和学校的负担。6 省区的调查显示，经费不足仍是布局调整后的主要障碍。同时，由于缺乏后续配套资金，有些学校又增添了新的债务。[③]

（四）农村中小学布局调整面临的挑战

1. 如何妥善安置不合格教师，引进优秀师资

学校合并不可避免地要裁汰教职员工，某些教学人员和大量的办公室工作人员会被淘汰。此外，由于我国城乡发展的不平衡，农村教育无论就

---

① 郭清扬. 农村中小学布局调整的实证研究与理论探讨[D]：博士学位论文. 武汉：华中师范大学，2008：70

② 袁桂林. 对农村教育发展的调查和思考[N]. 中国教育报，2003-08-22

③ 郭清扬. 我国农村中小学布局调整问题、原因及对策[J]. 华中师范大学学报（人文社会科学版），2008（1）

办学条件还是师资水平等方面都无法与城市教育相比，要实现农村教育的转型，还需要引进大批优秀的师资。因此，在这一过程中，如何妥善分流安置多余的不合格教师，又能按需引进优秀的教师，对地方政府和学校来说，无疑都是一种挑战。

2. 如何确定学校布局标准，寻求教育发展与城镇发展的平衡

世界银行全民教育资助项目高级执行专家塞尔加·塞尼克（Serge Theunynck）认为，学校布局调整没有标准不行。没有标准，学校可能建在不恰当的地点，或导致学校资源闲置。没有弹性的标准也不行，刚性的标准会影响到入学。① 当前许多小城镇要么没有规划，要么有规划却不明朗，要么规划周期太短，即使有 50 年以上规划者，又经常随党政主要领导人的更换而修改或中断。在这种情况下，要确定标准保证与城镇布局协调的确困难重重。

3. 如何协调不同利益群体，顾全城镇发展与教育发展的大局

郭建如认为，中小学空间布局的调整在一定意义上是利益格局的调整，在调整过程中贯穿着相关方的利益分配及权力运作。在这一过程中，乡镇基层政权、社区以及村庄势力和学校系统之间会围绕着中小学教育布局产生各种复杂的关系，使得中小学的布局结构调整并不仅仅是对效率的追求，也不仅仅是地图上的规划，而是渗透着权力争斗的教育政治过程。②

4. 如何在教育经费和资源有限的条件下，不增加农民负担，确保教育优先发展

必要的经费投入是保证农村中小学布局调整顺利进行的必要条件。然而，现实情况是，我国小城镇发展区域不均衡，多数小城镇财政短缺，在国家资金有限、不能满足城镇建设和教育发展需要的前提下，确保教育优先发展还存在不少困难。

---

① Serge Theunynck. School Construction in Developing Countries: What Do We Know? [EB/OL]. 2003. http://www1.worldbank.org/education/pdf/EFAcas_Construction.pdf.

② 郭建如. 国家—社会视角下的农村基础教育发展：教育政治学分析[J]. 北京大学教育评论, 2005 (3)

5. 如何借布局调整之机，促进农村教育转型，又不照搬城市教育模式

撤点并校，鼓励学生到中心学校读书，不能仅仅追求规模效益，不能简单照搬城市教育的做法。在学校的硬件建设上，需要统筹资源，力争接近或者达到城市学校的水平。而在软件上，尤其人才培养方面，需要与城市学校共同探索，努力培养适应未来社会而不仅仅是应对考试的人才。

6. 如何推进城镇化进程，既保证基础教育质量，又满足社区教育的需要

中小学是城镇建设的重要组成部分，是农村社区教育的依托对象，也是地方文化体系的重要组成部分。普通中小学在当前农村集镇社区教育中具有独特的优势，尤其是在人力资源和文体设施方面。然而，目前农村中小学都承担着繁重的基础教育任务，学校教育资源向社会开放不足，整合社会教育资源的能力也有待提高。

7. 如何准确预测人口规模和转移趋势，处理好就近入学与吸引优质生源的关系

通过研究费孝通的小城镇发展模式理论可以发现，小城镇多是通过"市场力量引起的农村利益主体自发积聚和组织"而逐步形成的。[1] 由于城镇化并不是一个可以通过行政控制的确定过程，要对人口规模和转移趋势做出准确的预测以安排移民子女就近入学就会非常困难，如果要严格户籍制度，坚持就近入学，又会影响学校吸纳优质生源前来就读。

三、研究对象

农村中小学布局调整是一项系统的工程，需要与当地的城镇化以及政治经济发展相协调。另外，学校布局也是一个涉及千家万户的事业，势必给地方乡镇政府、村委会、学校、家庭和儿童带来利益上的变化，为了细致地研究布局调整的各个阶段上不同利益主体的态度、观点、行为及相互

---

[1] 王星. 经典小城镇理论的现实困境——重读费孝通先生的《小城镇四记》[J]. 社会科学评论，2006（2）

作用而产生的结果，了解政策制定的理论逻辑与实践过程中地方政府、中小学校长、广大教师和农民群众的实践逻辑，需要确定一个较小的研究单位。

（一）为什么是乡镇

要进入实地深入进行田野研究，需要选择一个合适的研究区域作为分析单位。在中国农村近现代社会研究中，存在着三种不同的研究单位：村落、乡镇和县域。

村落研究是中国乡村研究的主流范式。英国社会人类学家马林诺夫斯基（Bronislaw Malinowski）认为："通过熟悉一个小村落的生活，我们犹如在显微镜下看到了整个中国的缩影。"① 选择一个村庄作为研究对象，最经典的当属费孝通的《江村经济》，另外，林耀华的义序村宗族研究、杨懋春的台头村调查也都印证了"小地方大社会"的逻辑，近来又有阎云翔以黑龙江下岬村调查为基础写作的《私人生活的变革：一个中国村庄里的爱情、家庭与亲密关系 1949～1999》、陈辉以浙江衢州西南部某村为基础调查所著的《古村不古》等，都是以一个村庄为基础描绘当前农村发生的巨大变化。在教育领域有司宏昌以河北仁村为个案写作的《嵌入村庄的学校——仁村教育的历史人类学探究》，试图通过对一个村庄个案的研究，揭示乡土社会的真实教育图景。

美国中国学研究的第二代领军人物施坚雅（G. W. Skinner），主张以标准市镇为单位研究中国农村的社会结构和社会生活。他通过对四川集市的研究，为中国的基层社会研究提供了一个非常清晰的"基层集市社区模式"，在中外学术界影响巨大，几乎到了凡是研究中国市镇史、集市史者都无法回避的程度。②许烺光（Francis L. K. Hsu）的《祖荫下》以云南的喜洲镇为研究单位，开创了以乡镇为研究单位的先河③，却未能对乡镇作

① 〔英〕马林诺夫斯基.《江村经济》序[A]. 费孝通. 江村经济[M]. 北京：商务印书馆，1997：16

② 〔美〕施坚雅著. 史建云，徐秀丽译. 中国农村的市场和社会结构[M]. 北京：中国社会科学出版社，1998

③ 〔美〕许烺光著. 王芃徐，隆德译. 祖荫下：中国乡村的亲属人格与社会流动[M]. 台北：南天书局，2001

为一级农村研究单位展开足够的理论反思。真正自觉地反思以乡镇作为中国农村研究基本单位的学者是日本的福武直，他在同期出版的《中国农村社会的构造》一书中提出了"乡镇共同体"的概念，将乡镇作为农民基本生活得以维持的聚集区域，在这样一个区域内，农民跨越村落进行日常生活的交流与市场交换。①梁漱溟认为中国是集家而为乡、集乡而为国的社会，乡是进行社会改造的最适宜的社会组织。他立足于"乡村建设"，改造的目标却是整个的中国社会。他的目光始终盯在中国政治、经济和文化秩序的重建上。②

"县"作为基层行政单位，自秦推行郡县制以来一直保持着相对的稳定性，可谓基层意义上最完备的"国家"。尽管早在 1949 年以前，晏阳初就认定县是从事农村工作最好的区域单位，在河北省政府的支持下，成立了"定县实验县"，然而对县域的研究却不像其他研究单位那样出众。真正将"县"作为一个分析单位提出来的是杨雪冬，他将"县"界定为研究中国社会的中观分析单位，认为以"县"为单位的研究"不仅能够比较全面地反映出整个体制的运行和变迁，而且能够较为集中地体现出国家与社会之间的互动"。③

对于田野研究单位的确定，理论上可以有多种选择，然而在具体的选择方面要受研究主题和研究者能力的限制。村落社区往往是确定研究单位的首选，最小的单位能够比较容易地展示出农村社会生活的丰富性和复杂性。然而，仅仅局限在村落内又难以展示某些主题的完整图景。比如，要研究农村的基础教育，研究农村中小学的布局调整，仅仅选定一个村是不能提供完整画面的。相反，选择一个县域进行田野研究，能够呈现出比村落、乡镇更丰富的农村图景，但是县域广阔，单个的研究者难以把握全部图景，由于不能兼顾结构与过程而呈现出"非驴非马"的状况。经过慎重

---

① 狄金华. 中国农村田野研究单位的选择[J]. 中国农村观察，2009（6）：80～91

② 赵承福主编. 山东教育通史：近现代卷[M]. 济南：山东人民出版社，2000：178

③ 杨雪冬. 论"县"：对一个中观分析单位的分析[A]. 陈明明. 权力、责任与国家（复旦政治学评论第4辑）[C]. 上海：上海人民出版社，2006

思考，研究者选择了介于村庄和县城之间的乡镇作为研究对象。一个乡镇一般由几十个村庄组成，作为农村基层的经济政治文化中心，具有一定的代表性。选择一个乡镇，可以比较全面地涉及政治、经济、文化、社会等各方面的调查，既能关注到个案的历史，又能关注到自上而下政策实践的后果。对于基础教育来说，乡镇含有小学和初中，历史上也曾经有过高中，学校类型和层次相对比较全面，刚好可以看作一个比较完整的学校系统，能够提供农村基础教育和学校布局调整研究相对完整的画面。

（二）为什么是苏镇

据 2009 年全国政区统计，我国共有 40858 个乡级行政区划单位，其中包括 2 个区公所、6686 个街道、19322 个镇、13653 个乡、1098 个民族乡、96 个苏木、1 个民族苏木。[①]我国幅员辽阔，各地经济、文化、教育发展存在较大的差异。在众多的乡镇中，何以选定苏镇，其中既有偶然的个人因素，也有历史发展的众多巧合。首先，作者生于苏镇，可以比较方便地搜集所需资料；其次，苏镇在我国历史发展中的位序，使其符合我国一般农村典型的特点。

1. 苏镇所在区域的地理及历史

要研究一个乡镇，须把这个乡镇放到县甚至更大的范围来考察，最好能放在全国的整体范围中进行考察，需要考察所有与研究对象相关的外部因素，从而可以在更广泛的意义上理解个案中的个性因素与共性因素。著名社会学家曹锦清认为，在社会科学领域，时间的因素非常关键。"现在的某些制度放在历史长河里来看，就会发现有时历史的因素在当代并未消失，这个制度仍在运行，不管它以什么样的名义，什么样的名称。"[②]山东是梁漱溟搞乡村建设的基地，乡村教育具有良好的基础，后来又有杨懋春在山东台头村、廖泰初在山东汶上县的研究。另外，黄宗智、杜赞奇、马若孟、

---

① 2009 年全国政区统计_概览_行政区划网 www.xzqh.org [EB/OL].（2010-10-21）[2011/3/30].　http://www.xzqh.org/html/2010/0802/4857.html.

② 曹锦清. 如何研究中国[M]. 上海：上海人民出版社，2010：10

张玉法等人关于华北农村的研究也为笔者的研究提供了比较翔实的史料。为了尽可能地接近事实本身，让经验说话，笔者尝试着把研究对象放在历史的脉络中，放在更大的整体中加以理解，力图使个案研究的各个层面能够相互印证。

苏镇隶属山东省德州市夏津县，位于两省（山东省、河北省）、三县（夏津县、武城县、平原县）交界之地。山东省行政上属华东，地理上属华北，区域内东西差异明显。德州市位于黄河下游，山东省西北部，是山东省的北大门。夏津县地处鲁西北平原，北依德州，南邻聊城、临清，东连济南，西隔古老的京杭大运河与河北省相望。全县总面积 871.9 平方公里，人口 51 万，辖 10 镇 2 乡 2 街道办事处，共 507 个行政村，其中农业人口 44 万，占总人口的 91.7%。苏镇位于夏津县东北 20 公里处，315 省道穿境而过，辖 54 个行政村，5.1 万人口，总面积 101.13 平方公里。夏津县的交通条件相对比较便利，省道 315、省道 254、国道 308、青银高速、环省高速等，交织贯穿全境，国道 105 紧傍县之东境而过。2006 年，苏镇全部 54 个村实现了村村通柏油路、通公交车，柏油路总里程 106 公里，42 个村实现了街道硬化，18 个村通上自来水，46 个村通上有线电视，100%的村庄接上互联网。

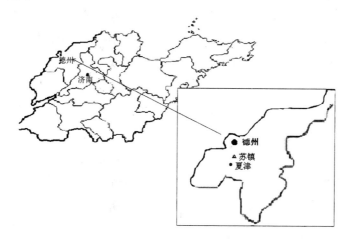

图 1.2 苏镇在山东所处的地理位置

　　夏津县属暖湿带半湿润大陆气候，四季变化明显，地处黄河冲积平原，地势自西南向东北缓慢倾斜，境内中部有一条西南、东北走向的陈公堤，将全县分为堤上和堤下两部分。夏津县境内还有一条蜿蜒起伏的黄河故道，苏镇位于黄河故道中段，60%的面积土壤沙化严重，当地群众有植树造林的历史传统。据记载，明洪武二十五年（公元 1392 年），前屯村褚姓人家自山西省洪洞县大槐树迁于此地，并随身携带洪洞柿树幼苗百余株，栽于沙丘之上。镇内黄河故道森林公园，面积 7.8 万亩，涉及苏镇 20 多个村庄，森林覆盖率 61.8%，其间沙丘绵亘，树木葱茏，连绵长达数十华里，当地有"攀树可行二十里"之说。园内古树名木众多，现有古桑树、古梨树、古柿树、古枣树等共计 2 万余株，林果交互错落，素有"小杂果之乡"和"北方落叶果树博物馆"之美誉。公园先后被评定为山东省最具成长力旅游景区、省级农业旅游示范点、国家 AAA 级旅游景区，被国家旅游局列入12 条精品旅游线路之一。2010 年 3 月，联合国生态合作组织又授予夏津县黄河故道森林公园"国际生态安全旅游示范基地"称号。

　　夏津县历史悠久，文化底蕴深厚。古县志曰：左环马颊、右带卫河、古堤绕乎东南、沙河纵贯全境。唐、虞、夏、商、周属兖州，春秋战国为赵、齐、晋会盟之要津。西汉初设鄃（shū）城，属巨鹿县，西汉末王莽改鄃为善陆。唐天宝元年（公元 742 年）改称夏津县。自设鄃城至今，已有2000 多年的历史。在漫长的封建社会里，夏津县人民以自强不息、坚韧不拔的毅力，繁衍生息、勤苦劳作在这块古老的土地上。经过元末明初的战乱，夏津县人稀地荒，经济、文化极度衰微。据明嘉靖本《夏津县志·食货志》记载，明洪武二十四年（1391 年）全县有民户 687 户、4279 人。自"洪武廿五年（1392 年）徙廿七屯于此，则生齿繁矣"，到明嘉靖十年（1531年），人口达 39155 人。经济一经发展，沉重的徭役赋税便随之而来，就连县令也感叹"民之力竭"、"马之力穷"。到明末的崇祯十七年（1644 年），民户降至 2480 户，人口减至 15376 人，比嘉靖十年（1531 年）减少 1217户、23779 人。清王朝建立初期，人口和生产都有了一定程度的恢复和发展。到清乾隆五年（1740年），全县总户数达12422户，人口46517人。①19世纪末，政治腐败、经济凋敝，基督教、天主教相继传入，吸毒等恶习逐渐蔓延，社会秩序混乱。辛亥革命后，军阀混战不息，官府横征暴敛，"竭民众之膏血，饱胥役之囊"，苛捐杂税、债券多如牛毛。残酷的经济剥削，使得农民难以维持生计。兵痞、无赖、大烟鬼结杆为匪，趁火打劫，社会秩序极度混乱，人民生活极端困苦。1920年，进步知识分子、县立第二高等小学教师任华一开始传播新思想、新文化，培养了一批具有初步革命思想的青年学生。1927年夏，以刘群雅、李思孝等青年学生为骨干的共产党和共青团组织相继建立，领导农民抗税抗捐，有力地冲击着封建地主阶级的腐朽统治。

2. 苏镇所在区域的经济发展

夏津县历史上工业生产基础薄弱，经过多年努力，逐步形成了棉纺织、食品、工艺品等具有鲜明特色的三大产业集群。棉花是夏津县的特色作物，植棉历史悠久，棉花产量曾两度突破百万担大关，是全国优质棉生产基地县和棉花出口基础县，素有"银夏津"之称。林果业是夏津县又一支柱产业，"杂果之乡"名副其实。夏津县还是全国秸秆养牛示范县，苏镇黄牛市场是鲁西北最大的黄牛专业市场，全镇有28个黄牛专业养殖村和4个大型养殖场，不断引进改良黄牛新品种，有近千人常年从事牲畜贩运，日交易量3000多头，是省级"肉牛改良示范乡镇"。2006年2月，苏镇被德州市委、市政府授予"民营经济强乡镇"的荣誉称号，逐步由传统农业大镇向民营经济强镇跨越。

近百年来，苏镇所在的鲁西北平原经济发展一直比较落后，周锡瑞先生在研究义和团运动的社会起源时，根据自然环境、经济状况等指标，将近代山东省划分为六大区域，从中可以窥见当时该区域的自然生态、经济状况以及科举教育情况。

---

① 孟昭贵主编. 夏津县志（古本集注）[M]. 天津：天津人民出版社，2001

表 1.5　近代山东省六大区域对照表

区域 \ 项目	人口（每平方公里）	产量指数	出租土地（百分比）	非农户（百分比）	灾害指数	每5万人中的举人数（1851-1900年）
胶东半岛（17县）	135	396	27.25	11.1	1.5	2.95
济南昌邑（15县）	311	472	17.8	16.0	190.9	4.40
鲁南地区（12县）	191	381	26.3	12.4	11.0	1.34
济宁（10县）	291	461	20.1	11.4	106.7	2.91
鲁西南（9县）	312	378	23.1	9.9	225.1	0.81
鲁西北（14县）	252	367	10.6	7.1	196.7	1.85

资料来源：〔美〕周锡瑞著. 张俊义，王栋等译. 义和团运动的起源[M]. 南京：江苏人民出版社，1998：10

2006年，牟芳华借助统计软件，运用聚类分析与执行分析相结合的方法，对山东省东、中、西部地区之间的差距进行定量计算和分析比较。从其区域划分来看，经过自清末至今100多年的发展，苏镇所在的德州仍是山东省最落后的地区之一。

表 1.6　山东省经济区域划分

类型	特征描述	城市数量	城市
东部地区	发达地区	4	青岛　烟台　威海　潍坊
中部地区	次发达地区	9	济南　淄博　东营　泰安　临沂　济宁　莱芜　日照　枣庄
西部地区	落后地区	4	滨州　聊城　德州　菏泽

资料来源：牟芳华. 山东省经济区域划分及区域经济差距的测度分析[J]. 山东社会科学，2006（7）：119

3. 苏镇所在区域的教育状况

在历史上，山东省一直有着良好的教育传统。清末新政以后，新式教育兴起，各地、市一度出现了新式学堂与私塾教育并存的局面，在发展过程中地方政府多次统筹，以期区域内的学校布局更加合理。新中国成立后至改革开放初，苏镇所在的德州地区也经历了开门办学、公办小学下放大队、小学"戴帽"办联中、"初中不出片，高中不出社"、"纠正'文革'错误，调整中小学布局"等阶段。20 世纪 80 年代后，苏镇所在地区在普及小学教育、九年义务教育、校舍危房改造以及三级办学的管理体制下，自发调整中小学布局。21 世纪以来，在国家税费改革、教育均衡发展政策的影响下，顺应时代潮流，苏镇所在的地区也掀起了一场大规模的由政府主导的中小学布局调整运动，农村中小学数量迅猛减少。苏镇各学校发展演变的历程，比较真实地反映了新式学校嵌入农村、教育从计划走向市场、学校向城镇集中的历程，反映了传统与现代、中央与地方、城市与农村、不同利益群体的矛盾关系，从中可以看到中国农村教育近百年改革发展的缩影。

（1）清末至新中国成立前（1902～1949 年）

清王朝统治期间，各州县都设有州学、县学以及供生员学习进修的书院，在各乡则有义学和私塾。据清末统计，其时在现德州地区辖区内有州学 1 所、县学 13 所及各种书院 10 多所，这些都是科举的预备场所。[①]凡大村或豪绅之家都设有学塾，是封建教育的基本形式，虽然主要为封建统治阶级服务，但在农村普及文化知识方面也起到了一定的作用。义学是私人集资或用地方公益金创办的教授农家子弟的免费学校，苏镇距离当年武训办学的活动区域相距不过百里。近代山东省的新式教育也是在清末"新政"的大背景下开始的。当时，山东把发展新式教育的重点放在中、高等教育上，试图通过中、高等教育的发展带动初等教育。20 世纪初，一度出现了新式学堂与私塾教育并存的局面。1907 年，提学使朱益藩对学塾进行调整，要求合并过小学塾，按新颁布的学堂章程开设课程。由于缺少师资和资金，热心教育者认为新建学堂不如改良私塾。1908 年，提学使罗正钧又倡导广设初等小学，改良旧式学塾，山东兴起创办初等教育之风。至 1909 年，山东共设立新式小学堂 3856 所，学生共计 56014 人。其中，高等小学堂 138 所，学生 4327 人；中等小学堂 129 所，学生 4518 人；初等小学堂

---

① 德州地区教育志编纂办公室编写. 德州地区教育志[M]. 天津：南开大学出版社，1996：1

3536 所，学生 46174 人；半日小学堂 50 所，学生 884 人；女子小学堂 3
所，学生 111 人（学部总务司编：《宣统元年教育统计图表》）。①

　　1928 年 6 月山东省政府成立时，何思源为省政府委员兼任教育厅厅长。
他任该职达 14 年之久，这在民国教育发展史上是绝无仅有的。纵观抗战前
的八九年间，山东教育呈现较为稳定而有序的发展局面：教育投入稳步增
长，学校布局日趋合理，各项教育事业的发展有章可循，尤其初等教育的
发展最为显著，设学数量曾号称"全国之冠"。② 1928 年 6 月，山东省教
育设计委员会对当时山东省的学校布局情形进行了客观分析，指出了分布
不均导致就学机会不均等的弊端。据此，教育厅重新划分了学区，确定济
南、济宁、东昌（聊城）、益都（青州）、临沂、烟台为 6 个学区中心，以
此为基础重新调整学校布局。在整顿乡村小学方面，国民政府教育部制定
了《乡村小学充实学额办法》，规定了每个乡村小学班级的最低人数，学额
不足者酌量合并等。③ 经过调整，到 1930 年时，山东共有省立高级中学 1
所，高、初级并设之完全中学 4 所，初级中学 9 所（含女子中学 1 所），县
立中学 21 所。④ 据统计，当时山东在读中学生共 9532 人，其中省立高中
636 人、省立中学 4308 人、县立初中 2513 人、私立中学 2075 人，在读女
学生共 737 人。公、私立中学教职员共 870 人，其中教员 545 人。⑤1930
年 2 月，为统筹规划山东普及四年义务教育的工作，教育厅专门设立了山
东省义务教育委员会，省督学孔令灿兼任主任。该委员会对山东义务教育
的实施进行了较为全面的统筹规划，编制了《山东省实施义务教育计划》，
划全省为 24 个乡村义务教育实验区。经过初步整顿，1930 年时，山东初
等教育的基本情形如下：

　　　　学校共计 27614 所，其中省立小学 10 所(含师范附小)、济南市立
　　　小学 16 所、济南市私立小学 13 所、各县县立小学 27045 所、私立小

---

① 赵承福主编．山东教育通史：近现代卷[M]．济南：山东人民出版社，2000：40
② 赵承福主编．山东教育通史：近现代卷[M]．济南：山东人民出版社，2000：149～150
③ 赵承福主编．山东教育通史：近现代卷[M]．济南：山东人民出版社，2000：215
④ 赵承福主编．山东教育通史：近现代卷[M]．济南：山东人民出版社，2000：199
⑤ 赵承福主编．山东教育通史：近现代卷[M]．济南：山东人民出版社，2000：202

学 540 所。

学生共计 837352 人，其中男生 669881 人、女生 167471 人，儿童入学率为 23% 弱。

教师共计 35979 人，其中师大高师毕业者 137 人、旧制师范及新制高中师范科毕业者 2728 人、大学中学毕业者 4475 人、短期师范毕业者 20968 人、其他 7671 人。检定及格者 21865 人，不合格者 5443 人。①

1931 年，省政府在诸城增设初级中学一所，称省立第十三中学。至此，山东省中小学布局调整基本完成。同年春，梁漱溟应山东省政府主席韩复榘之邀到山东开展"乡村建设运动"实验，该项实验在山东形成了很大的规模和声势，造成了一定影响。

表 1.7　20 世纪 30 年代山东省公立中学基本情况表

学校名称	1934 年后改称	在校学生人数	教、职员人数	年度经费（元）
省立高级中学	省立济南高级中学	636（其中女 2）	68（其中教 42）	82896
省立第一中学	省立济南初级中学	466（17）	37（26）	43844
省立第二中学	省立聊城初级中学	306（8）	20（10）	30492
省立第三中学	省立泰安初级中学	294（28）	23（14）	30942
省立第四中学	省立惠民中学	458（41）	21（14）	43848
省立第五中学	省立临沂中学	341（43）	32（20）	37778
省立第六中学	省立菏泽中学	579（30）	41（26）	46872
省立第七中学	省立济宁初级中学	385（9）	28（19）	33540
省立第八中学	省立烟台中学	364（63）	29（16）	31668
省立第九中学	省立掖县初级中学	120（12）	18（10）	24396
省立第十中学	省立益都初级中学	270（18）	23（13）	30492
省立第十一中学	省立临清初级中学	324（17）	28（14）	33540
省立第十二中学	省立德县初级中学	158（8）	16（7）	18072
省立第一女子中学	省立济南女子中学	243（243）	34（15）	24396
即墨县立初级中学		45		

① 赵承福主编. 山东教育通史：近现代卷[M]. 济南：山东人民出版社，2000：203

学校名称	1934年后改称	在校学生人数	教、职员人数	年度经费（元）
栖霞县立初级中学		179		3612
高密县立初级中学		113（6）	12（9）	7577
长清县立初级中学		132	13（7）	11959
日照县立初级中学		129	12（5）	5976
福山县立初级中学		110	12（8）	
淄川县立初级中学		96（10）	12（5）	7348

注：部分县级中学没有列出。

资料来源：赵承福主编. 山东教育通史：近现代卷[M]. 济南：山东人民出版社，2000：200

　　1905 年，夏津县停科举及岁科试，设立师范传习所和高等小学堂，标志着本地近代西式教育的开端。1908 年成立了县立第一小学和乙种职业学校；[1]1911 年 2 月，创办了县立女子小学；3 月设立模范小学，并将前面所提几处官办小学一同合并在模范小学内。1920 年，第二高等小学堂成立；1929 年，县立第四、第五小学成立；1930 年，县立第六小学成立。[2]当时的德州地区新式教育开始有计划地发展，一般来说，小县设小学堂 300 所左右，大县设 500 所左右，所需经费除公款补助以外，其余由学堂所在地按户摊派。1932 年，德州地区全区学龄儿童总数为 358145 人，入学者一度达到 150640 人，占总适龄人数的 42%。[3]1934 年，夏津县有中等学校师范讲习所和乙种蚕业学校各一所，县立小学 8 所，乡村初级小学 260 所。除此之外，农村还有部分私塾。全县适龄儿童入学率为 43%。[4]受教育对象主要是地主、富农和农村中富有阶层的子女，贫困农民子女入学机会很

---

　　① 1913 年公布的《大学规程》规定，大学分为 7 科，农科为其中之一。农科又分为农学、农艺化学、林学、兽医 4 门。农业专门学校为专门学校之一，主要讲授高等农业技术，培养农业专门人才。实业学校分甲、乙两种。甲种农业学校分农学、森林学、兽医学、蚕学、水产学等科，修业期 4 年；乙种农业学校分农学、蚕学、水产学等科，修业期 3 年。后来，甲、乙两种农业学校又改为高级和初级农业职业学校。

　　② 夏津县教育志编辑组. 夏津县教育志[Z]. （内部资料）

　　③ 德州地区教育志编纂办公室编写. 德州地区教育志[M]. 天津：南开大学出版社，1996：2

　　④ 夏津县教育志编辑组. 夏津县教育志[Z]. （内部资料）

少。1935 年，全县 260 多处乡村初级小学大部分改为短期小学。1937 年，
"七七事变"后，各中等学校师生多数流亡，小学大多停办。1938 年 11 月，
日军侵入夏津县城，各级各类学校全部处于瘫痪状态，当时夏津县还没有
普通中学。日伪占领区内则设立了一些小学及中学，实施奴化教育。1940
年，日伪县府通令在十个区驻地建立小学。1944 年 8 月，国民党暂编第八
师师长张栋臣在城东李官屯创办鄃城中学，招收学生 143 名，编 3 个班，
其中一个为初中班。同年秋，伪县公署在文庙创办乡村教育师范学校，附
招初中一个班。[①]

抗日战争胜利前后，依据省青州教育会议精神，遵循"小学办一处巩
固一处"的原则，德州地区逐步恢复整顿学校教育。1949 年，德州地区有
小学 3521 所，在校学生 199586 人，教职工 5907 人；初中 3 所，在校学生
618 人，教职工 69 人。[②] 1945 年 9 月，夏津县全境解放后，人民政府接
管、整顿了旧有学校，在原有学校基础上，照顾到区域分布情况，选择城
关、大李庄、朱官屯、太平庄、王堂为重点，建立了五所完全小学。1948
年，全县有初级师范学校 1 所，完全小学 6 所，初级小学 305 所。当时学
校向工农开放，劳动人民子女入学率骤然增加，入学率占适龄儿童的 69%
左右。[③] 当时学校教育积极贯彻为革命服务的方针，学校普遍建有儿童团，
负责站岗放哨，宣传党的方针政策。

（2）新中国成立后至改革开放初（1949～1978 年）

新中国成立之初，坚持"革命化"和"平民化"的指导思想，面向工
农，强调学校的大门要向所有的人开放，掀起了大规模扫除文盲的全国性
热潮。1951 年颁布的《关于学制改革的决定》，把业余教育、工农速成教
育等纳入了学校教育体系，教育发展的重心是小学教育，小学分为初小和
高小两个阶段。1953 年，政务院文教委员会提出了"整顿巩固、重点发展、
提高质量、稳步前进"的文教工作方针。1954 年 5 月 29 日《人民日报》

---

① 夏津县教育志编辑组. 夏津县教育志[Z].（内部资料）

② 德州地区教育志编纂办公室编写. 德州地区教育志[M]. 天津：南开大学出版社，1996：5

③ 夏津县教育志编辑组. 夏津县教育志[Z].（内部资料）

发表中央宣传部《关于高小和初中毕业生从事劳动生产的宣传提纲》，许多城镇高小、初中毕业生响应党的号召上山下乡，参加农业生产劳动，形成知识青年上山下乡第一高潮。1955 年，工农速成中学停办，面向工农大众的教育方针逐步被重点中小学教育制度取代。1956 年，德州地区共有小学5856 所，在校学生 469252 人，教职工 13128 人；初中 16 所，在校学生 13671人，高中、完中 7 所，在校学生 1211 人，中学教职工 1000 人。[①]1954 年 8月，夏津县确定西关小学为县重点小学，各学区也都确定了重点。同时还解聘了 43 名连一、二年级教学工作都不能胜任的教师，动员他们转业或回家务农，每人发放 6 个月的工资作为生活补助。到 1957 年整风"反右"之前，夏津县全县普设完小，在校生达 30246 人，占适龄儿童总数的 74.3%。1958 年，由于师资短缺，夏津县第一次引进民办教师 223 名。[②]

　　1961 年 7 月和 12 月，教育部先后两次召开全国高、中等学校调整工作会议，提出高、中等学校要缩短战线、压缩规模、合理布局，通过调整工作集中力量提高教学质量。1962 年，国民经济好转后，德州专属对教育进行了调整压缩，夏津县文教局也根据国家"调整、巩固、充实、提高"的八字方针，对中小学校布局进行了调整，逐步恢复了教学秩序。1964 年12 月，由于工读小学的发展，夏津县学龄儿童入学率达到 90%以上。[③]1965年，德州全区有小学 7971 所，耕读小学 7978 所，在校学生 500394 人，学龄儿童入学率达 88.9%，教职工 24777 人；初中 55 所，在校生 22247 人，高中 16 所，在校生 4705 人，中学教职工共 2412 人；农业中学 406 所，在校生 19833 人，教职工 807 人。[④]1966 年，"文化大革命"开始后，学校成为"十年动乱"的重灾区。文革初期，学校全部停课闹革命。1967 年，"二三夺权"以后，"军宣队"、"工宣队"陆续进驻中学，农村小学则由"贫管会"管理。1968 年 11 月 14 日《人民日报》发表了山东省嘉祥县马集公社

① 德州地区教育志编纂办公室编写. 德州地区教育志[M]. 天津：南开大学出版社，1996：6
② 夏津县教育志编辑组. 夏津县教育志[Z]. （内部资料）
③ 夏津县教育志编辑组. 夏津县教育志[Z]. （内部资料）
④ 德州地区教育志编纂办公室编写. 德州地区教育志[M]. 天津：南开大学出版社，1996：7

两位小学教师侯振民、王庆余的一封信。信中建议所有农村公办小学下放到大队来办，简称为"侯王建议"。此后，许多地区的农村公办小学和教师被下放，对于小学教育，国家不再投资或很少投资，公立学校教师都回本大队任教，国家不再发工资，改为大队记工分，教师分布极不平衡，严重地影响了农村小学教育的发展。"文革"后期，不顾客观实际，要求初中不出片，高中不出社，一些农业中学被改为普通高中，社办高中、队办初中大量涌现，完小升格为联中，小学戴帽附设初中班，村办联中大量出现。1971 年，全县联中共有 132 所，在校生达到 30650 人，小学毕业生基本上都能升入初中学习。① 然而由于师资力量严重不足，加之教学条件因陋就简，学校多有名无实。也就是这一年，夏津县的适龄儿童入学率达到了95.7%，县教育组副组长管传祥在 9 月份召开的普及小学教育工作会议上，做了题为"普及小学教育，入学率达 95.7%以上"的发言。②

1978 年，邓小平在全国科学大会开幕式上讲话，指出"四个现代化"的关键是科学技术的现代化，科学技术人才的培养基础在教育。此后，普通教育逐步纠正了忽视文化学习的倾向，高中学校数量和初中学校布局得到控制。一般来说，每个县有高中四五所，乡镇有初中二三所，县有实验小学，乡镇有中心小学和学区小学，村有小学，全国的基础教育开始进入蓬勃发展阶段。

（3）改革开放初至现在（1979 年～　　）

改革开放之初，山东省的基础教育非常薄弱，学校布点分散，办学条件差，到处是"黑屋子"、"土台子"，有的学校甚至连"黑屋子"也没有。然而，率先集资办学改造校舍的却是最贫困的地区，看似有些违背常理。鲁西北平原的齐河县、泰沂山区的泗水县和平邑县，人均年收入不足 100元，百姓生活极度贫困，然而他们却能倾其所有，建设学校，颇似武训兴办义学的壮举。1981 年，泗水县在全省第一个实现了"一无两有"（校校无危房，班班有教室，学生人人有课桌椅）。这一时期，德州地区在"人民

① 夏津县教育志编辑组. 夏津县教育志[Z]. （内部资料）
② 夏津县教育志编辑组. 夏津县教育志[Z]. （内部资料）

教育人民办，办好教育为人民"的方针指引下，掀起了群众性建新校改旧校的热潮。至 1988 年 3 月，全区农村中小学校舍改造总投资为 2.08 亿元，其中乡村群众集资 1.87 亿元，占总投资的 90%，农村中小学校舍焕然一新，基本上改变了以往"黑屋子"、"土台子"、"泥孩子"的状况。[1]同年 4 月，德州地区农村中小学校舍通过了省级验收。到 1989 年，全省 15 个地市农村中小学校舍改造全部验收合格。[2]同期，夏津县农民纷纷集资，掀起了办学热潮，村村盖起了砖木结构新校舍，全县 500 多所学校基本实现了"六配套"。新盛店镇中心小学、郑保屯镇西邢小学、夏津县镇苑庄小学还盖起教学楼，真正做到了全村最好的房子是学校。经省政府验收，1987 年全县实现了普及初等教育。1980 年，夏津县开始对联中布点进行调整，1981年减为 105 所，1983 年减为 60 所，一般每公社 2～3 所。为了保证教育质量，每公社又各确定重点联中 1 所，在人力配备上适当加强。

1993 年底，全省有 32 个县、市、区通过"普九"验收，占全省县、市、区的 23.02%，人口覆盖率 22%。1997 年，实现"普九"的县、市、区达到 129 个，人口覆盖率 85%，尚未"普九"的十多个县均为欠发达地区。2000 年，全省 139 个县（市、区）全部实现了"普九"目标，通过了国家验收。[3]2001 年，山东省的义务教育进入了普及与提高阶段，大力实施素质教育，规范学校建设，实施"两免一补"政策，减轻农民和学生负担。2002 年 9 月，省教育厅、财政厅、劳动和社会保障厅、工商局联合下发了《关于遏制农村初中学生辍学有关问题的通知》（鲁教基字〔2002〕20号），建立了控制学生辍学的监督和监控机制。[4]

1995 年 7 月，夏津县开展了普及九年义务教育工作，到 1997 年"普九"验收时，形成了县直有实验小学、乡镇有中心小学、学区有完全小学、大村有教学点的格局。在布局调整中，一般的教学点采取了"撤、并、联"

① 德州地区教育志编纂办公室编写. 德州地区教育志[M]. 天津：南开大学出版社，1996：10
② 山东省教育厅著. 山东教育改革发展三十年（1978～2008）[M]. 北京：教育科学出版社，2008：1，2
③ 山东省教育厅著. 山东教育改革发展三十年（1978～2008）[M]. 北京：教育科学出版社，2008：35
④ 山东省教育厅著. 山东教育改革发展三十年（1978～2008）[M]. 北京：教育科学出版社，2008：40

的原则，邻村的点能合则合，不能合的到中心小学或校区小学就读，提高了办学效益。1985 年全县共有小学 464 所，教学班 2033 个，在校生 60430 人，专任教师 2245 人；到 2007 年，全县小学共有 100 所，988 个班，在校生 32653 人，专任教师 2629 人。①

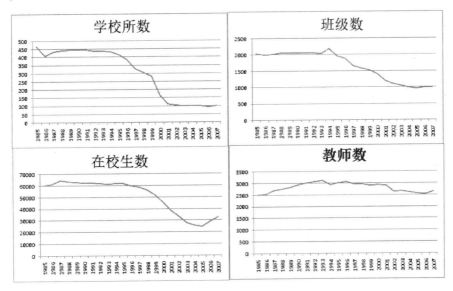

图 1.3　夏津县小学发展概况（1985~2007 年）

初中教育随着普及九年义务教育工作的深入和农村校舍改造、城镇校舍改造的完成，"硬件"得到很大改善。学校所数减少，规模扩大，教育资源得到优化组合，效益得到有效的发挥。1985 年全县有初中 60 所，278 个班，学生 13220 人。2007 年，全县初中 19 所，235 个班，学生 13559 人。教师数量则从 901 人增加至 1393 人。② 在此期间对地处农村的国办初中进行了改制、调整，逐步撤销了二中、三中、四中、五中四所国办中学和部分农村联办中学，新建了县实验中学，扩大了六中的办学规模，整

---

① 夏津县教育志编辑组. 夏津县教育志（1985~2008）[Z]. （内部资料）；详见附录：历年夏津县小学发展概况（1985~2007）。

② 夏津县教育志编辑组. 夏津县教育志（1985~2008）[Z]. （内部资料）；详见附录：历年夏津县初中发展概况（1985~2007）。

合、优化了教育资源。

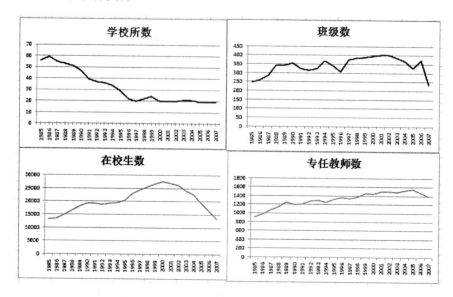

图1.4 夏津县初中发展概况（1985～2007年）

1985年，夏津县有高中四所：夏津县一中、夏津县二中、夏津县四中、夏津县五中。县教师进修学校从1998年开始组办高中班，2003年后停招高中班。1999年9月，夏津县六中建立高中部，2001年和2007年扩建了一中，县直学校的"龙头"地位逐步得到加强。

4. 一个普通农村乡镇的典型

国内几项大型实证调研显示：无论经济社会发展还是教育发展，我国都呈现出明显的东、中、西部不同省际之间的差异，也呈现出省域内的不同差异。省域内的教育差距和省与省之间的教育差距具有同构性质，它源自我国基础教育资源配置的政策，更进一步说，源自我国长期以来的城乡分治、城市中心价值取向以及重点学校建设等制度性因素。①山东省可以说是全国的一个缩影：从经济社会发展来看，自西向东发展水平越来越高，东西差异明显；从教育投入上来看，东西县域差距巨大，自东向西呈递减

---

① 刘欣. 基础教育政策与公平问题研究[M]. 武汉：华中师范大学出版社，2008：164

态势，以致"转型期中国重大教育政策案例研究"课题组在2004年对山东省义务教育状况进行研究时，得出了"省内教育差距大于省际教育差距"的结论。①

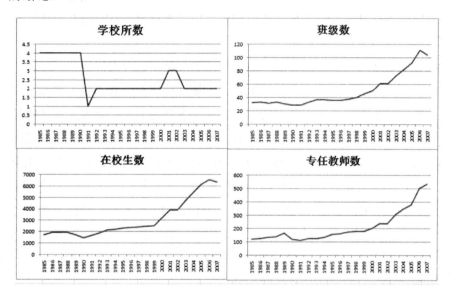

图1.5 夏津县高中发展概况（1985～2007年）

当前在学术界和政策研究部门都承认中国农村是非均衡的，都习惯于将中国农村的非均衡状况作为学术研究和政策制定的起点。然而，当前关于农村非均衡的研究，往往将研究的中心定位于占全国农村少数的特殊农村地区，比如边疆少数民族聚居区、城郊村镇或者京津沪等直辖市的农村，这些农村与中国一般农村的状况存在很大差异。应该说，边疆少数民族聚居区与东部农业人口稠密地区、城郊农村与远离城镇的农村、江南沿海发达省市农村与中西部地区农村存在的巨大差距已经显而易见，即使不用比较也可以比较容易地做出区分。相反，占农村人口绝大多数的普通农村之间的细微差异却经常在学术研究和政策制定中被"一刀切"。尽管理解特殊

---

① 转型期中国重大教育政策案例研究课题组. 缩小差距：中国教育政策的重大命题[M]. 北京：人民教育出版社，2005：21

农村及其政策实践机制对于理解普通农村及政策制定具有启发和借鉴意义，然而，研究的中心还是应该集中在占全国农村主体的绝大多数的普通农村上面，这些农村也是中央农村政策实践的主体。通过比较这些外观差异不是很大的农村之间的差异，可以理解中央农村政策在一般农村中实践机制与实践后果的差异。

苏镇位于鲁西北，属华北平原的传统农业区，农业人口密集，精耕细作农业发达，农村工业化程度较低，受大城市辐射小，农民收入来源主要是农业收入和外出打工，各种特征与我国著名农村问题研究专家贺雪峰教授认定的中国一般农村的标准都相符。贺雪峰认为：作为农村政策基础研究主要对象的一般农村，尤其是当前中部农业大省的农村，如果从村庄层面来分，主要是指：（1）以精耕细作农业为主要特征；（2）人口密度较大（超过 100 人/平方公里）；（3）工商业不发达；（4）非城郊，农村土地未从城镇发展中得到增值收益。这些农村的农民人数占到全国农民人数的 80%以上，这些农村成为中国农村的绝大多数，因而也就成为中国农村中的一般和普通类型。①

因此，可以说苏镇是中国广大普通农村乡镇类型中的一个典型代表，以此作为研究对象，深入分析苏镇中小学发生、发展、演变的历史，可以比较形象地理解我国农村教育政策在广大农村的实践后果及其原因，并为农村教育政策和学校布局调整研究提供借鉴。从一般意义上来讲，选择鲁西北地区的个案作为研究对象，对于促进我国不同地区教育均衡发展，维护教育公平都具有非常重要的典型意义。

四、研究方法

中国农村问题研究专家贺雪峰认为：当前国内农村研究存在的突出问题是缺乏主体意识和国情意识。近代的中国乡村研究，非常注重田野调查

---

① 贺雪峰. 什么农村，什么问题[M]. 北京：法律出版社，2008：103

这一资料搜集和研究的方法。尽管不能断定在当今教育科学研究领域"坐而论道"已经成为时尚，然而，远离真实社会问题的教育研究和教育决策也是不证自明的现实。[①]在本项研究的开始阶段，华东师范大学李政涛教授反复强调农村中小学布局调整研究要关注中国问题和民族命运。为了深入把握我国农村中小学布局调整过程中不同利益主体的态度、行为以及立场，分析各种力量相互博弈的过程，了解农村教育的真实状况，研究者采用了实地研究与文献研究相结合的方法，并通过查阅档案和问卷调查的形式获取了大量数据，通过数据反映的程度及趋势以弥补质性研究的不足。

（一）实地研究

实地研究是研究者深入调查对象所在环境搜集资料的方法。研究者通常从事先无法预测的进程中发现有意义的东西，即先从事初始观察，从中推出尝试性结论，根据这些结论再进行深度观察，修正先前的结论。当代西方最著名的社会学家艾尔·巴比（Earl Babbie）认为：实地调查不仅仅是资料搜集，也是典型的理论生成活动。[②]实地调查的方法可以给研究者提供一种比较系统的观点，通过在一种贴近自然的情境中进行观察，可以对跨越一定时间的社会过程进行比较深入的思考。实地研究有别于传统的思辨研究和当下流行的实证研究，南京师范大学教育科学学院张新平教授称之为"教育管理研究的第三条道路"，认为实地研究是一种"面向实践、来自实践和为了实践的新的理论生成和建构形式"。[③]

实地研究的具体方法包括现场研究、个案研究、参与观察和访谈，等等。在现场研究中，研究者深入研究对象所在的"场域"，直接观察处于自然状态下的事件和社会现象，在彼此的交谈、共同的娱乐、私下的吃饭等过程中深入细致地了解被研究对象的具体表现及行为动机，这也是间接的调查方法难以做到的。个案研究是对单一对象进行深入细致研究的方法，

① 贺雪峰. 自序[C]. 什么农村，什么问题[M]. 北京：法律出版社，2008：7~12
②〔美〕艾尔·巴比著. 邱泽奇译. 社会研究方法基础[M]. 北京：华夏出版社，2002：240
③ 张新平等著. 教育管理实践个案研究：实地研究方式[M]. 上海：上海教育出版社，2007：1

研究对象可以是一个人、一个机构或者一个完整的事件。研究者通过对特定的人、事、物做深入的描述和分析，运用推理的方式解释、分析所搜集的事实资料，进而提出解决问题的方案或策略。参与观察一般不依赖语言交流，是非介入性的调查方法，有利于排除语言交流或人际交往中可能发生的误会或干扰。在与研究对象相处的过程中，研究者经常会不经意地把谈话或活动引向某一个主题，然后静观事态的变化和谈话的发展，据此以第三者的身份观察其中的奥妙。访谈法是以口头交流的形式搜集研究对象有关态度、情感、知觉或事实性材料的方法。

　　选择一个乡镇，以具体的时空和实践为研究对象，采用实地研究的方式，有助于发现转型期学校布局实践本身所蕴涵的逻辑，进而辨出文本推导可能忽视或者过滤掉的因素，以求能够探索出我国学校布局调整中的经验和教训，提炼出适合我国农村学校布局的合理模式。实地研究面临的第一个技术问题是如何"进场"，如何取得"守门员"的信任。第二个技术问题是如何获取有价值的信息，对现象本质和行动意义进行深层描述，以更好地解释态度、行为、群体事件和博弈过程。笔者有三个方面的优势可以从事这一研究：其一，笔者生于农村，从村小升至镇初中、县高中、省属高校、部属高校，经历了比较完整的从农村到城市教育方式和生活方式的转变，在此期间的困惑、挣扎与适应，为本书的写作奠定了感情基础；其二，1997 年以来，笔者一直从事教育学和教育管理学专业的学习、教学与科研，可以更多地从教育而非经济的视角关注这一问题；其三，笔者选择的苏镇办学类型和办学层次比较全面，布局调整中暴露出的问题具有一定的典型性，通过熟人关系，笔者可以比较顺利地"进场"，深入全镇 54 个行政村，寻找理想的调研对象。

　　为了深入了解农村学校布局调整的情景脉络，察觉影响学校布局调整的较为隐蔽的重要细节，深入挖掘农村学校发展实践中不同利益主体的态度、行为与策略，搜集散佚在民间的教育趣事，笔者先后四次深入苏镇访谈，历时半年有余，较长时间地"沉入"研究对象生存、生活和工作的现场，参与、体悟、搜集研究所需的资料。整理访谈日志 14 万余字，翻阅县档案局近百年来该地区的教育和社会发展状况，以及乡镇学校管理委员会档案室的所有资料，搜集整理影像资料3000余张。

（二）文献研究

尽管实地调查是社会科学研究的重要方法，"对于研究行为与态度的细微差异和考察长时间的社会过程特别有效"[①]，广泛查阅各种文献资料还是必要的。在实地调查过程中结合参考相关文献，可以在更广大的时空范围理解被调查区域的实践问题。

农村中小学布局调整不是一个突变的过程，也不是我国特有的现象。为了更加全面地了解农村学校布局调整的背景、动因及其历程，我查阅了有关美国农村教育和城市教育发展历程的书籍文献，梳理了有关学校布局调整的期刊文章，广泛查阅了各种媒体报道，深入县档案局广泛查阅所在地区的经济、社会、教育资料，在对核心文献进行精读的基础上，结合访谈资料与调研数据，对所得文献进行了整理与加工。将苏镇的学校布局调整置于更加开阔的时空范围中进行比较，既有助于对样本区域的理解，也可以作为推广研究的参照。这种将样本地区置于更广阔时空范围的研究方式，更有助于把学校布局调整看作一个动态的过程，更容易体会到农村中小学从无到有、从少到多、从分散到集中、从无序到有序的内在规律。

（三）问卷调查

为了弥补质性资料的不足，更全面地了解苏镇中小学生、家长和教师对学校布局的认识、感受和需求，笔者根据访谈所掌握的信息，结合对文献资料的理解，设计并多次修改调查问卷。最终选择苏镇8个学区的23所公立学校、1所私立小学和县城3所中学不同年级的学生、家长及教师，共发放问卷900份。其中学生卷400份，家长卷350份，教师卷150份。回收有效问卷796份，其中教师卷125份，学生卷369份，家长卷302份，

---

① 〔美〕艾尔·巴比著. 邱泽奇译. 社会研究方法基础[M]. 北京：华夏出版社，2002：258

回收率为 88%。其人口学特征如表 1.8、表 1.9 和表 1.10 所示：

表 1.8　教师样本构成

类别		人数	比例	类别		人数	比例
性别	男	60	48.00%	调整前所在乡镇	苏镇	88	70.40%
	女	65	52.00%		其他乡镇	27	21.60%
年龄	20 岁及以下	1	0.80%		缺省	10	8.00%
	21-30 岁	33	26.40%	现所在学校	第一中学	0	0.00%
	31-40 岁	35	28.00%		实验中学	3	2.40%
	41-50 岁	42	33.60%		第六中学	24	19.20%
	51-60 岁	14	11.20%		万隆学校	25	20.00%
	61 岁及以上	0	0.00%		宝洁希望	7	5.60%
文化程度	初中及以下	1	0.80%		范窑村学校	7	5.60%
	高中或中专	24	19.40%		后屯学校	8	6.40%
	大专或大学本科	99	79.80%		三十里铺小学	7	5.60%
	研究生及以上	0	0.00%		苏镇中学	12	9.60%
任教年级	小学一二年级	22	18.20%		肖里官屯小学	5	4.00%
	小学三四年级	27	22.30%		尤王庄小学	5	4.00%
	小学五六年级	25	20.70%		于家仓小学	5	4.00%
	初中	32	26.40%		苏镇中心小学	6	4.80%
	高中	15	12.40%		缺省	11	8.80%

注：教学点样本合并在所在学区小学一起统计。

表 1.9　学生样本构成

类别		人数	比例	类别		人数	比例
性别	男	151	40.90%	家庭所在地	农村	328	89.10%
	女	218	59.10%		乡镇	22	6.00%
所在年级	小学一二年级	53	14.40%		县城	16	4.30%
	小学三四年级	86	23.40%		外地	2	0.50%
	小学五六年级	100	27.20%	上学方式	住校	183	49.60%
	初中	106	28.80%		走读	186	50.40%
	高中	23	6.30%		缺省	11	3.00%
父亲身份或职业	务农	188	51.10%	家庭所在乡镇	苏镇	285	77.20%
	做生意	58	15.80%		其他乡镇	73	19.80%
	国家干部	7	1.90%	所在学校	第一中学	23	6.20%
	教师	10	2.70%		实验中学	25	6.80%
	医生	5	1.40%		第六中学	45	12.20%
	打工	85	23.10%		万隆学校	100	27.10%
	其他	15	4.10%		宝洁希望	16	4.30%

母亲身份或职业	务农	256	69.60%	范窑村学校	20	5.40%
	做生意	48	13.00%	后屯学校	20	5.40%
	国家干部	2	0.50%	三十里铺小学	15	4.10%
	教师	4	1.10%	苏镇中学	32	8.70%
	医生	4	1.10%	肖里官屯小学	16	4.30%
	打工	38	10.30%	尤王庄小学	11	3.00%
	其他	16	4.30%	于家仓小学	15	4.10%
				苏镇中心小学	31	8.40%

注：教学点样本合并在所在学区小学一起统计。

表 1.10　家长样本构成

性别	男	177	58.60%	家庭年收入	5000 元以下	54	17.90%
	女	125	41.40%		5000-10000 元	109	36.10%
文化程度	初中及以下	187	62.50%		10001-20000 元	86	28.50%
	高中或中专	84	28.10%		20001-30000 元	29	9.60%
	大专或大学本科	27	9.00%		30001-40000 元	8	2.60%
	研究生及以上	1	0.30%		40001-50000 元	6	2.00%
年龄	21-30 岁	30	9.90%		50001-100000 元	8	2.60%
	31-40 岁	208	68.90%		10 万元以上	2	0.70%
	41-50 岁	53	17.50%	现所在学校	缺省	32	10.60%
	51-60 岁	9	3.00%		第一中学	1	0.30%
	61 岁及以上	2	0.70%		实验中学	16	5.30%
父亲身份或职业	务农	169	56.30%		第六中学	43	14.20%
	做生意	58	19.30%		万隆学校	99	32.80%
	国家干部	3	1.00%		宝洁希望	13	4.30%
	教师	29	9.70%		范窑村学校	8	2.60%
	医生	1	0.30%		后屯学校	15	5.00%
	打工	30	10.00%		三十里铺小学	9	3.00%
	其他	10	3.30%		苏镇中学	20	6.60%
家庭所在乡镇	缺省	34	11.30%		肖里官屯小学	12	4.00%
	苏镇	217	71.90%		尤王庄小学	5	1.70%
	其他乡镇	51	16.90%		于家仓小学	11	3.60%
					苏镇中心小学	18	6.00%

注：教学点样本合并在所在学区小学一起统计。

第二章　背景与政策

19 世纪末至 20 世纪初，新式学堂从西方传入我国，现代学校体系逐步得以确立。一百多年来学校发展演变的历程与国家推动现代化和城镇化进程的发展战略是分不开的，受社会经济发展总量以及城乡发展战略的影响，国家用于农村基础教育的经费投入不断调整，人口数量以及城乡比例的变化也直接影响了学校生源在区域间、城乡间以及校际间的差异，各种因素共同促成了农村中小学布局从无到有、从少到多、从分散到集中、从较低标准到较高标准的变化。

一、背景分析

现代化是隐含在农村学校布局调整和农村教育转型背后的一条主线。中国人民大学张鸣教授认为："清末民初以来几乎所有国家和地方政权主导的乡村政权变革，莫不暗含现代化的驱动。" [1] 城镇化与现代化是紧密相连的，城镇化带来了广泛的农村人口流动，自发地影响着学校布局向城镇集中。

---

① 张鸣. 乡村社会权利和文化结构的变迁[M]. 西安：陕西人民出版社，2008：2

（一）现代化与城镇化

伴随着洋务运动与清末新政，带有西方现代色彩的新式学校作为拯救国家危亡的一项措施被引入进来，因此，新式学校从一开始就是与国家观念和追求现代化的诉求紧密联系在一起的。

1. 百年现代化之探索

学校是一种"教育"机构（或场所），这是迄今诸多工具书对学校的一种基本界定。[①]然而，现代学校从其产生以来就不仅仅是"教育"机构，现实中的学校被期待承担着诸多社会角色。在西方马克思主义学者路易斯·奥尔萨瑟眼中，学校是一种国家机器。[②]在我国，新式学校的发展演变过程中，也难以掩饰学校为国家发展服务的印迹。洋务派希冀通过举办新式学堂学习西方先进的科学技术，进而实现富国强兵的目的；接下来的维新派大都认为西方发达国家之所以强盛的根本原因在于重视教育，希望通过举办新式教育革除封建科举对知识分子的束缚，以培养民主政治所需之人才，这显然较洋务派又进了一步；随后以孙中山、章炳麟、蔡元培等人为代表的资产阶级革命派，一方面积极宣传民主革命思想，另一方面通过创办革命学校培养革命人才，为辛亥革命做准备。辛亥革命胜利以后，通过制定壬子癸丑学制，逐步建立了有助于推动资本主义发展的教育体系，新式学校成为政府认可的办学类型，私塾的发展空间受到排挤。私塾的生源大量流失，农村中的优秀人才也开始变得越来越不安心乡土。这一举措人为地刺激了我国城镇化的进程，童生和秀才也大量地被新式学堂吸引走，成为新学堂的师资。童生进入小学，生员进入中学甚至高等学堂，少数有进士功名的则被新学堂吸纳教授国学。乡村读书人中的优秀人才越来越多地被城市拉走，留在乡村的精英出现了劣化迹象。

---

① 吴康宁. 学校的社会角色：期待、现实及选择——基于社会学的审视[J]. 教育研究与实验, 2005（04）

②〔英〕戴维·布莱克莱吉著. 王波等译. 当代教育社会学流派——对教育社会学的解释[M]. 北京：春秋出版社, 1989；178

1928 年至 1937 年，被某些西方史学家称为中国最有希望的时期，国民政府整顿金融秩序，统一货币，中国城市经济总体上是向好的方向发展，然而，中国并没有因此而进入现代化的轨道，反而朝着集权体制的畸形工业化前进。在这一时期，城乡差距日益增大，农村经济濒临破产，农民陷入商品化的程度越高，被盘剥和抛弃的可能性就越大，有限而可怜的资金都流进了沿海城市，进一步加剧了农村的衰退和破产。①为了提高人口素质，不少精英学者努力探索农村教育发展之路，如余家菊、梁漱溟、晏阳初等掀起了乡村教育实验的高潮。1933 年，陈序经在《教育的中国化与现代化》一文中，第一次使用了"中国教育现代化"的概念。②自此以后，越来越多的学者开始自觉探索中国教育现代化与本土化相结合的道路。

清朝末年，中央财政极度短缺，通过延伸行政触角，从农村获取资源推行新政，应该是一条迫不得已的也是比较好的办法。然而，由于官僚腐败吞噬掉了大部分从农民那里榨取的资源，使得清王朝统治的根基和地方精英的统治迅速瓦解。农村则进入了一个经济贫困、政治畸形的时期。

在中国的新老军阀中，阎锡山是有名的民国不倒翁。从辛亥革命到 1949 年国民政府南迁，阎锡山一直牢牢地坐在"山西王"的位子上。其根本原因就在于他仿效日本，在村一级设立行政干部，通过严密的村政和警察系统，真正实现了自清末就开始的国家政权下移，实现了国家政权对个体农民的超长压榨，将农村分散的人力、物力和财力，汇聚到了军事和工业现代化的道路上来。③1929 年，蒋桂战争以后，以李宗仁、白崇禧为首的桂系元气大伤，之所以能够东山再起与国民党中央分庭抗礼，与桂系重视农村建设的政策是分不开的。桂系的乡村治理相对于国民政府比较成功且比阎锡山的"村本政治"高明的地方，莫过于多了一个官办的、成系统的"学校"，从而构建了乡村政府、民团和国民基础学校三位一体的乡村政权基层结构。在当时的广西，凡乡镇、村街两级都设有三个并列的机关，

---

① 张鸣. 乡村社会权利和文化结构的变迁[M]. 西安：陕西人民出版社，2008：96
② 邬志辉. 中国百年教育现代化演进的线索与命题[J]. 中国地质大学学报，2002（12）
③ 张鸣. 乡村社会权利和文化结构的变迁[M]. 西安：陕西人民出版社，2008：75

在乡镇是乡镇公所、乡镇中心国民基础学校和乡镇民团后备队大队部；在村街为村街公所、村街国民基础学校和村街民团后备队队部。这三个并列的机关，却是一套人马。乡镇长兼任民团的大队长和中心国民基础学校的校长，乡镇公所的办事员同时也是民团的教官和中心国民基础学校的教师；村街也是如此，村街长兼任校长和队长，办事员也同在三个机关任职。很明显，学校和民团变成了政府办事的工具，极大地加强了对乡村的控制。①学校教育作为一种意识形态灌输与培养渠道，比起寓教于乐的戏曲活动来，更能给人以正式和正统的印象。虽然在受众方面有些局限，但是如果能够佐以运动的形式，会对树立新型意识形态起到非常好的作用。从根本上说，桂系的乡村治理仅仅是把农民管住了，并没有解决农村的破产问题，更谈不上哪怕半点的农村现代化。

　　1927 年至 1937 年，中华苏维埃区域则建立了不少列宁学校和列宁小学。尽管苏维埃政权与国民政府处于势不两立的敌对状态，但是在乡村建设方面的努力其实是一致的，同属于在国家民族危亡之际，通过把农民组织起来，进行现代化的尝试。由于当时的"左"倾错误，大量的乡村列宁小学由于肃反"肃"掉了不少教师，从而变得有名无实。抗日战争时期，中国形成了国共一致对外的局面。中国共产党领导的抗日根据地主要在农村。经过几十年的战乱，农村的生活异常艰难，旧式村学和私塾基本上瓦解了，而新教育并没有在农村扎根，会读书识字的人大都离开了农村。为了改变农村贫困落后的状况，改善农民的生活，在传统文化的基础上引入比较新的且能够被农民认可的道理，把分散的农民组织起来，完成新民主主义革命，中国共产党在抗日根据地也是非常重视学校的教育作用的。尽管当时环境非常恶劣，抗日根据地还是保存和发展了乡村教育事业。各根据地甚至包括一些游击区都开办了针对农民子弟的学校和大量的扫盲性质的民众学校。某些模范根据地如晋察冀根据地甚至要求每个行政村要有一所初级小学，每个区要有一所高级小学，每个县应设立一所中学。②这可

---

① 张鸣. 乡村社会权利和文化结构的变迁[M]. 西安：陕西人民出版社，2008：119
② 张鸣. 乡村社会权利和文化结构的变迁[M]. 西安：陕西人民出版社，2008：202

以说是中国共产党为了实现新民主主义革命的最终胜利，根据行政区划设置农村中小学的最初构想。

　　新中国成立前后进行的土地改革可以说是中国农村现代化进程中的里程碑。1947 年颁布的《中国土地法大纲》以及 1950 年颁布的《中华人民共和国土地改革法》将土地改革推向深入，以摧枯拉朽之势扫荡了几千年来土地占有不均的状态，"为中国现代化的发展，廓清了最难廓清的障碍"。①自此，历来所倡导的"耕者有其田"的主张得以实现，农民翻身做了主人，生产热情空前高涨，难得的太平岁月，使得与农业相关的商品市场和交易异常活跃，自发而带有冲劲的城乡贸易，给充满心气儿又极富干劲的农民不断的好处，长期以来，"难觅踪迹的农业资本主义大有呼之欲出之势"。②新中国成立初期，在模仿苏联学校教育体系的基础上，结合中国社会现实，构建了新型教育体系，明确并充分保障了全国人民，尤其是工农劳动人民和工农干部受教育的权利。然而，为了集中力量发展国家工业化，政府开始推行农村集体化建设，实行"统购统销"，切断了个体农民与市场的联系，初步实现了计划经济体制向农业的延伸。可以说，这种做法在短期内非常有效，可以集中农村分散的资金用于工业化，然而，随着农民道德热情的降低，农村经济逐步陷入了长期的停滞，计划经济的弊病在农村经济中加倍显现。尽管新中国成立初期所构建的教育体系还存在否定传统教育、全面学习苏联的弊端，但总体上还是适应我国当时政治、经济变革的需要，标志着社会主义教育体系在我国的建立。然而，1958 年至 1978年，受"大跃进"和"文革"影响，各级各类教育受到严重破坏，我国教育与西方发达国家教育的距离进一步拉大。

　　改革开放之初，农村占了先机，经济得以恢复，在国家投入非常有限的情况下，奇迹般地完成了普及九年义务教育的历史使命。然而，20 世纪90 年代中后期，城乡差距迅速拉大。尽管国家动员社会力量实施了"希望工程"、"烛光工程"、"春蕾计划"、"城乡手拉手"等大型项目，然而农村

---

① 张鸣. 乡村社会权利和文化结构的变迁[M]. 西安:陕西人民出版社, 2008：219
② 张鸣. 乡村社会权利和文化结构的变迁[M]. 西安:陕西人民出版社, 2008：236

教育的衰落似乎已成定局。世纪之交的"高校扩招"和"以县为主"都不是从教育自身发展的要求出发而定的政策，前者是"拉动内需"的手段，后者则是"减轻农民负担"的补充，教育迈向现代化的道路仍然缺乏自身的逻辑。现代化过程中对城市化、工业化以及效率主义的盲目尊崇，已经使农村教育越来越处于附庸和被牺牲的地位。在城市教育日趋发达的今天，在农村却经常看到学校日益凋敝的景象。

2. 世纪城镇化之进程

在我国历史上，小城镇一直是地方的流通与行政中心。新中国建立之初，小城镇尤其是集镇得到恢复并迅速发展。据统计，截至 1949 年底我国有建制镇 2000 个左右，1954 年发展到 5402 个，年均增加 30%。随后不久，受"化消费城为生产城"政策的影响，小城镇作为农村地区商品集散中心的地位被大大削弱。无业人口不断向大城市和农村两端流动，人口分布两头粗、中间细，呈葫芦状。大中城市人口膨胀，就业压力大，农村劳动力严重过剩，小城镇却日渐萧条。①"文革"期间，广大乡镇经济萧条，城镇建设日益凋零。到 1978 年底，全国城镇数量减少至 2850 个，建制镇人口比 1953 年减少了 30%左右。为了顺应经济社会发展需要，确保改革开放总方针的落实，中共中央采纳了费孝通关于小城镇发展的理论，1998 年在《关于农业和农村中若干重大问题的决定》中第一次明确了小城镇战略是农村现代化的必由之路。20 世纪末，我国城镇化率达到 30%以上，进入高速发展阶段。2008 年底，中国城镇人口突破 6 亿，城镇化率达到 45.7%。与 2000 年相比，城镇人口增加 1.48 亿，城镇化率提高 9.46 个百分点，年均提高 3.78 个百分点。②尽管如此，我国的城镇化发展水平仍然较低，城镇化滞后于工业化近 20 个百分点，处于全球最低国家之列。③按照国际公认纳瑟姆曲线，我国仍然处于城市化发展水平的第二个阶段，要实现国家

① 费孝通. 行行重行行[M]. 银川：宁夏人民出版社，1992：19～21

② 中国新闻网. 社科院发布城市蓝皮书，中国城镇人口为 6.07 亿　[EB/OL]. (2009-6-15)
[2009/6/27]. http://www.chinanews.com.cn/gn/news/2009/06-15/1734062.shtml.

③ 阎颖，徐鼎亚. 新时期农村城镇化的制约因素及对策[J]. 理论界，2007（02）

的现代化，城镇化率不应低于 70%。因此，我国农村至少还要向城镇转移 3 亿人口。大规模农村人口的转移，为小城镇建设和农村中小学布局调整提供了机遇和挑战。

1949 年以前，学校布局极不合理，各级各类学校多集中在大中城市和沿海省份，农村很少。1951 年，教育部召开第一次全国初等教育会议与全国师范教育会议，提出了新中国第一个小学教育普及计划。由于 80% 的人口集中在农村，加之当时教育发展的重点在于普及初等教育，农村中小学的数量得以迅速增长。"文革"期间，受"小学不出村，初中不出片，高中不出社"思想的影响，中小学校几乎遍布各村。2001 年 5 月，为适应城镇化进程和学龄人口波动的需要，国务院在《关于基础教育改革与发展的决定》中明确提出要"合理规划和调整学校布局"，新一轮中小学布局大调整自此展开。

城镇化带来了广泛的农村人口流动，在此期间尽管有回流，但总的趋向是向城市和县镇集中。城镇化使得农村和城镇的人口密度、人口结构都发生了变化，这些变化直接影响了学校的设置与撤并，自发地影响了学校布局向城镇集中。尽管自 2001 年开始的新一轮中小学布局调整的高潮已经过去，但还远远没有结束。因为，农村中小学布局调整的问题依然存在，农村人口向城镇转移的过程还远远没有结束。另外，地方政府为了加快城镇化进程，往往也会人为地利用学校布局向城镇聚集人口，以提高城镇规模。

（二）农村人口与学校生源

根据国际经验，在城镇化的过程中一般会伴随着出现大量的农村人口向城市迁移的现象。在新中国成立之初，我国人口在城乡之间可以自由流动，然而，1958 年颁布的《中华人民共和国户籍登记条例》以法律形式规定了迁移审批制度和凭证落户制度，严格限制农民向城镇流动，并逐渐形成了"农业人口"与"非农业人口"二元对立的户籍制度。尽管我国长期以来采取了限制城市人口增长的政策，但却阻挡不住农村人口向城市迁移的热潮。1949 年至 1978 年，农村转移到城镇的人口虽有增长，却非常缓慢，1978 年以后，农村人口迁入城市的规模开始迅速增长。随着改革进程的加快以及城市工业的发展，城乡收入差距越来越大，吸引大量的农村人口转移到城市，大量的农村毕业生进入城市工作，改变了农民身份，成为新的城市居民。进入 20 世纪 90 年代，城镇化进程进一步加快，城乡对立的二元户籍制度开始出现松动，一些中小城市取消了户籍限制。新世纪以来，国家更是废除了有碍农民工进城的收容遣送制度。一时之间，农村人口进城变得非常容易。2006 年的一项研究计算出了从 1978 年至 2003 年间每年迁入城镇的人口数量，如表 2.1 所示。

表 2.1　农村人口城乡迁移规模年度数据及相关变量数据

年份	城镇总人口（万人）	城镇人口净增加（万人）	城镇人口自然增长率（‰）	城乡净迁移（万人）	城乡实际收入差距
1978	17245		8.44		1.57
1979	18495	1250	11.31	1101.69	1.53
1980	19140	645	8.69	484.28	1.50
1981	20171	1031	11.31	814.53	1.24
1982	21480	1309	12.41	1055.05	0.98
1983	22274	794	13.65	571.68	0.82
1984	24017	1743	14.61	1513.80	0.84
1985	25094	1077	12.19	797.92	0.86
1986	26366	1272	13.42	943.77	1.13
1987	27674	1308	14.39	931.76	1.17
1988	28661	987	13.43	612.29	1.17
1989	29540	879	10.95	565.16	1.28
1990	30195	655	10.43	346.90	1.20
1991	31203	1008	9.99	706.35	1.40
1992	32175	972	9.70	669.33	1.58
1993	33174	998	9.38	696.20	1.80
1994	34169	996	9.60	677.54	1.86
1995	35174	1005	9.23	689.62	1.71
1996	37304	2130	8.82	1819.77	1.51

年份	城镇总人口（万人）	城镇人口净增加（万人）	城镇人口自然增长率（‰）	城乡净迁移（万人）	城乡实际收入差距
1997	39449	2145	8.94	1811.50	1.47
1998	41608	2159	8.36	1829.21	1.51
1999	43748	2140	7.67	1820.87	1.65
2000	45906	2158	7.40	1834.26	1.79
2001	48064	2158	7.10	1832.07	1.90
2002	50212	2148	6.93	1814.92	2.11
2003	52376	2164	6.82	1821.55	2.23

资料来源：卢向虎等. 中国农村人口城乡迁移规模的实证分析[J]. 中国农村经济，2006（1）

　　1978 年以来，计划生育在我国作为一项基本国策得到了强力推行，人口得到了有效控制，学龄人口持续减少。到 20 世纪 90 年代中后期，农村中小学生源减少已经成为一种极为普遍的现象。在农村，每年都有很多初高中毕业生考上中专或大学，他们绝大多数都在外地城镇就业，变相地减少了农村人口的基数。离乡打工的成功人士多在城市安家立业。他们的子女也进入城市读书，从而也减少了农村儿童的数量。同时，伴随农业科技与机械化的兴起，农村出现了规模化经营的趋向，农村就业机会减少，大量的农村剩余劳动力涌入城市打工，不少子女跟随父母在打工城市就读。大量的农村中小学不得不合并，以应对生源减少导致的各种问题。

　　学校布局要随经济社会的发展，特别是人口的年龄结构和空间分布变化而不断调整，新一轮农村中小学布局调整是农村生源减少的客观要求。曾任世界观察研究所所长的布朗（L. R. Brown）说过："人口增长加剧了人类如今正在全力对付的几乎每一个重要问题。"[①]人口，尤其是教育人口的不断增长与发展变化已经给教育生态系统的发展造成了深刻影响，我国农村中小学发展多有曲折，许多问题也是因人口发展变化而产生的。农村人口的大规模流动和广大农民及其子女对优质教育资源需求的急剧增加，

① 范国睿. 教育生态学[M]. 北京：人民教育出版社，2000：65

都要求对农村中小学布局及时进行调整。①

一定数量的适龄人口是学校存在的前提，没有适龄受教育人口就没有学校，有了适龄受教育人口也不一定有学校。教育的人口容量是规划教育事业发展、调整学校布局的重要依据，影响教育人口容量变化的直接因素是教育生态系统本身所拥有的各种资源，如教育经费、学校设施、师资队伍等，这些因素往往又受社会经济发展水平以及教育政策等多种因素的制约。②"文革"期间，我们一度曾不顾教育人口容量的限制，盲目扩大教育规模，结果造成教育生态失衡，给教育事业及社会发展带来巨大损失。学校的数量和规模还受经济社会发展水平的制约，在不能保证所有适龄儿童都入学，并且学校规模也不能确定的情况下，适龄受教育人口与学校的数量并不成正比关系。通过对一个区域内人口数量与学校数量变化的考察，可以管窥二者之间的关系。

图 2.1 明初以来夏津县人口数量变化趋势

数据来源：山东省夏津县志编纂委员会编. 夏津县志[Z]. 济南：山东人民出版社，1990：107～108；夏津县教育志编辑组. 夏津县教育志（1985～2008）[Z].（内部文稿），详见附录：历年夏津县初中发展概况（1985～2007）。

---

① 范先佐. 农村中小学布局调整的原因、动力及方式选择[J]. 教育与经济，2006（1）

② 教育的人口容量，是指教育生态系统在其保持自身相对平衡并能正常运营的条件下，所能承载的最大受教育人口数量。参见范国睿. 教育生态学[M]. 北京：人民教育出版社，2000：74。

依据每年的出生人口数量更容易推测适龄入学儿童数量。实行计划生育以来，夏津县出生人口呈逐年下降趋势，1994年降至新中国成立以来历史最低，当年出生人口仅为1769人，直到1997年才上升到4000人以上。1994年前后的生育低峰直接影响了21世纪最初十年小学生源数量不足的现象，也是现在初中生源严重不足的直接原因。从2000年开始，每年的出生人口数量恢复到20世纪80年代的水平。如果不考虑适龄入学儿童外流因素的影响，仅从出生人口数量来看，2012年左右本乡镇小学在校生人数将达到20世纪80年代中后期的水平。

图2.2　夏津县出生人口数量及趋势（1953～2008年）

注：根据夏津县1949～2009年6月人口自然变动情况表绘制而成。

在清代，夏津县仅有大同书院、少量义学和部分私塾，受教育对象多为地主、富农等富有阶层子弟。据清道光二十四年书院碑记，夏津县"旧无书院，亦无考舍。"①大同书院为邹农恬等人创办，主持教务者称为"山长"，这是县志记载的唯一书院。道光二十一年（1841年），城东小李庄太

---

① 山东省夏津县志编纂委员会编. 夏津县志[Z]. 济南：山东人民出版社，1990：675

学生李继奎等人利用款息及田产创办义学一所。道光二十三年（1843年），城东北前于里长屯乡绅刘题捐宅捐田，创办杏坞义学。①没有创办义学的村庄，或以自然村为单位，或以宗族为单位，或几姓联合设立私塾。私塾无一定学制，也无一定课本，塾师由创办者自聘，学费由学生分摊。1905年，官立大同书院改为县立高等小学堂，是近代意义上的第一所小学。至1934年，已发展到县立小学8所，乡村初级小学260余所。到1949年下半年，全县有完全小学5所，初级小学305所。1950年，完全小学发展到28所，1953年发展到72所，1954年确定其中的28所为重点小学，也称为"中心小学"。1964年，农村增设工读小学，1965年全县共有工读小学431所，450个班。1983年确定20所中心小学为重点小学（每公社1所）。②1990年夏津县共有小学444所，班级2051个，在校生62110人。2000年，小学缩减为165所，班级1410人，在校生45546人。2005年，小学进一步减少为99所，班级963个，在校生24462人。2007年全县小学数量与2005年相当，有100所，班级增加到988个，在校生增加到32653人。③

据县志记载：新中国成立前，夏津县没有中学，学生小学毕业以后分别就读于济南、聊城、临清、德州等地。从1951年到1979年，全县先后建立6所国办中学，除夏津一中于1956年升格为完全中学外，其他学校都是1970年后由初中改为高中。当时的初中都由大队联办。1971年，全县联中发展到132所，在校生30650人。1980年开始调整联中布点，1981年减少为105所，1983年减少到60所。④ 1990年全县有初中47所，班级357个，在校生19349人；高中4所，班级29个，在校生1459人。2000年，初中减少为20所，班级397个，在校生27580人；高中2所，班级50个，在校生3149人。2005年初中19所，班级329个，在校生19428人；高中仍为2所，班级92个，在校生6117人。⑤

① 山东省夏津县志编纂委员会编. 夏津县志[Z]. 济南：山东人民出版社，1990：677

② 夏津县教育志编辑组. 夏津县教育志（1840～1985）[Z]. （内部资料）

③ 夏津县教育志编辑组. 夏津县教育志（1985～2008）[Z]. （内部资料）

④ 夏津县教育志编辑组. 夏津县教育志（1840～1985）[Z]. （内部资料）

⑤ 夏津县教育志编辑组. 夏津县教育志（1985～2008）[Z]. （内部资料）

通过对比夏津县人口变化与学校发展状况，可以得出以下几条结论：（1）由于战乱等原因，明朝初年夏津县人口稀少，清朝中后期，人口数量迅速增长，现有人口比新中国成立前翻了一番；（2）民国时期，乡村初级小学发展迅速，平均两个村庄就有一所初级小学，但大多停留在较低的水平；（3）新中国成立后到20世纪70年代末，为了满足越来越多的适龄儿童入学的需要，往往采用以较低的办学门槛、增加学校数量的方式来实现；（4）20世纪80年代以后，随着办学标准的提高以及适龄入学儿童的减少，部分小型学校逐渐难以支撑，被周边学校合并，学校数量减少，学校规模扩大；（5）初中教育出现较晚，1971年学校所数达到高峰，平均每个乡镇有六七所联办中学，随后中学所数不断下降，目前一个乡镇（合并后）有初中一至两所。

（三）公平与效率之争

公平属于价值理性，效率属于工具理性，二者同为政策研究关注的焦点内容。公平与效率的关系，是贯穿中国教育改革与发展、中国教育政策演变的一个基本问题。单纯以效率为目标的教育政策容易导致非正义，降低教育政策的可接受性；过度地追求公平价值，又容易导致"平均主义"的弊端，从而在一定程度上延缓、迟滞甚至阻碍教育的发展。无论过度地强调效率还是过度地强调公平都难以避免出现教育危机。美国学者阿瑟·奥肯认为："社会在许多方面都面临抉择：或者以损失一定的效率为代价而获得更多的公平，或者以放弃一定的公平为条件而谋得更高的效率。"①

1949年前，延安时期的教育是我国教育发展的一个重要阶段，当时在对待公平与效率问题上的举措对新中国成立后教育的发展有着重要影响。延安时期的教育提倡"教育为人民服务"、"教育走群众路线，教育从实际出发"以及"教育与生产劳动相结合"的思想，在资源严重短缺的情况下，

---

① 〔美〕阿瑟·奥肯. 王奔洲等译. 平等与效率[M]. 成都：四川人民出版社，1999：84

积极动员群众办学，当时的小学教育发展迅速。

表 2.2　陕甘宁边区小学教育的发展状况（1937～1940 年）

年份 季度	1937 春	1937 秋	1938 春	1938 秋	1939 春	1939 秋	1940 春	1940 秋
小学校数	320	545	705	733	890	993	1341	1341
学生人数	5600	10396	19799	15348	20401	23089	42458	43625

资料来源：陈元晖. 老解放区教育史[M]. 北京：教育科学出版社，1982：104

在学校数量和入学人数达到一定规模以后，规范办学、提高教育教学质量的要求日益凸显出来。从 1940 年到 1943 年，解放区对教育进行了"正规化"整顿，决定"精简、合并学校，重质不重量"。在确定正规化教育制度的过程中，学校和学生人数被大大压缩。在当时，为了提高教育质量，有限的资源被集中在几所比较好的学校，以保证这些学校能够按照正规化教育制度的要求办学，同时也是为了给其他学校提供示范。然而，1942 年"整风"运动后，这种思想和办学方案逐步受到质疑和抨击，认为不适合农村实际，解放区的办学思路重新回到依靠群众办学的路子上去，学校数量和入学人数重新得以回升，学校分布再次趋于分散。

表 2.3　陕甘宁边区中小学校及在校生数（1940～1942 年）

年份	学校数	在校生数
1940	1341	41458
1942	1198	40366
1943	752	26816
1944	1090	33636

资料来源：根据相关数据整理而成，参见皇甫东玉等. 中国革命根据地教育纪事[M]. 北京：教育科学出版社，1989

新中国成立以来，我国教育政策在制定中一直处于重公平与重效率的反复摇摆之中。一般来说，当国家发展基础教育强调普及时，重视公平的价值，为了保证更多的适龄儿童平等地接受教育，学校设置往往以方便入学为原则，不仅办学数量迅速增多，还使得学校分布向偏远乡村延伸；当国家发展基础教育强调质量、注重提高时，效率的价值就凸显，为了发挥优质学校的示范带动作用，学校设置往往以集中优质资源为原则，学校数量减少，学校分布向乡镇及大城市集中。

新中国成立至"文化大革命"期间，国家政策都是以强调教育公平为基调的。20世纪50年代，我国明显走的是"大众主义"教育的路子，1951年10月，政务院通过的《关于学制改革的决定》，非常鲜明地强调教育平等的价值，重点关注小学教育、劳动教育、工农速成教育和扫盲教育。1952年3月颁发的《小学暂行规程》第六条规定：为了广泛吸收工农子女入学并便利参加家庭劳动，便利人口分散的地区的儿童入学，可以举办二部制的小学和季节性的小学，可以举办半日制的和巡回制的小学，其修业年限可视具体情况酌量伸缩，但都应修毕小学课程。从实践方面来看，这一时期强调普及小学教育，强调数量、规模与速度，然而由于贪多求快，忽视了教育质量和办学效率。尽管在1953年、1956年和1961年都曾短期内兴起过重点学校政策，以提高办学质量和效率，但终究未能形成气候，很快遭到了怀疑和冲击。在这段时期，教育公平在公共政策的制定中总是处于主流或主导地位，人民群众办学的积极性空前高涨，中小学校几乎遍布所有村庄。

1978年以后，国家恢复了高考和重点学校制度，"效率优先、兼顾公平"的思想逐渐主导并支配了社会建设的各个方面。在当时资源相对短缺的情况下，各地纷纷借办重点学校之机调整学校布局，各种资源向重点学校倾斜，校际差距越来越大，地区之间、城乡之间也拉开了差距。随着国家普及九年义务教育、农村中小学危房改造以及税费改革、"两免一补"、"以县为主"等财政政策的实施，国家对效率的追求越来越明显。《教育部关于分期分批办好重点中学的决定》（1980年10月）和《国家教育委员会关于评估验收一千所左右示范性普通高级中学的通知》（1995年7月）等政策文件，对重点中小学的领导配备、师资队伍建设、办学条件、教育经费等做了非常明显的倾斜性政策规定。在资源相对短缺的国情下，实施重点学校政策可以说是加快教育事业发展的战略选择，然而由于对重点学校政策的片面倚重，使得教育平等受到严重威胁，非重点中学在师资、生源等方面受到严重影响，尤其是偏远的乡村学校更是在资源相对短缺中走向凋敝。

随着市场经济的发展，社会上对效率的推崇更是迅速达到了无以复加的地步，越来越多的优质教育资源从农村流入城市，从薄弱学校流入重点学校，从落后地区流入发达地区，从而对教育不均衡发展产生了推波助澜的消极影响，加速了学校教育发展严重分化和不均衡。尽管政府在农村学校布局调整的目标中规定了公平的因素，然而笔者认为不能否认这是一场基于效率追求的变革，地方政府大都规定了学校撤并的数量，出于缓解地方政府财政压力考虑，都以优化教育资源配置、提高使用效率为目标。地方政府从保护地方利益的角度，追求教育投资的效率，也导致了地方政府之间以及地方政府与村民之间的矛盾。

整个 20 世纪是现代教育在我国逐步普及的过程，教育作为一项事业主要是根据国家要求培养合格的公民，人们对个性化教育的追求还不是很强烈。在这种情况下，基础教育的办学标准和办学重心都比较低，长期以来一直是乡镇政府和村庄在办学中发挥积极作用。由于办学门槛较低，学校曾经遍地开花，几乎村村有小学。20 世纪末，随着社会转型的加剧，人们的需求日益多元化，对学校教育也提出了更多更高的要求，乡镇政府和村民办学的能力已经远远不能满足家长及其子女接受多元优质教育的需要，在市场和行政力量的作用下，学校开始出现严重分化。一批学校由于不能提供更好的教育，逐渐衰败；少数学校掌握了更多的行政资源，发展为本地的重点学校；还有部分学校走上了特色办学之路。

二、政策影响

清末民初，越来越多的人意识到西方新式教育对于富国强兵的意义，民间私塾日益凋敝，新式学堂逐渐兴起。新民主主义革命时期，无论是国民党、军阀还是共产党，都注意到了把分散的农民组织起来的重要性，而学校则成了配合警察、基层政权组织农民的一种很好的工具。在新中国成立之初的前 30 年内，为了尽快扫除文盲，在"小学不出村，初中不出片，高中不出社"的口号下，中小学几乎遍布各村。20 世纪 80 年代，为了尽快普及小学教育，加快农村中小学校舍改造，改变"黑屋子"、"土台子"的现状，许多地方取消了联办中学，农村中小学数量迅速减少。90 年代，为了通过"普九"验收，地方政府依靠集资和举债的方式，有重点地改建了一些农村学校作为示范样板，而其他许多学校则逐渐式微。进入 21 世纪，由于税费改革，地方政府尤其是以农业收入为主要来源的地方政府财政收入锐减，而中央的转移支付又远远不能满足需要，在此背景下，新一轮的农村中小学布局调整在全国范围内迅速展开。

（一）扶持新式学堂的政策

鸦片战争以后，在"师夷长技以制夷"思想的引导下，中国逐步踏入现代化的门槛。在沿海的一些城市，洋务派和维新派先后开办了一些新式学堂，学习国外先进技术。尽管这些学堂数量不多，意义却非同一般，不仅仅培养了一批经国治世的人才，也为新式教育的发展提供了借鉴。1902年至 1903 年，清政府先后颁布了《钦定学堂章程》与《奏定学堂章程》，在全国范围内正式推行了现代学制。政府先是下令对私塾进行改良，继而取缔。取缔遭遇强大阻力后，又重新回到改良的道路上。1914 年，中华民国教育部颁布了《整理教育方案草案》，要求对私塾教学内容进行改造，确定初小 4 年为义务教育年限；各县应划分学区，限期办学，确定发展学务基本金等。[①]1932 年颁布的《小学法》对学校学额做了硬性规定，每级学生名额至少不低于 25 人，以 40 人为宜，对于不够学额的学校予以取缔。1937 年颁布了《改良私塾办法》，分别对私塾的设立、校舍、塾师资格等做了明确规定，凡不符合要求者，一律予以取缔，依此对私塾进行整顿。

---

① 顾明远. 整理教育方案草案[C]. 教育大辞典[Z]. 上海：上海教育出版社，1990

（二）普及小学教育的政策

新中国成立后，经过社会主义改造，私塾基本上已经不复存在，教育领域的各种举措旨在迅速普及小学教育。1951年，新中国第一次全国初等教育会议与全国师范教育会议，提出了第一个小学教育普及计划，指出："到1957年，全国争取有80%的学龄儿童入学；从1952年开始，争取10年之内全国普及小学教育。"[①] 1952年3月18日，教育部颁布了《小学暂行规程（草案）》规定：各地为适应特殊需要，可举办二部制的小学、季节性的小学、半日制的小学和巡回制的小学，或酌设早、晚班。修业年限可视具体情况酌量伸缩，但都应修毕小学课程。1953年《政务院关于整顿和改进小学教育的指示》，进一步阐明了多种形式办学的必要性，指出：在农村，除办集中的正规的小学外，还可以办分散的不正规的小学，如半日班、早学、夜校之类。1956年9月，刘少奇在中国共产党第八次全国代表大会上做政治报告时指出：在财政力量许可的范围内，逐步地扩大小学教育，以求12年内分区分期地普及小学义务教育。1958年以后，多种形式办学逐步被纳入"两种教育制度、两种劳动制度"的轨道。

党的十一届三中全会以后，党中央、国务院多次强调普及小学教育的重要性。1979年11月，中共中央在批转湖南省桃江县《关于发展农村教育事业的情况报告》的批示中指出：各级党政领导一定要把普及小学教育当成一件大事来抓。1980年12月，中共中央国务院《关于普及小学教育若干问题的决定》指出，教育事业在四化建设中具有重要作用，由于工作上的种种失误，五年制小学尚未普及，新文盲继续大量产生，同经济发展对人才培养的要求很不适应，要求各省、市、自治区根据各地实际分期分批地在1990年前基本实现普及小学教育的历史任务。极少数经济特别困难、山高林深、人口稀少的地区，普及期限可以延长一些。[②]《决定》总

---

① 编辑部. 中国教育年鉴（1949～1981）[Z]. 北京：中国大百科全书出版社，1984：123

② 《中国教育年鉴》编辑部. 中国教育年鉴（1949～1981）[Z]. 北京：中国大百科全书出版社，1984：123

结了办学经验，指出必须从实际出发，因地制宜地采取多种办学形式，除了办好全日制学校外，还可以举办一些半日制、隔日制、巡回制、早午晚班等形式的简易小学或教学班，学习年限和教学要求可以不拘一格，只要学好语文算术即可，学校布局和办学形式也都力求与群众的生产、生活相适应，便于儿童就近入学。[①]1983 年，教育部发出了《关于普及初等教育基本要求的暂行规定》的通知，明确了普及的原则与基本要求，并提出建立普及初等教育的验收制度。由于各地经济、文化发展水平不均衡，1986年制定的《义务教育法》把全国大致划分为三类地区，因地制宜地提出了各自实现普及初等义务教育和九年制义务教育的目标。[②]

（三）普及九年义务教育的政策

1985 年 5 月，中共中央、国务院颁布了《中共中央关于教育体制改革的决定》，标志着我国基础教育体制的重大转变。自此以后，国家把发展基础教育的责任交给地方，实行基础教育由地方负责、分级管理的原则，有步骤地实行九年制义务教育。实行分级办学的体制，一方面调动了各级地方政府的办学积极性，另一方面，也因为区域经济发展的不平衡以及城乡政府财政能力的差异，造成了城乡教育发展的不平衡，学校之间的差距越来越大。1985 年 8 月，山东省省委、省政府《关于贯彻〈中共中央关于教育体制改革的决定〉的意见》，提出在全省"分阶段有步骤地实现九年制义务教育"的任务，并制定了《山东省九年制义务教育实施方案》。1986年，为了增加地方教育经费的资金来源，国务院发布了《征收教育费附加的暂行规定》，教育费附加作为教育专项资金纳入预算管理，根据"先收后支，收支平衡"的原则使用和管理，教育费附加主要用于改善地方中小学

---

①《中国教育年鉴》编辑部. 中国教育年鉴（1949～1981）[Z]. 北京：中国大百科全书出版社，1984：124

② 第一类地区是经济、文化比较发达的地区，要求在 1990 年左右基本实现普及九年制义务教育。第二类地区是经济、文化中等发展程度的地区，要求 1990 年左右基本普及初等义务教育，同时积极创造条件，在 1995 年左右实现九年制义务教育。第三类地区是经济、文化不发达地区，要随着经济的发展，争取在 20 世纪末大体上普及初等义务教育。

办学条件。1988 年 3 月,《山东省九年义务教育学校设置暂行规定(试行)》,规定了设学原则、办学条件、经费标准。

1992 年,中共十四大提出:到 20 世纪末,全国要基本普及九年义务教育、基本扫除青壮年文盲。1993 年,中共中央、国务院颁布《中国教育改革和发展纲要》,将"两基"确定为我国 20 世纪 90 年代教育发展的重要目标。2004 年,巩固"两基"成果,提高"两基"质量,经国务院同意,教育部、财政部发布了《关于进一步加强农村地区"两基"巩固提高工作的意见》,指出各地要遵循"小学就近入学,初中相对集中"的原则,稳步推进农村学校布局结构调整工作,提高办学规模和效益。

(四)学校危房改造的政策

在普及小学教育的过程中,由于办学形式多样,且建校门槛较低,以致出现了很多简易学校。由于后期维护难以跟进,危房校舍随处可见。早在 1979 年,党中央就注意到了这一问题,提出了"校校无危房,班班有教室,学生人人有课桌凳"的要求。山东省采取国家拨款、地方资助和群众投资相结合的方式,积极开展了以改善校舍、改善课桌凳为中心的中小学校舍改造工作。1983 年,山东省中小学学校"黑屋子"、"土台子"的状况,已经由 1979 年的 50% 下降到 16.5%。1985 年,山东省颁发了《山东省农村中小学校舍改造六配套暂行标准》,"六配套"的内容包括校舍、课桌凳、操场、院墙、校门、厕所等 6 项基本配套设施,有条件的还可以设护校室、绿化美化园地、花坛等,创造整洁、优美的教学环境。

1996 年,由国家教委主编,建设部、国家计委、国家教委批准颁布的《农村中小学建设标准(试行)》(建标〔1996〕640 号),为农村中小学校舍改造提供了标准,也为农村中小学布局调整提供了基本原则,即农村中小学设置应按农村经济发展规划和村镇总体规划的要求,结合人口密度、学生来源、地形地貌、能源、交通、环境等综合条件确定。学校服务半径,应以"小学就近入学、中学相对集中"为原则,根据办学规模和住宿条件等因素确定。

2001 年 2 月，《国务院办公厅转发教育部等部门关于实施中小学危房改造工程意见的通知》决定，从 2001 年开始在全国实施"中小学危房改造工程"，力争用两年左右的时间基本消除现存的中小学危房。"工程"由教育部、国家计委、财政部和地方各级人民政府共同组织实施。按照基础教育"地方负责，分级管理"的原则，地方各级人民政府对中小学危房改造工作要切实负起责任并保证投入，除个别危房改造任务重、有特殊困难的省（直辖市）外，东部地区的危房改造资金原则上由本地区财力解决。该《通知》规定，实施"工程"之前各省市要根据覆盖人口、服务半径、当地经济水平、地理条件以及教育中长期发展规划等制定中小学布局调整规划，尽可能撤并农村分散的教学点，坚决拆除不在规划内的危房。为改造危房而开展的农村教育集资，应严格按照中央有关精神和规定的程序报批，不得借此向农民乱收费和摊派各种费用。同年 4 月，《国务院办公厅关于 2001 年农村税费改革试点工作有关问题的通知》，限制教育集资的做法减轻农民负担，也降低了地方政府的财政支付能力，地方政府财政压力加大。在这种情况下，调整农村中小学布局与危房改造不谋而合，学校布局调整竟成了缓解地方政府中小学危房改造压力的一条重要途径。

2001 年 7 月，山东省人民政府办公厅转发了《省教育厅等部门关于实施中小学危房改造工程意见的通知》，规定坚持"工程"实施与中小学布局调整相结合的原则，在"工程"实施前，以县为单位做好中小学布局调整规划。在地方，中小学危房改造和布局调整是作为同义语来使用的。2004 年 7 月，德州市人民政府办公室根据《国务院办公厅转发教育部等部门关于实施中小学危房改造工程意见的通知》，结合地方实际，制定并印发了《德州市中小学危房改造（布局调整）工程专项资金管理实施意见》，在第一条就明确了中小学危房改造与布局调整是指同一工程。为了按期全面完成校舍维修改造任务，2008 年，德州市人民政府办公室又印发了《关于加强农村中小学校舍维修改造工作的通知》（德政办字〔2008〕34 号）指出，为了形成校舍建设、维护和改造的良性循环，避免重复建设，各县及乡镇应建立健全中小学校舍维修改造长效机制，每 3 年编制一次维修改造规划并组织实施，将中小学布局调整、薄弱学校改造、新农村建设及小城镇建设相结合。对布局调整规划取消的学校，不再安排危房改造资金。农村学校校舍维修改造资金以县（市、区）为主筹集，并将维修改造经费列入本级财政预算，征收的教育费附加主要用于校舍维修改造，撤并、拆除学校要通过资产置换，所得资金全部用于新校建设。

（五）基于税费改革的政策

2000 年，为了从根本上解决农民负担过重问题，中共中央颁发了《关于进行农村税费改革试点工作的通知》，逐步在全国范围内推开了以"取消乡统筹费"、"取消农村教育集资"、"改革村提留征收使用办法"等为主要内容的税费改革。受此影响，教育系统开始试行"一费制"。2001 年 4 月，山东省教育厅、物价局和财政厅联合下发了《关于坚决治理农村中小学乱收费问题的意见》，坚决治理农村中小学乱收费问题。2003 年，国务院颁布了《关于全面推进农村税费改革试点工作的意见》，提出"确保改革后农民负担明显减轻、不反弹，确保乡镇机构和村级组织正常运转，确保农村义务教育经费正常需要"。"三个确保"是衡量农村税费改革是否成功的重要标志。《意见》还规定，改革后农村义务教育的投入，要确保不低于改革前乡统筹费中的农村教育附加、经国家批准的农村教育集资以及正常财政投入的总体水平，并逐步有所增长。

2001 年 5 月，国务院颁发的《国务院关于基础教育改革与发展的决定》指出，为了确保实行农村税费改革试点的地区农村义务教育投入不低于农村税费改革前的水平，需要按照"小学就近入学、初中相对集中、优化教育资源配置的原则，合理规划和调整学校布局"。同年，财政部制定了《中小学布局调整专项资金及项目管理暂行办法》，中央财政设立了"中小学布局调整专项资金"。

2001 年 8 月，山东省人民政府颁发的《关于贯彻国发〔2001〕21 号文件精神推动基础教育改革与发展的意见》规定："按照小学就近入学，初中相对集中的原则，优化教育资源配置，合理规划和调整学校布局，适当合并农村小学和教学点。学生走读半径一般不超过 2000 米。在交通不便的地区保留必要的教学点，防止布局调整造成学生辍学。"2002 年 2 月，德州市人民政府办公室印发了《关于鼓励社会资金参与学校布局调整危房改造项目建设若干政策的规定》，鼓励企事业单位、社会团体和个人捐资助学，向农村义务教育捐资部分准予在缴纳企业所得税和个人所得税前的所得额中全部扣除，同时鼓励采取有偿投资的方式对学校校舍设施配套投资。

2006 年，《教育部关于实事求是地做好农村中小学布局调整工作的通知》指出，各地在农村中小学布局调整工作中取得了显著成效，不过也出现了一些新情况、新问题，有些地方盲目追求调整的规模和速度，存在简单化和"一刀切"的情况，造成了边远贫困山区农民子女上学困难问题，违背了学校布局调整的初衷。为此，《通知》强调，各地要落实科学发展观，坚持以人为本，在保证学生就近入学的前提下，按照实事求是的原则稳步推进农村中小学布局调整，防止因过度调整造成学生失学、辍学和上学难问题，防止以布局调整为名减少教育投入，防止原有教育资源的浪费，以确保适龄儿童顺利完成九年义务教育，确保农村义务教育健康发展。

（六）教育均衡发展的政策

改革开放以来，农村教育取得了令人瞩目的成就，基本普及了九年义务教育，然而各地经济发展不平衡以及城乡二元结构的存在，区域之间、城乡之间、校际之间的差距依然存在，有些地方、有些方面还存在扩大趋势。为了推动义务教育均衡发展，2005 年，教育部通过了《关于进一步推进义务教育均衡发展的若干意见》，要求各地统一思想，把推进义务教育均衡发展摆上重要位置，积极采取措施，逐步缩小学校发展中的差距。

2006 年，全国人大常务委员会通过了新修订的《中华人民共和国义务教育法》，从法律上明确了中央和地方政府义务教育经费的分担机制，明确提出义务教育免收学杂费，明确规定国务院各级人民政府"应当合理配置教育资源，促进义务教育均衡发展"，详细规定了义务教育办学中确保均衡发展需要明确的办学行为，在经费投入、师资配备、教育资源管理及监督等方面设定了一些规范，以法律的形式确保推进义务教育均衡发展。党和政府还出台了一系列旨在保障农村义务教育经费和提高农村教师队伍素质的政策，如《关于深化农村义务教育经费保障机制改革的通知》（国发〔2005〕43 号）、《关于实施农村义务教育阶段学校教师特设岗位计划的通知》（教师〔2006〕2 号）、《教育部关于大力推进城镇教师支援农村教育工作的意见》（教人〔2006〕2 号）、《教育部直属师范大学师范生免费教育实施办法（试行）》（国办发〔2007〕34 号），等等。党的十七大报告指出："缩小区域发展差距，必须注重实现基本公共服务均等化，引导生产要素跨区域合理流动。"合理调整学校布局，优化资源配置，是响应党和国家缩小区域教育差距，实现基本公共教育服务均等化的重要举措。

2010 年 1 月 1 日，《山东省义务教育条例》（鲁教法字〔2010〕1 号）正式实施，标志着山东省实施素质教育、推进素质教育均衡发展、提升义务教育质量已经进入依法行政、依法治教的新水平。《条例》分别从经费保障、基础设施设备配备、新增教育经费投入方向、建立对口帮扶制度和专项扶持、组织校长教师合理流动、鼓励城市教师和高校毕业生到农村任教等方面，对义务教育均衡发展做出了明确规定，同时，设定了县级以上政府及其有关部门在促进义务教育均衡发展中的相应职责。

三、学校布局调整的逻辑

学校布局受自然地理、历史人文、人口结构、交通状况、办学效益等因素的影响，也受国家政策的左右，在不同地区的具体实践中，农村都有其自身支持教育、发展教育的逻辑，以现代性为主导的国家政策及法律制度从来也不能单方面决定农村教育及农村学校的具体布局。尽管在国家权力的强制渗透下，学校布局的实践逻辑往往让位于以现代性为主导的政策逻辑，行之有效的教育政策通常不是改变学校布局的实践逻辑，而是在更大的时空范围内顺应学校布局的实践逻辑。

（一）实践的逻辑

学校布局（distribution of schools）是指学校在一定区域（空间）上的分布状态或者是其所形成的网络系统。"布"应为"分布"、"布置"之意，前者为静态描述，后者有根据需要做出调整之意；"局"本指"棋盘"，也指在棋盘上布子的形势或态势，杜甫有诗云"老妻画纸为棋局，稚子敲针作钓钩"。诗中的"局"，即"棋盘"之意。常言道"世局如棋局"，此处的"局"，即有"形势"、"局势"之意。吴梅《题天香石砚斋棋谱》诗中有"敛边丰腹审四隅，布局落子无其偶"之句，其中的"布局"经常引申为对事物的规划安排，多用于指文章、绘画、建筑等的结构层次。

根据《汉语大词典》解释，"调整"的基本含义为：挑弄整治；重新调配或安排，使适合新情况。比如周恩来《在中华全国文学艺术工作者代表大会上的政治报告》中提到："这种不平衡的发展，今后一个时期还会继续，但是城市和乡村，部队和地方，慢慢地调整是需要的。""学校布局调整"可据此理解为：随着环境和形势的改变，需要对学校布局做出重新规划和调整，以适应新情况。

任何一个区域的学校布局都是在一定的历史条件下，各种因素交互作用下形成的，既与自然生态系统和社会生态系统中的一些重要生态因子如自然环境、交通条件、人口和文化传统等紧密相关，还受教育生态系统自身发生发展规律的影响，与各级各类学校的类型、规模等具有密切联系。[①]学校布局一旦形成便具有相对的稳定性，除非人为地进行调整，布局结构在短期内不会变化太大。

根据系统论思想，如果外界环境变了，学校布局也会自发地做出相应的改变以适应环境。由于各学校反应程度和适应能力的差别，做出改变的时机和程度会有不同，从而导致学校之间的分化，这种自然选择的结果当然会改变学校的布局结构。

---

① 范国睿. 教育生态学[M]. 北京：人民教育出版社，2000：154

自然地理条件、交通状况和适龄受教育人口数量决定了学校的规模和服务范围，如果这些条件改变了，学校布局有内在进行调整的需要。我国是农业人口大国，区域发展的不平衡，发展农村教育不能照搬欧美的老路子，如果不能把握农村教育发展实践中的逻辑，就不能完整理解中共中央政策的实践机制，也不能理解村民不同时期发展教育的不同态度和行为。

学生是学校布局调整的直接利益相关者。在学校选择上，即使在同一地区的同一学校，也同时存在着趋向截然相反的学生。一般来说，村小的规模都比较小，师资力量有限且素质参差不齐。如果学生能够碰到素质较高的老师，擅长小班化教学及管理，学生往往喜欢这个老师和学校；相反，如果学生所在班级的教师素质不高，学生则希望能够进入新的有更多选择的学校。对于选择哪所学校读书，学生经常要受家长和当地条件的限制，一般不能自主。然而，他们会用自己的言行表现出对学校的好恶。

家长的教育观念往往影响着子女在不同学校之间进行选择。随着农村经济生活水平的提高，农村家长对子女接受教育的观念也发生了改变，现在的家长比 20 世纪 80 年代的家长更加关注对孩子的教育，越来越不满足孩子"有学上"的基本要求，更多的家长希望孩子能够接受到"好"的教育。在布局调整之初，家长更多地会考虑孩子的上学安全、生活自理以及家庭经济负担等问题，往往对送孩子到较远距离的学校读书持否定态度，然而一旦家长认识到孩子在新学校有更好的教师和教学条件，能够接受优质的教育，便开始支持学校布局调整。在苏镇，只要有条件，家长还是希望能够把孩子送到教育质量较好的中心学校或者县城学校，即使孩子上学距离远一些或者教育成本高一些，家长也是可以接受的。

作为一个组织，学校有着自身发展的内在需要。一般来说，为了保证学校的正常运行，学校需要考虑办学成本和社会效益，需要满足国家和学生需要，开设相关课程并能确保一定质量，否则学校就会丧失活力走向衰弱。由于各个学校获取资源和使用资源的能力不同，导致学校出现强弱之分。在学校布局调整中，学校作为教育系统的基层组织单位，都会同意并执行教育行政部门的决策。一般来说，被保留的学校态度相对要积极一些，尤其是被并入学生的学校，扩大了规模，相应的办学条件也会得到一定改善，无论校长还是师生比较容易产生一种相对的优越感。而对于被撤销的学校来说，尽管他们也知道学校被撤并是统筹办学的结果，与自己的工作业绩无关，重新调整会更加有利于区域教育均衡发展，但是仍然不可避免地会流露出一些失落感。中央政府习惯于通过一定的标准来衡量地方政府官员的政绩，地方政府为了在同级政府竞争中获得更好的政绩，往往会采用"以邻为壑"甚至"挖墙脚"的手段，抢夺优秀生源，而把问题学生推向社会或者更高一级学校，这种极端本位主义的做法导致恶性竞争，最终损害国家和村民利益。

（二）政策的逻辑

公共政策是对既有社会利益和秩序的重新安排，政策制定源自问题，旨在改善现状以适应某种目的或需要。当掌权者要用正式的规则和制度代替那些非常复杂的网络的时候，他们必然会以预想不到的方法打破这个网络。①如果在原有网络中实施变革，则其中的成员会有比较多的方式和资源与政策设计者所规划的秩序抗衡。为了减少改革的阻力，政策实施者经常会采用小范围试点，比如建设示范学校的形式，给其他学校以改革的压力和可以效仿的榜样。农村中小学的教师在长期的农村教学实践中已经形成了一种看似自由、散漫但是成效还算不错的教学和生活方式，对于自上而下的改革举措通常持抵制态度，不愿意改变。根据心理学研究，人们在新的环境比在原来熟悉的环境中更容易接受变化。因此，也可以说学校布局调整打破了原有的教学环境，有助于教学理念和教学方式的变革。

一般来说，政策制定者通常在整个行业或较大区域范围内提出解决问题的办法，在学校布局调整中，更加关注美学意义上或者说视觉上学校布局的整齐划一，而经常忽视地方环境的特殊性，政策制定者对政策文本和科学规划的过分自负，会导致对地方实践知识和政策负面影响的漠视。决

---

① 〔美〕詹姆斯·C. 斯科特著. 王晓毅译. 国家的视角[M]. 北京：社科文献出版社，2004：347

策者最初利用抽象的视觉符号来把握事实本身最主要的特征，抛弃或剔除了相对于某个目的来说次要的因素，然而当决策者对视觉符号过分依赖后，就会产生对地方民众和地方性知识的忽视，从而也就忘记了社会工程的实施效率依赖于真正的人类主体的反应与合作。如果公共政策在对社会秩序重新安排时，忽略了地方民众的感受、尊严和兴趣，不管这种安排多么有效率，地方民众都会将其变成低效率的安排。

政策制定者习惯于从一种自上而下的高位视角俯瞰社会，对科学手段有一种强烈的甚至比较固执的自信，认为可以通过国家强制力量对社会运行秩序进行理性设计，使人们的价值观、世界观、生活方式和工作习惯等发生变化。政策制定者还倾向于自负地认为：实践中存在一些问题，通过制定政策一定会有利于某问题的解决。然而，他们对于所制定政策的负面影响经常预见不足或不重视。对于学校布局来说，如果政策制定者认为教育普及与教育公平发展重要，就会制定政策刺激学校的产生与发展，甚至调动村民办学的积极性，以村庄为单位分散办学；在他们看来，村民办学可以弥补学校数量的不足，满足更多孩子接受教育的需要，而对参差不齐的教育质量却显露了非常宽容的态度。当他们认为教育提高与教育效率更加重要时，就会提高办学标准，集中资源建设"重点学校"或"示范学校"；在这种情况下，他们又倾向于坚持发展是需要一定代价的观点，将本应该公平分配给边远、薄弱学校的资源集中在几所优质学校，使学校差距进一步拉大。然而，在一个时期看似可以忽略的次要问题经过一段时间的发展演变后往往会成为主要问题，政策制定者又不得不掉过头来解决以前被忽视的问题。由于对政策的负面影响关照不足，从较长一段时期来看，政策制定者经常会处于不断的摇摆和反复之中，陷入"公平——效率——公平"或"数量——质量——数量"的循环之中。

（三）两种逻辑的关系

学校在农村的分布是国家教育政策实现特定目的的需要。然而在实践中，学校布局并没有完全按照自上而下的政策设计接应各种政策，不同层级的执行者与政策对象在自我利益谋求与多方势力的挤压中，可能把政策引向完全不同的方向，不仅政策既定的目标不能实现，甚至还有可能将目标引向完全相反的方向。

马克思主义哲学认为：实践是人们有目的地改造客观世界的物质活动，包含变革自然界的生产活动、变革社会关系的政治活动和科学实验三种基本形式。①政策贯穿于实践之中，确保实践能够按照预先规划发展，实践又不断检验政策的正确与否，推动政策制定与政策理论的完善与发展。政策是对实践的改善，也是对实践的反映，需要在遵循实践规律的基础上做出规定。政策制定之后执行的过程，也是实践的过程。在各自不同的具体环境中，不同的执行主体、目标群体为了各自的利益，产生不同的态度和行为，从而对政策落实和政策目标的实现产生各种影响。

政策在落实的过程中，各种来自实践的利益主体通常会在本行业、本地区甚至个人的视角寻找更加有利的对策，倾向于在复杂多变的环境中尽可能保持自我，以不变应万变，或者针对外界变化做出创造性的符合自身利益的反应。这与政策试图通过设计出尽可能完美的方案或标准，要求实践中的各个要素做出相应的改变刚好相反。在学校布局调整中，实践中的逻辑在于从当时当地的情况出发，创造性地建设能够满足当地居民需要的学校；而政策的逻辑在于从培养适应现代社会发展人才的需要出发，根据一定的标准去改造实践中存在的被认为是"劣质的"和不符合标准的学校。

正像政策制定者认为实践中的许多做法不符合科学标准，需要制定政策进行改善一样，在实践第一线的教师和学生家长也经常怀疑许多自上而下的所谓"创新"或改革的必要性。他们往往坚信自己多年积累的经验，认为自己的经验才是最靠得住的东西，如果上级行政部门执意推动某项改革，而又未能获得实践层面的理解，就会导致来自实践的抗议和逃避。学校布局调整在很多时候遵循的不是教育规律，而是节约成本、便于管理的逻辑。在长期的中小学办学实践中，我们已经探索出了最适合的班级规模

---

① 周长岭. 论政策与实践的关系[J]. 理论探讨，1992（5）53～56

应该在 40～45 人之间，最多不应该多于 50 人，现在倡导小班化授课，班级人数应该低于 30 人。人数过多，则难以照顾到所有学生；人数太少，又难以形成共同发展的集体氛围。然而，进入 21 世纪以来学校布局调整的结果是出现了众多的大班额学校，学生少则六七十人，多则上百，老师不堪重负，教室拥挤不堪，学生身心健康受到严重影响。

第三章　利益与博弈

我们已经进入利益博弈时代，合理合法的利益博弈有助于社会和谐发展。农村中小学布局调整是农村社会变革的结果，充满了传统与现代、城市与乡村、"为农"与"离农"的博弈，势必影响千家万户不同主体的利益、态度和行为。然而，由于利益主体发育的不均衡，使得弱势群体的利益不能得以顺畅表达，在博弈中处于弱势地位。

一、利益与利益主体

现实中，利益是一个使用频率非常高的日常概念。任何稍有生活经验的人，甚至稍微懂事的小孩，都可以感受或者理解利益的概念。马克思曾说："人们奋斗所争取的一切，都同他们的利益有关。"[①] 然而要明确地表述利益的内涵、构成、实现机制和运行规律却是非常困难的。

（一）利益、个人利益与共同利益

列宁认为，利益是"人民生活中最敏感的神经"。[②] 通常，经济利益

---

① 中共中央马克思恩格斯列宁斯大林著作编译局编译．马克思恩格斯全集（第1卷）[M]．北京：人民出版社，1995：82

② 中共中央马克思恩格斯列宁斯大林著作编译局编译．列宁全集（第16卷）[M]．北京：人民出版社，1988：132

被认为是利益的基础，在此基础上产生的阶级斗争以及更高的政治利益，也是为了更好地实现并保证某些人的经济利益而存在的。其他如教育、文化、法律、制度等，无一不是为了实现或者维护某些人的利益而存在的。一提到利益，许多人都会跟金钱联系起来，有道是"有钱能使鬼推磨"，人们对经济利益的追求无论怎么描述都是不过分的。

然而，在经济利益的背后有没有更根本的东西？德国古典哲学家黑格尔从人性的角度进行了阐述，他认为自私心产生的欲望和热情是历史发展的直接动力，而更本质的东西则是人的"自由的精神"。他认为热情"是指从私人的利益、特殊的目的、或者简直可以说是利己的企图而产生的人类活动"。① 在他看来，由自私的欲望产生的冲动对于人们有一种更直接的影响，利益和需要促使人们去劳动，而劳动又是人类需要和维持历史发展的基础。18 世纪法国唯物主义者爱尔维修认为，利益是道德的原则、是社会前进的动力，是社会生活中唯一的、普遍起作用的因素。他从人的肉体感受出发，引申出人的"自爱"本能，认为自爱是人们行为的一般基础，进而推论出"没有利益就没有社会"，"人类的一切活动都是建立在个人利益基础上"② 的结论。

马克思、恩格斯吸收借鉴了黑格尔关于私利、需要和劳动的思想，从唯物主义的角度科学论述了利益范畴以及人与人之间的利益关系。在《经济学手稿（1857～1858 年）》中，马克思从经济关系出发阐明了商品交换中人与人之间的利益矛盾。在一般的商品交换中，包含了个别利益之间、个别利益与共同利益之间的矛盾。在交换过程中，个别利益之间是相互对立的，然而整个过程却表现为共同利益的实现，利益在实质上体现的是社会经济交换关系。然而，"表现为全部行为动因的共同利益，虽然被双方承认为事实，但是这种共同利益本身不是动因，它可以说只是在自身放映的特殊利益背后，在同另一个人的个别利益相对立的个别利益背后得到实现的。……共同利益恰恰只存在于双方，多方以及存在于各方的独立中，共

---

① 〔德〕黑格尔著. 王造时译. 历史哲学[M]. 北京：商务印书馆，1963：62
② 王伟光. 利益论[M]. 北京：人民出版社，2001：13

同利益就是自私利益的交换。一般利益就是各种自私利益的一般性"。①

英国功利主义的杰出代表边沁提倡个人利益第一，认为公共利益不过是个人利益的总和，真实存在的还是个人利益。法国古典政治经济学家西斯蒙第则力图阐明个人利益和社会利益的关系，他认为："财产的不平等分配和由此造成的缔约各方的力量的不均等造成了个人利益和普遍利益之间的矛盾。……文明社会富人的个人利益乃是一种强取的利益，个人利益常常促使他追求违反最大多数人的利益，甚至归根到底可以说是违反全人类的利益。"② 罗尔斯则将个人的自然权利实现的程度作为衡量社会制度安排是否合理的一个标准。在他看来："社会的每一成员都被认为具有一种基于正义、或者说基于自然权利的不可侵犯性，这种不可侵犯性甚至是任何别人的福利都不可逾越的。"③ "一个社会，当它的制度最大限度地增加满足的净余额时，这个社会就是安排恰当的。"④

（二）利益主体及其分类

中国社会科学院副院长王伟光认为：所谓利益主体就是在一定社会关系下从事生产活动或其他社会活动，以便直接或间接地追求自身社会需要满足的人（个体或群体），即利益的追求者、承担者、生产者、实现者、消费者和归属者。⑤

个人是利益主体的最基本元素，利益主体一般可以分为利益个体和利益群体两大类。利益个体是最小单位的利益主体，是以个人单独存在为形式的利益主体，是个别的、特殊的，也是具体的，同时对其他利益个体和利益群体又具有依赖性，个人利益需要在同其他利益个体和利益群体的交

① 中共中央马克思恩格斯列宁斯大林著作编译局编译. 马克思恩格斯全集（第46卷上册）[M]. 北京：人民出版社，2008：196～197

② 王伟光. 利益论[M]. 北京：人民出版社，2001：16

③〔美〕约翰·罗尔斯著. 何怀宏，何包钢，廖申白译. 正义论[M]. 北京：中国社会科学出版社，1988：27

④〔美〕约翰·罗尔斯著. 何怀宏，何包钢，廖申白译. 正义论[M]. 北京：中国社会科学出版社，1988：23

⑤ 王伟光. 利益论[M]. 北京：人民出版社，2001：90

换中实现。利益群体即以一定社会关系为基础，具有相近的利益要求和共同的利益态度而结合在一起的个人利益的集合体，是比较宽泛的概念，社会成员在利益群体中具有双重甚至多重地位和身份，在利益趋向上，存在着交叉、重叠和相容的特点。"利益群体具有追求和维持本利益共同体成员利益的强大力量，在利益冲突和角逐中，它具有比个人更为强大的竞争力和追逐力。个人往往是以参与利益群体的方式来参加利益竞争的，也往往是通过利益群体来实现个人利益的。"[①]

群体又可以分为家庭、集体、集团、国家、社会五个层次。家庭是比个人高一层次的利益主体，是最基本的经济单位，也是最基本的利益群体。集体是具有一定共同利益的个人的集合体，如企业、学校、村落等社会组织，是联结个人利益与国家利益的中间纽带，也是个人和国家利益关系的中介。集团比集体更高一个层次，具有很强的组织性，如原始社会的部落、阶级社会的阶级、政治集团以及经济生活中的企业集团等。国家是社会共同利益的代表和主体，既代表个体和集体的近期利益，还代表个体和集体的长远利益，同某个具体的个体利益或集体利益之间还存在一定的矛盾。社会利益是整个人类整体的利益，是最高层次的利益，社会是整个人类共同利益的承担主体。

由于不同的利益主体所追求的利益目标不同，会经常处于自觉或者不自觉的矛盾对立中，从最初的情绪对立直至发展为行动对立。利益冲突就是不同的利益主体基于利益差别与矛盾而产生的利益纠纷和利益争夺。[②]现代西方冲突理论家普遍认为，冲突最常用的五种手段是：说服、允诺、威胁、施惠和使用武力。一定的社会条件决定一定的利益体系及其格局的基本结构、有机成分和分配关系，在一定的社会条件容量之内，具体的相对稳定的利益体系可以把利益冲突限制在一定的限度之内。当社会的政治、经济、文化等条件发生变化，社会的利益体系与利益格局就会发生动荡与变化。在社会转型期，一部分利益主体不可避免地要丧失以往不合理的既

---

① 王伟光. 利益论[M]. 北京：人民出版社，2001：103
② 王伟光. 利益论[M]. 北京：人民出版社，2001：152

得利益，而另一些利益主体将会获得过去所不能得到的应得利益。如此一来，不同的利益主体，面对社会变革以及由此而产生的各项公共政策，就会产生各自不同的反应、态度和行为。为了维护或者争取各自的利益，不同主体相互博弈，要么支持变革，要么反对变革。

二、利益博弈与学校布局

人们对利益的追求日益得到认可。"利益"一词本是人类文明史上出现最早的概念之一，然而在中国传统社会中，利益这一概念本来所具有的物质含义，往往在伦理、道德的宣扬中被人为地遮蔽，利益问题成为敏感问题，被政治化和意识形态化。只有在市场经济发达的社会状态中，才表现出它最强大的力量。

（一）利益博弈的条件基本形成

新中国成立之前，我国一直处于半殖民地半封建社会状态，中央政府权力虚弱，缺少动员全国力量进行现代化建设的力量。1949 年，在中国共产党的领导下，建立了强大的人民政府。然而，在当时的国际环境与国内局势下，只有通过计划经济体制，以指令性的方式配置社会资源，协调变革中的矛盾与冲突，才能整合社会利益矛盾并转化为社会发展的动力，推动现代化进程。在当时的情形下，政府具有极强的控制力量，社会自治和自主组织能力差，缺乏相对独立的私人空间和公共空间，个体利益和群体利益得不到承认，全都服从于国家建设。社会主义新中国带给人民的自豪感，使人们对计划经济体制下的高度整体性的利益格局产生一种天然的亲和感和认同感，因此，当时那种个人依附于单位，单位依附于国家，高度指令性的资源配置与利益格局迅速得以巩固和发展。

十一届三中全会以后，随着改革开放的深入，为了调动人们的积极性，开始倡导"按劳分配，多劳多得"的原则，"让一部分人和一部分地区先富起来"更是对利益分化和利益差别的承认，人们对个人利益的追求逐渐得到承认，甚至成为个人能力和为社会做出贡献大小的标志。

20 世纪 90 年代以后，中国的利益分化呈现加剧趋势。随着我国经济结构、社会结构、利益结构的变化，利益的实现方式日益增多，出现了利益主体多样化、利益关系复杂化、利益冲突明显化的趋向。比如，房地产商已经成为发育程度较高的利益主体，成为较早的"以自觉的意识甚至集体的力量影响政府和社会风尚的一个群体"。[①] 近年来，一些地方政府或部门往往直接介入市场活动，甚至以强硬者的姿态直接参与博弈。孙立平在《博弈——断裂社会的利益冲突与和谐》一书中指出，进入 20 世纪 90 年代以来，社会各阶层的利益分化日益显著，利益主体越来越注重自身利益的表达与实现，利益矛盾与利益博弈日渐突出，中国已经进入利益博弈时代。

（二）利益博弈在教育中的诸多表现

在经济迅猛增长、市场化程度越来越高的当今社会，竞争压力越来越大，为此教育背负了越来越多的社会责任。教育行政官员、校长、教师、学生以及学生家长从自身的立场与角度出发，考量同一现象往往会得出见仁见智的结论。在各种力量的角逐中，教育逐步卷入了一场为生存而战的巨大博弈之中，到处呈现着理想与现实、经济与政治、中央与地方、个人与社会等不同维度、不同层级、不同主体间的对立与博弈。

2010 年，党和国家成立了专门起草《国家中长期教育改革和发展规划纲要》的领导小组，温家宝亲任组长。在新中国的教育史上，经历如此民主、准备如此充分的教育决策过程，还是第一次。为此，有分析人士认为："围绕这个《纲要》的制定，我国教育产生了改变的可能性。"[②]由于教育改革牵涉到各方利益的重新调整，为了达成共识，《纲要》最终确定了"稳妥、渐进"的基调，即在"不动存量"，不触及体制性障碍的前提下，采用

---

① 孙立平. 博弈：断裂社会的利益冲突与和谐[M]. 北京：社会科学文献出版社，2006：16
② 新教改纲要出台背后_网易新闻中心[EB/OL]. (2010-07-24) [2011/3/5]. http://news.163.com/10/0724/16/6CCCEED500014AEE.html.

增量改革的渐进方式。尽管如此，各方利益主体在一些关键性问题上，还是展开了一场或明或暗的博弈与争夺。在《纲要》的制定过程中，部门之间的利益博弈体现非常明显，最突出的当属教育部、财政部、发改委等部门在"国家财政性教育投入能否在 2010 年达到 GDP 的 4%"的问题上的博弈，教育部"挟持民意"及"握有尚方宝剑"，最终在博弈中略胜一筹，《纲要》定稿中明确提出了 2012 年达到 4%的目标。①

自从"素质教育"一词被提出以后，应试教育与素质教育就处于不断的博弈之中。山东省的素质教育改革被宣传为是在向应试教育宣战，改革的措施极为严厉，然而各地真正借鉴学习山东素质教育改革经验的却鲜有报道。无论是教育行政部门、学校、教师还是学生家长，都不希望学生负担过重，都希望孩子能够全面发展。然而，在实践中，为了使自己的孩子在升学中有更大的竞争优势，都倾向于加重学生的负担，彼此都深深陷入了"囚徒困境"之中。

师生关系是学校中最普遍、最重要的关系。"他们通过教育活动在学校场域中进行利益博弈"，②在课堂教学中，教师出于维持课堂纪律考虑，会经常与学生发生冲突。比如，在课堂上有学生讲话，如果声音较小，多数老师会容忍。如果声音太大甚至出现打闹，则会严重影响上课。于是，老师会要求学生保持安静，如果学生不听，就会引起教师的愤怒。在这种情况下，老师为了吸引学生，站稳讲台，与学生之间既有合作也有博弈。惩戒作为一种教育手段，在古代是普遍适用的。到了近代，被逐渐扭曲，被认为是教师缺乏教育智慧的不文明表现。在实践中，既存在个别教师由于惩戒不当导致学生肢体伤残、精神失常甚至自杀的报道，也存在教师不敢惩戒，稍一管教便遭学生报复、家长指责，被殴、被辱、被逼疯、被杀害的新闻，以致有网友指出"教师开始成为一个有风险的职业"。师生之间的某些冲突，实际上就是一种博弈。在市场经济背景下，由于缺乏规范合

---

① 佚名. 新教改方案出台始末：各方利益主体明暗博弈[EB/OL]. 21 世纪经济报道. http: //news. sohu.com/20100717/n273565772. shtml.

② 林天伦，陈国香. 基于博弈论的师生冲突分析[J]. 教育科学研究，. 2010（4）

理的博弈规则，导致师生关系严重扭曲，出现了两败俱伤的"负和博弈"与一方强势的"零和博弈"。在目前的社会现实下，只有确保师生双方相互合作、互惠互利才有可能走出博弈困境，创造师生交往的新局面。

"目前我国区域教育发展呈现出'双二元结构'的差异，即不仅在于发达区域与欠发达区域之间的差异，而且发达区域与欠发达区域内又存在着发达的城镇与落后的农村之间的差异。"① 在各个区域，都有自己特殊的教育利益。由于一定时期内，国家的教育资源总量是有限的，各个区域在追求各自目标的过程中，必然会存在利益矛盾与冲突，国家对某一区域教育投入过大，其他区域获得的教育投入就会相应较少，这样每个区域的教育行为都会成为其他区域追求自己教育利益行为的限制，从而导致不同层次不同程度区域间的教育利益上的博弈。新世纪以来，随着市场经济以及社会文化结构的转型，政府决策越来越多地开始关注普通公民尤其是弱势群体的利益，强调教育公平和教育均衡发展的政策取向日益明显。然而，由于政府主管部门一味追求政绩和形象工程，不愿意加大教育投入，而又希望能够取得"均衡"的效果，为此，还强制出台了不准考试排名、取消入学考试、禁止择校等一系列"治标难治本"的措施，其结果是催生了大量的潜规则，导致弱势群体子女教育更加不公平。

（三）学校布局中的利益博弈：方法论的视角

博弈论（Game theory），也称"对策论"，是一种从利益入手，化繁为简、化难为易，分析各个利益主体为了实现自身利益而最可能采取的行动策略的分析方法。博弈论的思想古已有之，我国古代的军事著作《孙子兵法》一书中就充满了博弈论思想，博弈论的概念最早是由德国数学家莱布尼兹（G. W. Von Leibniz）于 1710 年提出的。"二战"期间，博弈论首先在军事决策方面发挥了巨大的威力。"二战"以后又在经济领域取得巨大成功，多位研究博弈论的专家为此获得诺贝尔经济学奖。1977 年，E. 巴尔

---

① 祈型雨. 利益表达与整合——关于教育政策的决策模式研究[D]: 博士学位论文. 武汉: 华中师范大学，2003: 8

达茨出版了《执行博弈》一书，被认为是西方以利益博弈为视角进行公共政策执行研究的代表作。

学校布局调整是学校在空间分布上的变化，牵涉利益的分配与再分配。自清末民初新式学校产生以来，学校布局就处在不断地调整过程之中。每次大规模的布局调整都是不同力量相互博弈的结果。比如，政府与群众之间就存在着利益的调整。某所学校的去留对地方群众和政府具有不同的意义，政府从全局或者优化资源配置甚至是政绩的角度考虑，而地方群众则从学校在当地的作用、孩子读书是否方便、学校的有无是否会影响自身利益的角度考虑。在双方力量的对比上，政府明显处于强势地位，可以动用行政的力量进行宣传，政府的利益能够得以充分表达，还可以利用手中的资源和行政手段对学校布局进行强制性调整。而地方群众出于各种原因，往往难以表达自己的利益诉求，在与政府的博弈中往往处于弱势地位。尽管如此，也并不意味着政府可以通过行政手段强制进行布局调整。因为，一旦布局调整损害了地方群众的利益，他们便会用弱者特有的手段，如消极应付、阳奉阴违、假装糊涂、造谣诽谤等手段进行抵抗，甚至采用围攻、上访、聚众闹事等方法阻止调整方案的落实。再比如，学校布局调整中往往还充斥着传统与现代的较量。在布局调整过程中，那些具有更多现代倾向的学校往往更有可能取代那些具有传统倾向的薄弱学校。那些被撤并的学校往往被描述为落后的、低效的、方式陈旧的、教育内容有违现代精神的；而传统学校则批评现代学校不切实际、培养只看重成绩、不爱劳动、不爱农村的人。注重师道尊严，往往被批判为压抑学生个性；强调学生为中心，又会被指责为丢掉了教育传统。那些曾经被视为非常有效的成分，如教师主导的课堂教学模式，在现代化背景下越来越受到质疑。

学校布局调整的最终目的是为广大人民群众提供更好的教育，然而调整的结果却会对不同群体的利益产生影响，调整的过程也交织着各利益主体的博弈。每次布局调整都是在解决上次遗留问题的基础上又产生了新问题，每次都照顾了部分人的利益，同时又出现了新的不均衡。从一个较长的时期来看，历次大规模的学校布局调整具有一定的延续性，应用博弈论研究学校布局调整政策及其执行问题，能够揭示政策制定者、执行者、政策的目标群体等不同利益主体的利益表达、行动策略与博弈过程。通过分析每次布局调整的动因、过程及结果，有助于把握农村学校布局调整的内在逻辑，从而可以比较准确地预测农村学校未来的走向，从而可以更合理地确定农村学校在当今新农村建设中的地位。

三、学校布局调整中的利益博弈

农村中小学布局调整的经济学实质是资源的重新配置，矛盾的焦点是公平与效率问题，各利益相关者都有可能成为利益博弈的主体。然而，由于不同利益主体表达、争取自我利益的能力、组织方式以及占有社会资源的数量不同，在利益博弈过程中并不经常处于对等的地位。在博弈过程中，处于弱势的一方经常会利用不合作、阳奉阴违、暗中抵制等方式进行博弈。

（一）利益主体

尽管利益主体是利益博弈中最重要的要素，确定利益主体却不是一件容易的事情。"在阶级社会中，剥削阶级出于自己的阶级本性，往往掩盖自己的利益本质。"[1] 历史上从不缺乏打着漂亮旗号侵犯他国的事例。当今国际垄断资产阶级就是打着自由贸易的旗号，肆意践踏发展中国家的主权的。即使在国家内部，也往往存在一小部分人打着集体或者国家的旗号，为了一己私利愚弄欺骗人民群众。

在学校布局调整过程中，各利益相关者如学生、教师、合并校校长、中心校校长、村委会、学校管理委员会、地方政府、中央政府、各部委、某些产业或服务部门等都可以成为利益博弈的主体，有些利益主体还扮演了多重角色，处于强势地位的主体一般都有比较完善的利益表达渠道以及实现利益的保障，甚至有些利益集团还有可能以"一切为了学生"或者"减

---

[1] 朱奎保. 利益论[M]. 上海：华东师范大学出版社，1991：9

轻农民负担"的名义掩饰自己的真实意图。

从利益入手，对不同的博弈主体进行利益分析，可以拨开复杂多变的现象，发现隐藏在不同主体语言、行为背后的逻辑，更加客观地呈现学校布局调整中的利益博弈。

1. 被利益纠缠的各级政府

经费投入不足是税费改革后学校布局调整的重要原因。[①]税费改革以前，根据 1985 年《中共中央关于教育体制改革的决定》，基础教育实行地方负责、分级管理，实际上农村中小学的教育投入主要来源于乡镇的教育费附加和教育集资，由于国家投入少、县乡财力弱，财政拨款在农村义务教育经费中所占比例很小。税费改革后，将农村义务教育经费的统筹层次提高到县一级，资金总量不足的问题仍然没有解决。2001 年后，国务院先后发布了《国务院关于基础教育改革与发展的决定》、《国务院办公厅关于完善农村义务教育管理体制的通知》和《国务院关于进一步加强农村教育工作的决定》等三个文件，确定了农村义务教育"以县为主"的管理体制，但是在文件中没有关于财政制度的详细规定，对于如何逐级实行转移支付、各级政府应该承担的比例等问题难以在实践中落实。

公共选择学派认为政府也是理性经济人，追求自身利益最大化，这就决定了政府无法成为社会总体利益的公平分配者。[②]中央政府是基础教育最终的提供者，统筹国家各项事业，协调地方利益，在博弈中处于优势地位，如可以利用国家司法力量、行政力量、经济力量等，还掌握着舆论导向，然而在获取地方知识方面却经常遇到阻碍，经常表现为地方性知识不足。各级政府为了追求自身利益的最大化，各自依据相关文件条款和自身优势展开了博弈。县级政府认为，"实行在国务院领导下由地方政府负责，分级管理，以县为主的体制"、"明确各级政府保障农村义务教育的责任"等条款应该理解为由中央政府和省、市政府"共同保障"，"以县为主"也

---

① 范先佐等.中国中西部地区农村中小学合理布局结构研究[M].北京:中国社会科学出版社,2009:
44.

② 王培刚. 当前农地征用中的利益主体博弈路径分析[J]. 农业经济问题, 2007（10）

不是"以县级投入为主"。而其他各级政府则认为，"以县为主"就是"以县级投入为主"，中央政府主要针对西部地区的薄弱教育进行扶持，省级政府主要承担高等教育的责任，市级政府也只负责发展直属学校。文件中所规定的省级政府对无力承担发展义务教育任务的县级政府进行转移支付的条款在现实中也很难实现。在这种情况下，农村义务教育的"分级管理，以县为主"，在实践中就演变成了"由县全包"。[①]

地方政府关心教育发展的动力主要来自于两个方面：其一，来自上级和中央政府的压力，上面要求地方重视教育投入，办好地方教育，为国家输送高素质的人才；其二，来自当地百姓的需求，当地居民都希望政府能够办好学校，使本地少年儿童都能够接受优质的教育，在与外地少年儿童的竞争中取得优势。地方政府对教育投入可以获得三个方面的回报：上级的表扬、地方百姓的认可以及人才回流带来的长期效益。对于第三点往往要视本地经济情况而定，如果本地经济发展比较落后，则会因为重视教育投入较多，而人才又不能回流而致贫，这是地方政府不希望看到的，在支持教育发展方面往往会有所保留。在现有制度背景下，地方政府的理性选择倾向于不努力投入义务教育。上级财政转移支付反而导致了"挤出效应"，县级政府在考虑教育投入时，满足于"及格"水平，与投入教育相比，更愿意把财政资源投入到能够促进经济增长和增加财政收入的方向去。[②]因此，在区域发展不均衡的国情下，基础教育最好由中央政府买单，这样可以尽可能照顾到区域均衡。

在学校布局调整过程中，教育行政部门可以通过撤并学校实现集中办学，有利于优化资源配置，改善办学条件、缩小校际差距、实现区域内的教育均衡发展，因而基本上都是希望推进布局调整的。然而，也有一些部门因为担心布局调整会引发更多的麻烦，宁愿保持现状。

县教育局在农村中学的布局调整中发挥直接参与作用，在农村小学的布局调整中主要起指导作用，具体的调整交给乡镇学校管理委员会执行。

---

① 刘欣. 基础教育政策与公平问题研究[M]. 武汉：华中师范大学出版社，2008：197

② 张强等. 农村义务教育：税费改革下的政策执行[M]. 北京：中国社会科学出版社，2004：2～3

一般来说，县教育局通过前期动员、指导制定布局调整规划，中期与乡镇学校管理委员会签订责任状，后期以检查、督导等形式对学校布局调整进行控制。

在不同的时期，乡镇政府在学校布局调整中的作用是不同的。在教师工资归县财政直接管理之前，乡镇政府对学校布局调整具有非常直接的作用，可以决定学校的存留。财政制度改革以后，乡镇政府与学校的关系由原来的直接领导转变为"形式上的领导"或者说合作关系。尽管镇政府还有一个主管教育的副镇长，但是跟学校的关系已经今非昔比了。学校布局调整的规划与实施，主要由县教育行政部门领导的学校管理委员会负责，乡镇政府主要起宣传、协调、督促检查校舍安全、维持学校周边环境安全卫生的作用。

2. 权力渐弱的村委会

在整个 20 世纪的现代化进程中，受从分散的原子化的农民个体中提取工业化所需资源的发展逻辑的影响，政府的行政权力不断下延，直到人民公社时期，农民被高度组织起来，我国的行政村在税收、计划生育、义务教育等方面负有重要的责任和职权。在发展基础教育方面，1949 年前就有非常浓厚的"走群众路线"的方针与传统。新中国成立后，国家又在广大的农村掀起了"人民教育人民办"的热潮，村办小学，联村办中学，村委会提供校舍、聘请教师、通过集资等形式筹措办学经费，甚至还组建"贫管会"一类的组织进驻学校实施管理。由于村委会在学校的创办和运转过程中负有重要责任，因此当时村委会对学校的影响很大，学校校长和教师也要参与村庄事务，村委会可以自己更换教师。在我国的许多农村山区，学校几乎是村落中唯一带有文化韵味的标志性建筑，"哪怕是一个小小的教学点，也是现代文明的重要代表"[①]，一个村子里的学校给当地学生提供了上学的方便，也给当地居民提供了很多交流的机会。如果一个村子的学校办不好，被撤掉了，该村的村委会会很没有面子。

---

① 万明钢，白亮. 教育公平、教育资源整合的路径反思——对农村地区寄宿制学校的重新解读[J]. 教育理论与实践，2009（25）

在人民公社时期，村民是高度合作的，对政府也极度信任，村委会可以召集村民从事公共建设。然而随着土地承包以及市场经济的发展，村民之间大规模的合作越来越少，村民的流动性越来越大，农户趋于原子化，村庄作为共同体的凝聚力正在消失。现如今，村委会几乎已经丧失了组织村民进行公共建设的能力，农村的公共事业经费几乎全都依赖国家的财政转移支付。在发展农村中小学教育方面，村委会已不能再如 20 世纪七八十年代那样建设学校，在一些国家资源投入不足而村委会又无力接济的村庄小学，颓废衰败的景象处处可见。

由于各村经济条件和管理学校能力的不同，农村中小学在办学水平上呈现很大差异。为了规范办学行为，学校的管理权限逐渐收归乡镇，直到目前的以县为主。在这一过程中，农村中小学不断被调整，村委会管理学校的职权也逐渐缩小，"普九"以后，学区小学的土地也收归国有，学校跟村庄的关系逐渐疏远。有不少村委会不再把学校看成是"我们自己的学校"，认为那是国家的，学校在本村反而占用了一部分土地或者宅基地资源。"普九"以后，出现了不少变卖村庄学校为宅基地的行为，农村的许多学校正在萎缩。一些年轻的村委会干部不再把学校看成自己的荣誉，而是迫切地希望能够变卖学校资产，老一辈支持教育、投资教育的热情在他们身上已难觅踪影。

目前，也不是所有的村支书都不关心学校的发展。然而，他们的这种关心已经不同于以往对本村发展教育的重视，其动力更多地来自为了获得上级领导的支持或者本村百姓的认可，以便在下任村委会选举中能够连任。不管承认与否，村干部也是干部，有些显性收入和隐性收入，因此围绕村干部展开的利益博弈也很多。[1]根据《村委会组织法》，村委会应该成为基层社区群众的自治性组织，有义务维护村民的合法权益。然而，在现实中村委会经常成为乡镇政府管理村民的工具，使其独立于农民群体。在行政干预下，村委会既要代表上级行政部门对村民进行管理，又要遵守乡村社

---

① 董海军. 塘镇：乡镇社会的利益博弈与协调[M]. 北京：社会文献出版社，2008：48

会的风俗民约，受村民舆论的约束，因此，也经常成为介于村民与乡镇干部之间既独立又矛盾的利益群体。他们既希望遵从上级指令以求得到更多的政治资本，又不敢过多地做有悖乡邻意愿的事情。学校的去留，有时会直接影响到村干部的选举，为了选举成功，村干部会尽可能处理好学校的撤并问题。在学校布局调整中，他们既想遵从上级的布局调整规划，又希望照顾到村民的利益。有些干部站在乡镇政府领导的立场，为了显示自己工作力度与能力，会主动出面安抚本村村民，消除村民对学校合并的抵触情绪。也有些村干部会站在村民的角度，带领或者私下煽动村民与上级政府抗争，反对撤并本村学校。尽管有时村干部会站在村民的角度考虑问题，但是村干部从根本上是与乡镇领导干部站在一起的，偶尔投村民之所好无非是为了在连任选举中能多拉几张选票。

3. 进退维谷的学管会主任

教育行政部门及其官员是基础教育改革中最活跃、最积极、也是最关键的利益主体。他们作为教育改革的贯彻执行者，时刻注意并调控着改革的动向、规模与速度。政策的制定和执行都离不开掌握着一定权力资源的人，权力和利益不是一回事，但权力和利益却是紧密相随的，在政策执行过程中，掌握着权力资源的个人极容易谋取个人私利。

对于中央的学校布局调整政策，不同的教育行政部门在理解上是有差异的，有的领导激进一些，主张加快农村中小学布局调整的进程，尽快减少农村中小学数量，提高学校办学规模，以发挥资源优势。也有些领导比较保守，担心调整太快会导致管理和学生上学困难。学校的教师以及学生家长对学校布局调整政策的理解也各不相同，经常会出现与上级行政领导意图不一致的态度与行为。在中央集权的行政体制下，他们的工作业绩主要依赖于上级部门的评价，无论激进还是保守的做法，都存在很大风险。

在具体的学校布局调整中，政府巧妙地掩盖了自己的"局中人"身份，选出乡镇学校管理委员会主任作为自己的代理人，在很大程度上降低了自己的施政风险。学校管理委员会主任，也称总校长，在农村中小学布局调整过程中是最直接的参与者。他们对当地教育情况最为了解，向上级行政部门汇报本地教育情况，提出学校撤并建议，落实上级行政部门布局调整规划方案，既要面对来自村民的压力，又要应付上级的各项任务。为了开展好工作，他们会与村干部、乡镇政府领导商量，以取得他们的支持，减少来自村民的压力。为了应付上级的检查，他们也可能会采取虚报、造假的手段，以完成上级交代的任务，获得上级的嘉奖。

学校管理委员会主任是乡镇一级教育行政部门的领导，刚好处于"兵头将尾"的位置，当上级行政领导的意图与学校教师和村民的期望相悖时，学校管理委员会主任就处于二者的夹缝之中，稍有不慎就会两头落埋怨，出力不讨好。

4. 摆布如棋的学校及校长

在古代，社会上层往往垄断教育，控制下层民众接受新思想新事物的渠道，仅对其进行道德和习俗的教化，以确保统治的稳定。清末民初，越来越多的有识之士认识到传统的私塾教育禁锢人们思想，不能培养适应现代社会发展的实用型人才，在他们的倡导下，政府开始大规模地废止私塾，推行新式学校教育。自此，为了实现"教育救国"的理想，在中国的版图上，曾经作为两千多年封建社会民间教育据点的私塾被一个个拔去。然后，按照政府规划，分学区、分类型、分批次地设置了具有现代意义的新式学校。

学校在培养社会精英人才方面具有非常明显的作用，当政府意识到现代国家需要大批具有一定科学文化知识和技术能力的建设者和接班人时，扫除青壮年文盲，普及小学和九年义务教育就成了学校教育的重要使命。在政府资源有限的情况下，降低办学标准，鼓励群众办学，既减轻了国家财政负担，又使学校网点遍布各村，成了培养具有现代国家意识、公民意识和适应现代化国家建设基本素质的公民的有力工具。与此相适应，村村建学校也就成了考核地方行政领导的一项重要指标。然而，当国家基本完成"两基"目标，社会对人才的需要也开始由数量转向质量，政府有了足够的财力支持教育而村民支持教育的力度已近极限时，原有乡村学校所显露出的低效、落后已越来越令政府难以接受。此时，撤并学校数量，扩大办学规模，又成了地方行政领导争相标榜的政绩。

对于地方行政领导来说，辖区内的学校如同一盘棋，相、仕、炮、车、马、卒，每所学校的角色、地位各不相同。在注重公平和教育普及时，与邻近区域竞争，可以广设学校，靠数量取胜。学校还经常设在偏远的行政区划交界地带，以防止本区域生源流向其他行政区域。在注重效率和教育质量时，为了能够集中优质资源，地方行政领导又倾向于削减甚至牺牲小规模或偏远学校，以求"舍卒保车"。在某些地方的行政领导看来，哪个地方应该有学校，哪个地方不应该有学校，哪些学校应该"关注"多一些，哪些学校可有可无，全凭如何安排能够带来更好的政绩，少有从适合学生成长角度做出安排的。

在行政资源的干预下，那些被保留尤其是有学生并入而扩大了规模的学校，自有一种被行政认可的优越感，而那些被撤并学校的校长尽管也有些失落感，却也经常以服从大局安排、学校的撤并与自己的工作业绩无关为自己开脱。学校校长处于教育行政序列的最低端，接受上级教育行政部门的领导与考核，不会因为学校布局的调整而"得罪"上级领导，面对上级领导确定的学校布局调整决策，一般都会照样执行。

5. 作为弱者的学生及家长

学校布局调整的效果如何，学生的感受最为直接。农村中小学布局调整对学生的影响主要集中在学习、生活及情感状况等方面。学生离开父母到更远的学校读书，面临的主要问题有：学会生活自理、适应新环境、结伴上下学，等等。学校布局调整后，配套措施是否完善成为影响学生身心安全的重要因素。由于条件有限，许多地区在学校布局调整后，增加了学生上学的距离，不能提供完备的寄宿服务，也没有完备的校车制度，恶劣的交通条件、简陋的学生宿舍、拥挤不堪的教室、缺乏营养甚至安全保障的饮食、低质量的睡眠以及陌生的缺少亲情关怀的环境，都严重影响学生的身心健康和上学积极性。面对新的学习、生活环境，有些孩子难以适应，刚进入学校的新鲜感过后容易出现身心疲劳、厌学、脾气暴躁、情绪低落、学习成绩下滑等情况。在学校刚刚撤并的时候，学生的评价多是负面的，诸如"不习惯"、"好朋友被分开了"、"跟不上老师的进度",等等。过一段时间后,正面评价会多一些,诸如"都习惯了"、"好玩的东西多"、"老师讲得好",等等。也有些同学喜欢新学校,会说服其他同学或者他们的家长到新学校读书。

尽管学生是学校布局调整中最重要的利益主体,然而由于年龄较小,尚不能对学校布局调整的好坏做出确切的评判。相对来说,学生家长具有一定的评判能力,然而由于缺乏组织性,难以形成合力,在多数情况下也不能左右学校的存留与撤并,但这并不意味着学校布局调整可以不关注学生及其家长的感受。

学校布局调整可能会改变学生原来的生活方式或行为习惯。比如上学距离远了,可能需要骑自行车结伴上学;原来早晨可以睡懒觉,现在需要一大早起床赶路;原来在家里吃住,现在需要在学校寄宿,等等。面对新的学校环境,学生的反应并不能简单地理解为"听家长的"或"听老师的",在许多情况下,他们的需求、梦想、叛逆或者反抗都远远超出成人的想象与假定。对于多数学生来说,如果他们不喜欢新环境,通常会以厌学、无故旷课、逃学、沉溺于电子游戏等方式消极应付,更有不少学生因为跟不上课、缺乏老师关心、受到同学欺侮等原因而违纪、打架,甚至辍学。

学生在学校的心理感受和情绪变化也会影响家长对学校布局调整的态度,以及他们在子女教育投资方面的热情与态度。一般来说,家长也会根据孩子的表现和家庭实际条件,重新审视教育投资的价值和力度。受家庭经济条件限制,农民的消费性支出一般都非常有限,供子女读书的积极性受预期收益的影响比较大,如果预期收益高,砸锅卖铁也要供子女读书,如果预期收益低,就会削减对子女教育的投资,甚至要求子女辍学。

学生及其家庭,应该成为学校布局调整最应该重视的也是最根本的利益群体,如果学校布局调整只是照顾到了城市发展、照顾到了少数学生及其家庭的利益,那么这样的学校布局调整是不能代表广大人民群众利益的。学校布局调整能否增强学校对学生的吸引力,提高学生的学习兴趣,满足学生全面发展与个性发展的需要,应该成为评判学校布局调整是否合理的重要依据。

6. 喜忧参半的教师

有学者认为，教师作为国家公职人员，经常充当政府推进布局调整的代理人或代言人，在利益上与政府是一致的，他们是学校布局调整政策的接受者。[①]其实，学校布局调整对老师来说也是一把双刃剑，既有可能带来教学条件的改善、更高的教学效率和更多的发展机会，也存在适应新环境、搬家、安置家属、子女转学等困难。

在学校布局调整中，究竟是进还是退，受年龄、身体状况、个性特点以及社会经历的制约，不同教师的感受是不一样的，对待学校布局调整的态度也存在很大差别，经常处于进退两难的境地，主要表现在是欣然接受、支持、反对还是无奈地接受的态度上。对于年长的或者身体状况不是很好的教师，多倾向于留在本村教学点，不仅教学压力小，还可以比较方便地照顾家人，上课之余还可以干些农活。如果这一部分教师被调整到中心学校，许多人不适应，会依仗老资格进行反对。还有些教师担心布局调整会对自己现有的职位或者前途造成不良影响，也会以各种理由阻挠学校的布局调整，如果阻止无效则陷入苦恼境地，甚至引发心理疾病。对于一些有发展潜力的年轻教师来说，往往希望能够通过布局调整进入中心学校或者县城，可以从比较薄弱的学校转入比较优质的学校，他们甚至会利用学校布局调整之机，跑关系或者走后门，希望改变自己的工作环境和社会地位，这样的年轻教师是希望进行学校布局调整的。

教师作为基础教育的直接提供者，也有自己的利益诉求，教师的努力直接关系到学校教育质量的高低。如果学校布局调整不能照顾到教师的利益，不能使教师的状况得以改善，仅仅把教师当成可以任意驱使的对象，就会面临实施中的巨大阻力，甚至导致学校教育教学改革的失败。

7. 进退自如的专家学者

在教育政策的制定过程中，还活跃着一群理论专家，这个群体依附于

---

① 郭清扬. 农村中小学布局调整的实证研究与理论探讨[D]: 博士学位论文. 武汉: 华中师范大学, **2008**: 92

教育行政机构，可以利用自己的专业知识，以决策咨询、顾问或者指导者的角色影响教育政策的制定。他们参与政策决策，发表论文和著作，收取稿费和版税，却不用对决策的后果负责，因为这是个人的观点；他们通过自己的活动指导改革，收取咨询费和指导费，却不用对实践后果负责，因为他们仅仅提供建议，没有强迫性。他们既可以鼓吹改革，为新政策的推行提供依据，也可以站在反对改革的立场，当改革失败的时候仍然能够对改革本身进行批判或者反思。①

8. 精于算计的原子化村民

村民曾经是村办学校的创建者和出资人。随着农民对自身利益主体意识的增强以及对基层政府、乡镇和村干部利己行为的认识，农民也开始越来越积极地争取自身利益。比如，在 20 世纪七八十年代以前的学校建设中，农民踊跃参与，出工出力。而在后来的学校建设中则变得有些斤斤计较，不仅不再积极出工出力，还要算计占用了自己多少土地，应该给予多少赔偿等。村民在与政府的博弈中经常是以弱势群体的形象出现的，由于难以组织起来，且缺乏相关信息，即使政策造成了村民的利益受到损害，他们也往往只能是被动地接受。

总而言之，在学校布局调整中牵涉到非常广泛的利益主体，每一主体都尽可能使用自己的策略争取最大的利益，既有强者的手段，也有弱者的武器。然而，在具体的学校布局调整中，并不是所有的利益主体都存在明显的博弈行为。在苏镇的学校布局调整中，利益博弈主要在不同层级的政府部门之间、政府与村民之间以及村民与村民之间展开的。博弈的主要内容涉及学校的存废、新建校的选址、经费的投入比例、生源和师资的流动等各个方面。

（二）利益表达

利益表达是利益博弈的基础，有效的利益表达是协调利益关系，解决

---

① 王永红，黄志鹏. 基础教育改革的利益主体及其利益分析[J]. 当代教育科学，2006（4）

利益冲突的首要问题。在城乡二元分治体制下，制度设计的城乡有别，农民是能够感受到的，具体表现在农民对于子女能够"考大学"、"跳出农门"、"走出农村"等向社会上层流动的强烈渴求。由于农民缺乏表达自身利益的能力与途径，当自身的利益受到侵犯时，表现出的更多是沉默与忍耐。在教育领域，我们很少听到农民自己发出的声音，他们的诉求多数情况下都是由新闻媒体和部分专家、学者转达的，这些声音一般都很微弱，难以成为农民利益的坚定代言人。近年来，随着社会贫富差距的加剧，区域教育差距也越来越大，不同阶层子女接受教育的层次和质量也出现了分化。教育是一种非常重要的促进社会流动的方式，不同群体对儿童接受怎样义务教育的利益表达，将直接关系到社会情绪的积聚与释放，关系到社会的和谐与稳定。

利益表达既是人们向各级公共权力机构或其组织成员反映情况、表达愿望和利益诉求的一种活动，也是参与政策制定及影响政策执行的重要途径。一般来说，政策制定的过程也是利益表达的过程。然而，由于不同的利益主体的发育程度不同，在表达自身利益方面是存在差异的，既有能力方面的差异，也有客观条件方面的差异。由于弱势群体的自我意识不明显，对自己所在群体的利益认识也比较模糊，使得他们缺乏维护自身利益的动力，再加上他们缺少社会资源和利益表达渠道，缺少表达自己利益的能力，导致他们在政策的制定与执行中经常处于边缘状态，甚至是局外人的状态，当他们的利益受到侵犯时，才明白自己可以用来维护自己利益的手段与能力之贫乏。弱势群体表达自己利益时通常存在以下几种情况：第一是不会表达；第二是不敢表达；第三是片面表达。根据一般逻辑，人们一般不会无缘无故地批评或者反对改革，人们之所以批评或反对某项改革，肯定是损害了某些群众的利益。[①]利益表达群体由于所掌握社会资源的不同，采取的表达方式也不同，一般都会采用成本最小、最简单易行的方式。弱势群体由于组织性差，缺乏合理表达自身利益的畅通渠道，在诉求无门时通

---

① 王永红，黄志鹏. 基础教育改革的利益主体及其利益分析[J]. 当代教育科学，2006（4）

常会求助于新闻媒体，极端情况下，还可能采用自杀、自残、围堵、肇事等方式发泄心中不满，以引起社会关注。

在历次农村中小学布局调整中，受科层制教育行政体制影响，作为核心利益主体的学生及其家长，经常在政策制定程序中出现受益人缺席状态，缺乏表达自己合法利益的有效渠道。在政策执行过程中，由于担心自己的表达会被认为是出格行为而遭到报复，还存在着不敢争取自身利益的沉默群体。所有这些都是利益表达和利益协调机制不健全的表现，不仅严重影响国家教育公平目标的实现，也不利于学校生态系统的平衡，违背国家学校布局调整的初衷。

当前我国利益表达组织发展的不均衡状态在学校布局调整中也有明显的表现，主要体现为弱势阶层和利益群体与强势阶层和利益主体的差距越来越大，几近断裂，难以沟通。首先，政府在学校布局调整中居于主导地位，以优化资源配置为口号，以推动教育均衡发展为理想，通过政策的强制力和各种宣传手段，不仅在政策制定过程中发挥了积极主导作用，在政策实施中也经常以"当家人"、"救助者"、"改造者"的身份，给其他群体以强势凌人的形象，从而不敢对政府的调整方案提出任何质疑。其次，掌握优质资源的重点学校以及经济条件和社会关系较好的学生家长，充分利用手中资源在学校布局调整中主动出击，不仅在规划中积极表达自己的愿望和想法，在调整的执行过程中还使其向着更有利于自己的方向发展。最后，掌握较少资源的薄弱学校以及经济条件较差、家在农村又缺乏社会关系的学生家长，在学校布局调整规划方案的制定中处于边缘或者缺席地位，没有机会、也缺少能力表达自己的愿望和要求，在政策的落实中更缺乏保护自身利益的意识、能力和机制。

在学校布局调整过程中，政府和某些强势群体的声音压过了弱势群体，乡村薄弱学校和经济困难家庭的话语被深深淹没。尽管有些农村学校自有一套适合农村孩子成长的教学模式，尽管有些家长希望孩子能在本村读书，尽管有些教师已经熟悉了当地孩子成长的规律，然而他们的意见和建议却不能被有效传达，他们的命运被重新安排，代之以更适合城市发展和富人阶层的教育教学模式及生存方式，在带有强制性的转型中，他们原来的生活方式失去了继续发挥作用的条件，却又不具备适应新模式的能力，逐步陷入一种进退维谷的尴尬境地。在学校布局调整中居于主导地位的政府，俯首倾听来自底层的教育诉求，既是促进教育公平、切实解决农村教育问题的需要，也是公共政策确保公平公正价值取向的根本要求，更是政府执政为民的具体体现。

（三）博弈形式

确保教育投入，促进基础教育高效均衡发展，是中央政府对地方政府支持发展教育的政策要求。尽管农村基层政府相对于中央政府和省市政府来说处于弱势地位，面对来自中央和省市的成文政策，不可能拒不执行，但是由于中央与地方政府之间的信息不对称，地方政府往往会利用自己的地方优势与中央政府的各种政策周旋，甚至采取各种手段和策略抵制中央政府的政策。如果地方政府感觉政策不利于地方本体利益，在向上反映而又无望解决的情况下，可能会采用"弱者的手段"，被动地回应来自上级的压力。例如片面地执行政策或者消极地执行政策，从而使中央政策不能取得预期的效果或者产生新问题，迫使中央或者高一级政府做出让步或改变。

在博弈过程中，强势和弱势总是相对的，地方基层政府在与高一级政府或中央政府的博弈中处于弱势地位，在与学校、教师、学生及学生家长的博弈中则处于强势地位。在学校撤并之初，负责撤并的教育行政部门为了防止被撤并学校所在地村民的阻挠，经常采用"突击"撤并的形式。有的时候，包括村长、被撤并校校长都被蒙在鼓里，这种情况下通常会激化矛盾，导致村民围攻学校、"上访"等。如果这些办法无法达到目的，他们又会转为采用"谩骂"、"抱怨"、"说闲话"等弱者常用的武器以发泄私愤。为了减少学校布局调整中的阻力，地方行政部门通常采用"分步骤撤并"的策略，即先将农村小学的高年级撤并到一起，保留低年级，被撤并的农村完小降格为教学点，接下来再根据生源等时机的变化把教学点撤并，最终完成布局调整的规划内容。

当发生利益矛盾时，最温和的博弈是相互协商。协商中体现着彼此的实力与策略，当双方实力相当又互不退让时，就会产生相互对抗，使问题的解决陷入僵局。当双方实力相差悬殊，并且所博弈的相对来说并不是最重要的利益时，实力较弱一方通常会采用退让忍受的方式。然而，暂时的沉默并不意味着认同，也不意味着日后不会反抗。

在实践中处于弱势地位的学校、教师、学生及学生家长也逐步掌握了一套消极抵抗的手段，使得学校发展并不能完全按照基层政府的意愿进行，而是在政府意愿和学校、教师、学生及家长之间留下了一定缓冲空间。这一缓冲空间给双方都留下了一些回旋的余地，确保学校能够在适当张力下比较平稳地发展。

第四章　小学布局调整中的利益博弈

在苏镇的历史上，没有出现过书院类级别较高的教育组织。20 世纪 60 年代末至 80 年代初，联办中学曾在此地四处开花，也曾出现过高中和职业技术学校，然而如今都已经不复存在。小学是这片土地上历时最久、影响最普遍的教育组织，小学的历史可以追溯到 1959 年前，新中国成立之初仅有完全小学一所，1957 年完全小学增加为三所。1958 年"大跃进"时，全镇所有的初级小学被合并，集中为三所完全小学，实行寄宿制，失败后又重新回到各村。"文革"中后期，初级小学遍布各村。20 世纪 80 年代以后，经过历次整顿，现有完全小学 8 所。当地小学发展演变的历史，凝聚了群众办学的心血，反映了不同力量相互作用的过程，是我国农村学校发展演变的一个缩影。

一、新与旧的利益博弈：新中国成立前之教育基础

苏镇位于两省（山东省、河北省）、三县（夏津县、武城县、平原县）交界之地，在任何已有的中国政区地图上，苏镇都是一个很难找到的小地方。虽然地方不大，历史却不断地眷顾此地，还不时掀起一些波澜，展示了在外部历史环境影响下，生存在这片土地上人们的勤劳、勇敢与智慧。

（一）与风沙和恶政的抗争

这里自古就是黄河之要津。公元前 602 年，黄河自淇河、卫河合流处决口，自南向北流经此地，行水 613 年。[①]黄河改道后，土地沙化严重，到处是"出村没有路（被沙土埋住了），老远不见树，沙土随风走，庄稼长不住"的荒凉景象，也正因为环境恶劣，此处经常成为屯兵之处。早在春秋战国时期，这里就是齐晋会盟之地。唐大将尉迟恭曾经驻兵于此，前屯、后屯两个村庄就是当时储存粮草的地方。公元 690 年，在苏镇东南的张法寺村建起一座巍峨宝殿——大云寺，后几经焚毁，又屡被重建。元末明初，连年战乱，人口稀少，经济凋敝，加之明初燕王朱棣发动"靖难之变"，当地居民被杀十有八九，以致出现"春燕归来无栖处，赤地千里少人烟"的惨相。于是"迁山西泽、潞民于河北，后屡徙浙西及山西民于滁和北平、山东、河南"，苏镇现有居民多为山西洪洞（tong）移民的后裔。清末，义和团运动的起源地平原县距此不过 20 公里，苏镇就有义和拳民团练的梨园，每年清明过后，梨花盛开，微风一吹，片片飘散，"义和香雪"特色景观可谓久负盛名。抗日战争时期，苏镇的大兴庄建立了一支封建色彩相当浓厚的地方武装组织——黄沙会，有会员 200 余人，长、短枪 100 余只，在范窑村、李家户村建有分部，后来共产党派人打入黄沙会内部，策动了黄沙会起义，这支队伍被编入恩县大队，先后参加了解放旧城、恩县和高唐的战斗，后随刘邓大军挺进大别山。

19 世纪末，天主教传入苏镇毛王庄村，并建立了教堂。1934 年，毛王庄村入教者多达 200 余人。在历史上，为了方便宗教传播，教会通常会采用办学校的形式。儿童读书用的纸、笔、书籍完全由教会提供，隔三差五或每逢天灾人祸还会给予物质上的补助或学费的减免，对于当地穷人的孩子读书具有很大的诱惑力。然而，天主教在本县的影响很小，直到 1985 年，全县入教的人数才 500 余人，涉及本县 10 几个村庄。天主教虽然建有

---

① 夏津黄河故道森林公园_景点介绍_旅游观光_夏津政务公众网[EB/OL].（2008-08-11）[2011/11/7]. http://www.xiajin.gov.cn/xj/E_ReadNews.asp?NewsID=1156.

教堂，但是一直没有创办教会学校。早期天主教徒没有严格的入教仪式，有的受家庭影响而入教，有的是因为身体患病或者婚姻受挫，为了寻求精神上的解脱而入教。

（二）相对羸弱的私塾教育

在近代新式学堂产生之前，一直是传统私塾的天下。私塾是一种民间个体设立、传承传统文化且一直被历代王朝承认的教育组织，新式学堂则是代表新文化方向、被政府强力推动的教育机构。自新学创办之始，为了各自的生存和利益，两种势力的对抗就展开了。

经过明清两代的发展，夏津人口逐渐昌盛。然而，由于各村多是明初山西移民的后裔，且一般有两三个大姓同居一村，因此也缺少类似南方的宗族大户。苏镇地处黄河故道，沙质土不适宜作物生长，各村庄缺少有名望的大地主，仅离黄河古道略远、土质较好的范窖村有大地主，但该村的大地主对办学缺乏积极性。另外，受战乱影响，苏镇的教育发展非常缓慢，兴办私塾者不多。据老人们回忆，当时的私塾很不规范，学制从几个月到两三年不等，所学基本是《百家姓》、《三字经》、《庄农杂字》[①]和《珠算》一类的启蒙教育读本。塾生中能够读到《四书》、《诗经》和《千家诗》的是非常少的。

由于苏镇本地的私塾教育不发达，因而在新式学校嵌入的过程中，基本上没有遇到私塾教育的阻挠。

（三）早期新式学校的创立

20 世纪二三十年代，新式学校呈沿海城市密集、内陆乡村稀疏的分布状态，学校在乡村远未普及。据老人们回忆，在 1949 年前苏镇只有尤王庄村和毛王庄村有小学，尤其是尤王庄村小学在当地非常有名，方圆几十里都有孩子到这里上学。据记载，离夏津县不远，现在同属德州地区的禹

---

① 《庄农杂字》是乡村私塾的识字教育通俗读本，内容涵盖面广，教授的目的主要是为了识字，供庄户人家子弟了解基本的乡土知识和生产技能，对童生科考用处不大。

城市，当时有"村庄九百九十余所，学校只有一百八十余所，合五个村庄有一所学校"[①]，这一比例在苏镇地区也是比较贴近的。

1956 年，恩县建制被撤并，所辖区域被平原县、武城县、夏津县瓜分。尤王庄和大兴庄所在的苏镇地区划归夏津县。在此之前，苏镇地区分属恩县的第五区和第六区，现苏镇政府驻地旁边的大兴庄是恩县第五区政府驻地，向北十华里的尤王庄是恩县第六区政府驻地。当时尤王庄建有恩县第六区第三完小，设有一至六年级，每个年级两个班，学生很多，多数学生分布在东至恩城、西到左王庄、南到封庄、北至侯王庄的广阔区域，服务范围达方圆几十里。

当时的第三完小，学校管理相当规范，课程设有语文、算术、公民、历史、地理、自然、音乐、体育等，有早晚自习，每天早晨统一跑操。离家稍远的学生住宿，青年教师也都住校，一般两、三周回家一次，学校雇有工人做饭。据说曾经保留了大量办学资料，然而"文革"期间几乎丧失殆尽，只能凭借老人口述回忆若干当时的办学情形。据该村刘老师回忆：

> 当时的教师都是正规师范毕业，没有民办教师。校长一般都是由德高望重的人担任。有位老师家在武城县北大洼子，离学校有几十里地（远），那时候没有现代的交通工具，主要靠步行，回家一趟要耽误很多时间，他就很少回家，一直住在学校里。

毛王庄村是尤王庄村的南邻，两村相隔仅 1 公里。可能是因为这里有教堂的缘故，毛王庄村的小学创建也比较早，在苏镇属于第二所。1945 年 9 月 3 日，夏津县全境解放以后，县人民政府设教育科。这年冬天，县政府在城东戴庄召开了第一次教育工作会议，为了配合土改，对教堂和旧有小学进行恢复整顿。1950 年 4 月，毛王庄村小学成立，学校最初办在村民的宅院里，后来迁入教堂。据该村王老师回忆：

> 当时的天主教堂在本地方圆几百里非常有名，建筑材料都是从济南专门运来的，特制的蓝砖、蓝瓦，一捆一捆都经过了包装处理。教

---

① 《视察泰安县教育报告》，见：江铭主编. 中国教育督导史[M]. 北京：人民教育出版社，2003：375

堂修建得非常结实，砖与砖之间镶嵌得很严密，白灰沙子接缝到顶。在室内，两三个学生共用一长条宽桌，很敞亮。教堂西边有篮球场，是学生室外活动以及当地青年玩乐的地方。在那时，毛王庄村小学也是远近闻名的，很多村庄没有小学，十里八乡的孩子都到这里来读书。①

二、百花齐放可圈点：村办学校迅速兴起

新中国成立后，国家提出了迅速普及小学教育的计划，并出台了一系列相关政策。为了尽快实现目标，人民群众办学的热情被充分调动起来，涌现了多种办学形式，为了补充教师资源的不足，大量地引进民办教师，教学质量参差不齐。

（一）办学重心下移，学校激增，形式多样

新中国成立后，随着人民认识水平和经济生活的提高，让子女上学读书的愿望越来越强烈。"在旧社会做梦也不敢送孩子上学，现在好了，再穷也要送孩子上学认字。"② 1950 年 4 月，苏镇小学成立，1953 年 5 月改称中心完小。此时，苏镇境内已有完全小学 3 所：苏镇完小、尤王庄完小和毛王庄村完小。这三所学校办学时间较长，师资力量较强，许多师资都是旧社会的原有教员，还有不少是经过了正规师范训练的教师。在国家原有教育基础非常薄弱并且国家财力非常有限的国情下，发展农村基础教育的重心迅速下移，各村群众纷纷依据本地情况自主办学，不久便出现了过于侧重数量发展而忽视质量提高的倾向。农村小学的数量和规模迅速增长，而校舍、师资、经费等出现不足或者劣化趋势。在 1953 年和 1954 年，山东省结合本省实际先后两次整顿小学教育无序发展的状态，然而后来受"大跃进"思想的影响，还是没有能够最终遏制农村学校无序发展的进程。

---

① 根据 2010 年 6 月 6 日王兰亭老师的访谈录音资料整理
② 夏津县教育志编辑组. 夏津县教育志（1840-1985）[Z]. （内部资料）

1955 年，范窖村在大地主的宅院里办起了初级小学。1958 年，为了贯彻"两条腿走路"的方针以及群众路线的工作方法，"多、快、好、省"地普及小学义务教育，多种办学形式被纳入"两种教育制度、两种劳动制度"的轨道，全县增设民办小学。为补充教师数量的不足，许多高小毕业生经过短暂培训被分配到学校担任教师。从 1958 年开始，夏津县开始招聘民办教师，第一次全县共招聘了 223 名。

1958 年，《关于把小型的农业合作社适当地合并为大社的意见》通过以后，全国各地纷纷开始了小社并大社的工作。同年 8 月，毛泽东在与山东领导谈话时说"还是办人民公社好，它的好处是可以把工、农、商、学、兵结合在一起，便于领导"。[①] 根据毛泽东的指示，8 月 20 日山东省成立了第一个人民公社——北园人民公社。9 月上旬，历城全县 500 个农业社合并成十个人民公社，参加人民公社的农户达 137606 户，占总农户的 99%以上，平均每个公社有 13000 多户。[②]与公社合并相适应，1958 年，苏镇曾经把各村的适龄儿童（包括一年级）都集中在苏镇、尤王庄村和毛王庄村三所完小，以"大跃进"的形式第一次实现了集中办学。当时学校周边的民房大都腾出来供学生住宿，师生跟社员一样，统一吃食堂。1959 年，赶上自然灾害，集体的粮食吃光了，柴也烧光了，集中办学的模式宣告破产。三年经济困难时期，大部分小学被迫停课，大量的民办教师被解聘，不少公办教师也被下放到劳动第一线。

三年自然灾害以后，教育领域开始贯彻执行中央文教小组"调整、巩固、充实、提高"的方针，开始着手处理发展教育事业与发展生产尤其是农业生产的关系，逐步调整学校数量与学校质量的关系。简易小学办学费用低、课程简易集中、形式灵活，便于儿童就近入学，被认为是普及农村小学教育的重要办学形式。1964 年，几乎苏镇的每个村庄都设立了工读小学，工读小学由大队自办，教师由大队聘任，生产队记工分。进入工读小学学习的多是家庭经济困难、兄弟姊妹多及家务劳动重的儿童。工读小学

---

① 罗平汉. 农村人民公社史[M]. 福州：福建人民出版社，2002：34
② 罗平汉. 农村人民公社史[M]. 福州：福建人民出版社，2002：35

根据农作时间，灵活安排放假，学生则通过勤工俭学解决学习费用。工读小学的设立，一方面给家庭贫困子女在农闲时读书认字提供了机会，另一方面也为农村大队办学提供了经验。

1966 年爆发了"文化大革命"，根据毛泽东"五七指示"精神，各地中小学普遍实行了所谓的"开门办学"，学校课程大幅度缩减，贫下中农进驻学校并成为管理者，教师成为被改造的对象，当时的情况是"校无定址，教无定所，学无定本"，教学质量严重下降。1968 年，受"侯王建议"影响，农村公办小学全部下放大队，大批公办教师被强行下放回原籍，改拿工资为大队记工分、分口粮，导致各村中小学教师数量严重失衡，有的村小学教师全部走光，没有老师开课。有的村一下子回去了五六位教师，村小学安排不下，只得跟村民一样下地种田。

（二）师资力量短缺，民办教师强力撑持

自清末民初新学制实施以来，我国一直试图在全国范围内推行义务教育。然而，由于师资匮乏，历经几十年仍然收效甚微。民初教育家袁希涛根据当时的学龄人口推算，至少需要培养 100 万义务教育新师资，大概需要 25 年之久。[①]南京国民政府时期，陶行知根据教育部统计数字推算了所需小学教师数量，又根据当时师范的师资培养能力、所需时间及经费，悲观地认为："要费一百年的培养，才够普及小学之用。"[②] 所幸的是，当时中国共产党已经在苏维埃地区、抗日战争根据地、解放区等地积累了困难时期办学的丰富经验，走出了一条依靠群众、相信群众，发动群众的办学之路。

新中国成立以后，1951 年 8 月 27 日的全国初等教育和师范教育会议提出"从 1952 年开始争取十年内基本普及小学教育"的目标，为此，会议

---

① 袁希涛. 义务教育之商榷[M]. 上海：商务印书馆，1921：38～39；转引自：王献玲. 中国民办教师始末[M]. 北京：知识产权出版社，2008：13～14。

② 陶行知. 陶行知全集（第 2 卷）[M]. 长沙：湖南教育出版社，1985：783～784

决定"发动群众出钱出力办学"。[①] 在这一举措之下，民办小学、民办教师应运而生。1951 年，小学民办教师迅速增长到 42.5 万人，占全国小学教师总数的 34.8%，中学民办教师增长到 2.8 万人，占全国中学教师总数的 31.2%。[②]1952 年，开始对中小学进行整顿，大部分民办教师转为了公办，到 1953 年，小学民办教师数量下降为 4.3 万，仅占全国小学教师总数的 2.7%，中学民办教师数量下降为 0.8 万，占全国中学教师总数的 7.5%。[③]此后，直到 1956 年，民办教师数量变化不大。1957 年，国家再次提倡群众办学，民办教师数量迅速提升。三年自然灾害期间，许多民办教师被辞退。随后，民办教师队伍继续膨胀。到 1977 年，人数达到 471.2 万人，占全国教师总数的 56%，民办教师的数量达到了历史顶峰。[④]"文革"以后，开始整顿民办教师队伍，逐步确立了"关、招、转、辞、退"的综合治理方针，民办教师队伍数量呈逐年下降趋势。

1958 年，夏津县文教局开始在农村小学配备民办教师，第一次全县共招聘了 223 名。除三年自然灾害期间外，小学民办教师的绝对数量以及所占教师总数的比重几乎呈逐年增长趋势。1978 年民办教师所占比重超过了80%，绝对数量仍在增长。而 1978 年时，公办教师数量降至最低，仅为1958 年公办教师总数的 37%，也远远低于 1949 年新中国成立初期公办教师的数量 622 名，仅为当时的 60%；直到 1982 年，公办教师的数量才达到新中国成立初期的水平，为 665 名，仍然远远低于 1958 年 1013 人的公办教师数量。从 1986 年到 2002 年，夏津县共组织了六次民办教师转正考试，共有 1237 名民办教师通过考试转为公办教师，另外还有 467 名教师通过考取师范院校毕业分配转为公办教师。[⑤]

① 中央教育科学研究所. 中华人民共和国教育大事记（1949～1982）[M]. 北京：教育科学出版社，1984：46

② 刘英杰. 中国教育大事典（1949～1990）[M]. 杭州：浙江教育出版社，1993：682～683

③ 中央教育科学研究所. 中华人民共和国教育大事记（1949～1982）[M]. 北京：教育科学出版社，1984：128

④ 王献玲. 中国民办教师始末[M]. 北京：知识产权出版社，2008：58

⑤ 夏津县教育志编辑组. 夏津县教育志（1985～2008）[Z]. （内部资料）：57

表 4.1 夏津县民办教师数量变化情况（1958~~1985 年）

年份	民办（人）	公办（人）	总数（人）	民办教师占总数%
1958	223	1013	1236	18.0%
1959	301	1130	1435	21.0%
1960	224	1046	1270	17.6%
1961	117	1037	1156	10.1%
1962	120	778	898	13.4%
1963	182	932	1104	16.5%
1964	561	988	1504	37.3%
1965	555	1121	1676	33.1%
1966	924	1039	1963	47.1%
1967	945	990	1935	48.8%
1968	1130	954	2084	54.2%
1969	1244	929	2173	57.2%
1970	1230	624	1854	66.3%
1971	1706	904	2610	65.4%
1972	1236	491	1727	71.6%
1973	1339	569	1908	70.2%
1974	1390	710	2100	66.2%
1975	1398	592	1990	70.3%
1976	1483	491	1974	75.1%
1977	1617	422	2039	79.3%
1978	1603	379	1982	80.9%
1979	1629	450	2079	78.4%
1980	1572	567	2139	73.5%
1981	1797	540	2337	76.9%
1982	1918	665	2583	74.3%
1983	1746	739	2485	70.3%
1984	1814	729	2543	71.3%
1985	1643	859	2502	65.7%

注：根据《夏津县 1949～1985 年教师发展情况表》整理而成。

我国的民办教师是穷国办大教育的产物，是在特定的历史条件下产生的一个特殊的职业群体。他们不是民办学校里的教师，而是在新中国成立之初我国的中小学全部为公办学校的时候出现的教师，他们没有完全享受教师的待遇，却担负起了中国农村基础教育最艰巨的重担。他们受雇于教育行政部门或乡村基层政权，在公办的乡村中小学供职，做着跟公办教师一样的事情，接受政府的管理和控制，却没有正式编制，享受的待遇也截然不同。民办教师经常被形象地形容为："教书的农民，种田的老师。"在民办教师即将退出历史舞台，即将被人们淡忘的日子里重提民办教师，更重要的意义在于重温中国教育普及的艰难，民办教师的历史也是我国农村基础教育普及的历史，并且是一段艰难的、辛酸的、沉重的历史。

尤王庄村的刘老师是苏镇也是夏津县最早的民办教师，据他回忆：

> 1957年，我在尤王庄完小毕业。由于缺老师，我成了本村第一位民办教师。最初在三教堂（村名）当老师，然后去了陈屯。不久，赶上了自然灾害，学校没了学生，全国所有的临时工、合同工都下放，1962年，我被遣返回本村，名义上是回家支援农业第一线，实际上就是被辞退。不仅仅民办老师被遣返，正式老师也往往被动员下放，仅尤王庄被下放回家的就有四五个。那年，我刚结婚，就被辞退了，被人误以为我当民办教师就为了娶个媳妇。那时，老师比一般农村青年好找媳妇。

在当时，能够进入教育领域从事教学，成为一名民办教师，也是非常令人艳羡的事情。有不少读过书的人，不愿意从事繁重的田间劳动，也乐意选择相对清闲且被人艳羡的教书行业。据毛王庄村的王老师回忆：

> 许多民办教师当时为了逃避农村的繁重劳动，尤其是冬天挖河。在学校教学算工作量，记工分。马洪福当校长时，前杏村出了七八位民办教师，本村安排不下，就向其他村外派。如果教本村的学生，村里不给劳动任务，如果所教的学生没有本村的，就要安排任务，出工出力。①

在当时，教师的待遇相比工人也要优越得多。据当时的资料显示：20

---

① 2010年6月6日，访谈记录。

世纪 50 年代初，教师工资为薪粮制。小学教师工资按照工龄、学历分为五级，分别给予不同数量的小米。初小教员的五级是 180 斤、165 斤、150斤、135 斤、120 斤；高小教员的五级为 220 斤、200 斤、180 斤、160 斤、140 斤。1952 年，改薪粮制为工资制，根据折算，小学教师每人每月约合28～31 元，中学教师每人每月约合 29.9～41.4 元。[①]这样的工资水平在当时是比较有诱惑力的。1956 年，夏津县进行了教育事业单位工资改革，教职员工的工资大幅度提升。

表 4.2　小学教育事业单位人员工资每人每月增长情况

项目	原工资每人平均数（元）	新定工资后每人平均数（元）	每人每月平均增长数（元）
校长	32.36	49.2	16.44
教导	32.48	47.32	15.84
高教	29.38	42.7	13.32
初教	26.06	35.59	9.53
职员	29.48	42.43	12.95
工人	22.23	31.34	9.11

资料来源：夏津县档案局资料．夏津县教育局关于夏津县 1956 年教育事业工资改革工作总结报告（60-1-33．永久）．1956.

从 1958 年产生民办教师以来，苏镇民办教师的待遇大致经历了"大队计分、国家无力补助；大队计分，国家补助 0.5 元、2 元、5 元"等几个阶段。尽管民办教师的工资待遇与公办教师不能相比，但是与村民相比还是很有优越感的。根据 1992 年的统计资料，当时苏镇共有小学民办教师71 人，占教师总数的 56%，年工资总额为 68496 元，平均年工资 964.7 元，同期当地人均年收入为 404 元，民办教师收入是当地人均收入的 2.4 倍。[②]

有些民办教师并不满足于经济收入，找机会转到村里当会计、村长助理、大队支部书记等。在当时，从教育部门进入村行政系统被认为是更体面的工作。毛王庄村的王丙先和张玉池都是高材生，但不愿当老师。王丙

---

① 夏津县教育志编辑组．夏津县教育志（1840-1985）[Z]．（内部资料）：100
② 苏镇学校管理委员会档案室．苏镇 1992 年小学阶段义务教育统计表[Z]．（内部资料）

先回村当副支书，管党支部，后来转成村支书，张玉池主管计划生育。结果他们在村里干了一辈子，没什么业绩，退休后几乎什么也没有；如果一直在教育行业，可能早就干出业绩了。

苏镇能够踏实从事教育工作的教师一般都转了正，还有些做出了很好的成绩，得到了人们的尊重和羡慕，张子顺就是其中的代表。1968年，他初中毕业。1970年，他被聘为毛王庄村完全小学的民办教师，当时的小学还在教堂内。1978年，转为正式老师，到范窑村中学任教。1979年，毛王庄村支部书记王守俭拆掉了老教堂，另选新址扩建了学校。1980年新校建成后，张子顺再次回到毛王庄联办中学任教。1984年毛王庄联办中学撤销初三，他被调往尤王庄联办中学。1988年所有的联中都撤并了，他被调往苏镇中学并且当了副校长，还进了教委。2002年4月，德州市进行了以精简人员、优化结构为目的的农村中小学教育人事制度改革，全市乡镇教育管理干部由改革前的1142人减少到647人，全市中小学共清退代课教师和临时工1070人。当时，在苏镇教委的张子顺、魏佃水等人年龄超过50岁，没有参加竞聘，将工作岗位让给了年轻人，不用上班，还可以拿全额工资。2009年正式退休，工资近3000元，在当地令人非常羡慕。

当然，不是所有的民办老师都能这么幸运。有些民办教师不能胜任教学被转岗或者清退了。张子顺老师说：

> 刘建国曾经在毛王庄当过民办教师，他的文化基础知识差，只好安排他教体育。还有王通讯、刘富印，文化基础知识也不高，安排他们教一年级。王通讯教的班级连续三年成绩排在最后，根据成绩排名，他被清退了。刘富印教学也不行，后来转岗到后勤。[①]

20世纪末，随着九年义务教育的逐步普及，人们追求优质教育的呼声日益高涨，民办教师退出历史舞台已经成为历史的必然。2002年4月，全县符合条件的在编民办教师全部转为公办教师，其中有72人办理了退养手续的情况。在民办教师转为公办或者被清退以后，乡村小学的师资出现了

---

① 2010年6月8日，访谈记录。

青黄不接，乡村学校的发展与变革也陷入了困境。

（三）前期成果显著，后期教育质量下滑

在 1958 年以前，苏镇完小、尤王庄完小和毛王庄完小都是比较规范的，基本上能够开全语文、算术、历史、地理、自然、体育、唱歌、图画、劳动等九个学科，当时的教师多是正规师范毕业，教学基本功扎实。尤王庄小学建有歌咏队，平时除了在校内组织歌咏晚会或者参加县里的歌咏比赛、文艺汇演以外，还经常利用课余时间在当地为村民演出。新中国成立之前，该村小学排演的《白毛女》、《翻身保田》、《兄妹开荒》等深受村民好评。50 年代的《中国人民志愿军战歌》、《全世界人民团结紧》，60 年代的《学习雷锋好榜样》、《社会主义好》更是在各个村小传唱，成为当时人皆能唱的流行歌曲。

20 世纪 60 年代以后，随着民办教师数量的增加，各村小学师资出现了弱化趋势。随着"戴帽"中学、农业中学的兴起，许多小学骨干教师被抽调去办中学，农村小学的师资受到严重影响，小学教育教学质量出现严重滑坡。"文革"期间，"四人帮"以"勤工俭学"、"学工学农"为名，占用了学生大量的学习时间。春天让学生帮助大队点种、栽树，秋天又让学生帮助队里拾花（采摘棉花）、拔草等。甚至有一段时间，要求每个学校都要搞饲养，如果哪个教室里没有养家兔，就要受罚。20 世纪 70 年代开始，教育领域在"复课闹革命"的基调下，多数学生重新回到学校，然而教学仍然难以正常开展。在"两个估计"的错误影响下，广大教师同地、富、反、坏、右、资本家、特务、走资派等同列，被骂为"臭老九"，横加迫害，师生关系遭到严重破坏。毛王庄村的张子芳老师是毛王庄村小学的教务主任，也是该村最好的老师，受成分影响而挨整，在镇上陪着批斗时，由于精神极度紧张，担心下一个会是自己，谎称要去厕所，在路上投井自尽，当时她还怀有身孕，在场的人都懵了。她被捞上来时，已经奄奄一息。公社"革委会"征求县"革委会"的意见，仅仅一句"挺可惜的"，事情就过去了。这一时期，提倡"工农兵教师"、"工农兵学员"、"白卷英雄"以及

"贫下中农管理学校"，反对"黑板上开机器"，挫伤了教师教书和学生学习的积极性，在课堂上很难学到真正的知识。在此期间，学制被缩短，课程被精简，许多村小只开设《毛主席语录》课，其他的课程要么没教材，要么没教师，学生无书可读的情况非常普遍。

三、天时不如地利：20世纪80年代的小学布局

随着家庭联产承包责任制的实施，农村经济条件逐步得以改善，农民送子女读书的愿望比较强烈，集资办学的热情非常高涨，这一时期，小学几乎遍布每个村庄。然而，由于办学标准比较低，存在比较严重的重复建设现象，每个村庄投入学校维修的人力、物力有所不同，村小之间的办学差距逐渐拉开。

（一）普及小学教育，学校遍布各村

1978年9月，中、小学《暂行工作条例》修订以后，教育领域的秩序逐步恢复。由于全国的小学教育一直没有普及，大量的新文盲继续产生，同经济发展对人才培养的要求极不适应。1980年12月，中共中央、国务院《关于普及小学教育若干问题的决定》指出，在80年代，全国应基本实现普及小学教育的历史任务，有条件的地区还可以普及初中教育。受国家人口众多、经济力量比较薄弱的国情制约，在普及小学教育方面仍然坚持了"两条腿走路"的方针，鼓励社队集体、厂矿企业自筹经费办学。为了普及小学教育，还有地区采取了增、调、并、减等措施，调整小学布局，确保小学生"进得来，留得住，学得好"，重点抓"入学率、巩固率与合格率"，在偏远地区，开设简易小学和巡回教学点。

山东省是农业大省，普及小学教育的重点和难点都在农村，县教育局最高领导的主要精力都用在了农村小学上。在多方努力下，农村小学教育取得了非常可喜的成绩。据统计，1985年，苏镇26个自然村（未合并乡镇前）共有小学24所（图4.3）。小官庄仅有20多户，人口不足100人，

不足以办学校，适龄儿童都结伴到约 1 公里外的毛王庄小学读书，另外还有两个比较小的自然村任庄与霍庄合办了一所任庄小学。可以说百人以上的村庄基本上都有了自己的小学。当时的后屯乡（2000 年被苏镇合并）28个自然村，创办了 27 所小学，也几乎是村村办小学。

图 4.1　苏镇小学布局图（1985 年）

资料来源：1985 年夏津县小学布局图.载《夏津县教育志（1840~1985）》.

注释：1.苏镇中心小学；2. 尤王庄小学；3.毛王庄小学；4.范窑小学；5.大兴庄小学；6.封庄小学；7.报效屯村小学；8.谢庄小学；9.大郭庄小学；10. 仁育官庄小学；11.新金庄小学；12.孙贺拐小学；13.郭寨小学；14.双庙小学；15.梁吴庄小学；16.郭堤口小学；17.西韩小学；18.东韩小学；19.肖里官屯小学；20.蔡庄小学；21.任庄小学；22.前杏小学；23.后杏小学；24.北徐庄小学

（二）村民集资办学，节衣缩食争先

受地方经济条件和"文化大革命"的影响，苏镇各村小学的校舍都非常简陋，到处是"黑屋子"、"危房子"，缺课桌凳的现象非常普遍。农民群众形容村小学是："黑屋子，土台子，里边坐着一群泥孩子。"形容学生是：

"晴天一身土，雨天一身泥。"然而，似乎有些令人费解的是，当时越是贫困的地区，人民群众节衣缩食、集资办学的热情也越高涨。

后屯乡土壤沙化严重，交通也不方便，属于夏津县的穷乡僻壤，阎店又属于后屯乡的贫困村。1984年，阎店开始自发地改善办学条件，一年之内新盖了砖木结构校舍10间，增添课桌凳60套，垒砖院墙200米，修建了铁门、厕所和大操场。

当时毛王庄村的经济条件相对要好一些。村支书有经济头脑，村集体有苹果园、纸盒厂等副业，每年都有些集体收入。毛王庄小学最初办在天主教堂里，随着入学人数的增多，教堂已经不能容纳。1980年，村支书带领村民拆掉了教堂，另选校址盖起了10几间砖坯结构的校舍，所用砖、瓦、檩、梁几乎都是从教堂拆下来的，拆掉的砖用作新校舍的地基，建学校时村集体投入了不少资金，学校面貌焕然一新。1985年，村里又为教师们建起了一排厦子房做办公室，还有两间可以安排年轻教师住宿，这是全镇当时唯一的厦子房，办学条件在全镇应该算是最好的。

1985年9月，山东省教育厅印发了《山东省农村中小学校舍改造六配套暂行标准》（鲁教基字83号），对农村中小学的校舍、课桌凳、操场、院墙、校门和厕所等都做了比较明确的标准和要求。此后，群众自发地改善村小办学条件的行为转变为一种由政府倡导的自觉行为。全县范围内兴起了竞相改善办学条件、集资办学的热潮。一时之间，捐款的、献砖的、操心的、出工出力的全都涌现出来。据文教局《校改简报》记载：短短50天，共集资107万元，新建或翻建房屋154间，垒砖院墙700米，新建大门5个，添置课桌椅650套，同时完成了几所学校合并。[①]尽管当时的学校合并仅仅是个别事件，仍然可以说明，伴随着学校建设标准的提高，对不合格学校进行撤并正在逐步进入了决策者的视野。

---

① 夏津县教育志编辑组．夏津县教育志（1840～1985）[Z]．（内部资料）：170

（三）村办学校顶峰，资金不足衰退

我国的改革是从农村开始的，家庭联产承包责任制的实行调动了农民的生产积极性。在实行家庭联产的最初几年，农村的经济条件相对较好，农业收入大幅度提高，乡镇企业异军突起，更使农民生活和农村面貌大为改观。这一段时期，农民集资办学的热潮非常高涨，在各种政策宣传下，农民纷纷把集资办学当成自己的事业，在这一过程中，村支部书记起了非常关键的作用，做出了突出贡献。

20 世纪 80 年代，"三教统筹"、"农科教相结合"、"燎原计划"等综合改革实验的实施进一步推动了农村教育向深层发展。逐步形成小学、初中、高中、职业技术教育的完整网络。80 年代初的各项国家政策，如《全国农村工作会议纪要》、《关于加强农村经济政策的若干问题》、《关于加强和改革农村学校教育若干问题的通知》都对农村教育问题提出了指导意见，要求县级及以下农村中学改革农村教育制度，开设农业课程，造就农村需要的各种人才，适应农村的现状和农民的要求等。在政策文件中可以感受到一种旨在发展"农村教育"的构想，这种体系是为了振兴农村经济、发展农业生产、帮助农民劳动致富服务的，是一种不同于城市教育的旨在培养农村建设人才的新型教育体系。然而非常遗憾的是，农村缺少改革所必需的配套资金，也缺乏相应的人才。为了确保学校运转，乡财政几乎全部用在了教育上，还征收了越来越多的教育费附加用来改善办学条件，由于标准低，虽然年年投资，农民负担越来越重，办学条件却看不到明显的改善，跟城市学校的差距越来越大。另一方面是，农村小学的教师多是民办教师出身，知识面窄，视野有限，尽管教学也都兢兢业业，然而绝大多数教师根本就不清楚农村需要什么样的人才，更不知道应该如何培养，因此几大改革基本上都没有取得什么成效，农村学校很快沦为城市教育的附庸，为城市发展无私奉献了自己最优质的生源和建设人才，农村用自己的血汗培养并送出了大量的优秀人才，却导致本地日益陷入困境。此后，地方和农民投资教育的积极性受到严重影响。

笔者在访谈时了解到，20 世纪 80 年代，不仅农民投资教育的积极性非常高，农村小学一般也比较正规，学校开设的课程比较齐全。当时的毛王庄小学有专门的音乐、美术和体育教师，另外还有自然和地理老师。曾经在尤王庄小学做过多年校长的刘老师说："1988 年的时候，农村教育发展得非常不错，后来几乎都走下坡路。""现在没有人关心教育，都是看分数。"①现在的毛王庄小学已经相当衰落，随时都有被撤并的可能，学校龟缩在民房和面粉加工作坊之间，极其简陋，仅仅剩下三间教室，两个班，三位老师，十几个学生。虽然毛王庄村仅仅是一个不足 1500 人的小村庄，但是倘若没有当地人引导，要找到毛王庄小学也不容易。有一次笔者向原村支书了解该村小学的基本情况，他用非常不屑的语气说："那还能叫学校么，简直就是茅子（厕所）！"②

四、地利不如人和："普九"期间的小学布局

由于《农村中小学校建设标准》的出台以及"普九"验收的临近，学校建设标准的要求越来越高。在分级办学体制下，乡镇财政承担了学校校舍维护以及中小学运营的大部分经费，往往不堪重负。为了达到中小学"普九"验收的标准，通常采用集中资金建设样板学校的做法，这样就为那些地理位置较好、村集体支持力度高的村小发展提供了机遇。

（一）建设标准提高，多方筹资迁建

1985 年以来实行分级办学的后果是：农村学校建设缺少长远规划，标准低，存在将就凑合、追求短期效果以及重复建设的情况。尽管农民累计投资的总量是非常大的，然而，农村学校状况依然非常破旧。就像是中国农民个人在农业机械化方面投入了很多，目前机械化程度整体上依然不高一样。20 世纪 90 年代以后，农村学校教育经费日益紧张，许多校舍年久

① 2010 年 6 月 8 日，访谈资料。
② 2010 年 6 月 8 日，访谈资料。

失修，危机四伏。此时国家到世纪末实现"两基"的战略目标与农村校舍危房改造赶在了一起。

为了提高农村中小学的办学标准，1996 年，国家颁布了《农村普通中小学校建设标准（试行）》（建标〔1996〕640 号印发），基本上成了各地普及九年义务教育的硬性指标。然而，许多地方在经费资源短缺的情况下，为了追求达标率，鼓吹"人民教育人民办"，许多学校仓促建设，低标准，高重复，甚至随意拼凑，出现了不少凑数应付的劣质学校。世纪之交，在我国"两基"目标基本实现的情况下，各地仍然存在许多学校远未达标。2005 年 11 月 26 日，江西九江、瑞昌之间发生 5.7 级地震。国家地震应急工作组给九江县 25 所学校的 47 栋房屋"体检"，属安全建筑的仅有 19 栋。①2008 年，汶川大地震使许多学校顷刻间化为乌有，再一次充分暴露了学校校舍建设的脆弱。

普通中小学校舍一般由教学及教学辅助用房、办公用房、生活用房三部分构成。按照山东省有关"普九"的要求，学校校舍应该是松木梁、砖木结构。尤王庄小学原有校舍都不符合要求，于是从村内迁出，在村东现址起建了新校舍。建新校舍的资金由国家出一部分，剩余部分靠乡镇集资，尤王庄村主要出土地，附近几个村庄出劳动力。

苏镇小学原来的校址挨着集市，为原苏镇联中所在地，是九年一贯制学校。1988 年，苏镇五所联中合并后，老联中迁至苏镇以北，也就是现在的苏镇中学，老联中仅仅剩下了小学。原苏镇小学迁建的主要原因是为了满足"普九"达标，原小学为土木结构，在市场一侧，濒临交通要道，相对比较拥挤，一方面缺少扩展空间，另一方面学生人流拥挤，学生交通也不安全。为了展示苏镇小学的最佳面貌，迎接"普九"验收，苏镇政府决定学校另地新建。1997 年，苏镇小学也从原来的校址迁至苏镇中学对面，盖起了 45 间校舍，校园占地面积 20300 平方米。2007 年增建了一幢二层小楼，作为全镇最好的小学，也是镇上的面子工程，投入总要多一些。

---

① 李桂庚，龙群. 人民的利益高于一切[EB/OL]. 中共九江市委、九江市人民政府门户网站.（2005-12-10）[2010-10-01]. http://www.jiujiang.gov.cn/jrjj/200810/t20081027_70469.htm

苏镇小学原来的校址属于集体用地，迁建后卖给了当地村民。去年暑假，偌大的校园还荒废着，长了很多杂草。今年回去时，看到杂草清除了，出出进进很多青年男女，听说是被一位老板买下来，正在创办电子加工厂。新学校是征用地，属于国家，不再属于村庄。"普九"期间新建学校的尤王庄小学和肖里官屯小学，以及后来迁建的范窖村小学都是征用地。尤王庄小学迁出后，原来的土地和房屋也都卖给了村民，村大队有优先使用（租用）权。

"普九"期间，学校建筑成了全镇的亮点，真正做到了村庄最好的房子是学校。这是"分级办学、分级管理"办学体制下人民群众创造的辉煌，凝聚着村委会的艰辛和村民捐资助学的浓厚情意，凝聚着社会各界的鼎力支持。"普九"时期流传的几句顺口溜："为官一任，兴教一方"、"等不是办法，干才有希望"、"不盖就不盖，一盖管几代"等，从中可以感受当时村民和地方政府积极办学的热情。

（二）分级管理体制，乡财不堪重负

1985 年颁布的《中共中央关于教育体制改革的决定》要求把基础教育的责任交给地方，实行基础教育由地方负责、分级管理的原则，在当时极大地调动了农村办教育的积极性，从而出现了农村教育的繁荣景象。同年，山东省政府颁布了《关于中小学领导管理体制的暂行决定》，对省、市（地）、县、乡（镇）、村等各级办学和管理的职责做出了具体规定，据此，农村一般初中和中心小学，由乡镇举办和主管；一般小学由村主办，乡镇主管，村协管。据国务院发展研究中心 2002 年调查，中国的义务教育经费 78%由乡镇负担，9%左右由县财政负担，省里负担 11%，中央财政负担低至不足 2%。①集体办学的经费筹措经过了这样几个阶段：最初是集体经济的天下，村村都是集体化合作，村社承担了几乎村办学校的所有经费，包括教师的工资；20 世纪 80 年代以后，农村实现了家庭联产承包责任制，包干

① 国家教育发展研究中心. 2002 年中国教育绿皮书——中国教育政策年度分析报告[M]. 北京：教育科学出版社，2002

到户，集体经济公用经费减少，农村小学的经费主要由乡镇财政负担，由于当时农民生产积极性高涨，送子女读书的愿望高，最初集资办学的热情也比较高涨；进入 20 世纪 90 年代以后，农民的收入没有多少增长，集资负担却越来越重，农民不堪重负。然而，因为"普九"是一项国策，是硬性任务，上支下派，在集资方面虽有阻力，仍有希望，乡镇一级政府充分发挥了催、要、借的功能，基本上保障了"普九"目标的实现。由于地方经济发展不平衡，落后地区农村义务教育发展缺口很大，即使山东省这样的一类地区，农村义务教育"普九"也背负了沉重的债务负担。

　　直到 1994 年，苏镇小学的格局基本未变。据统计，1994 年，苏镇 26 个自然村总人口为 23370 人，有小学 25 所，100 个教学班，小学生 2586 人，小学生升学率为 92.4%。①1995 年开始，苏镇小学的数量开始减少，剩 22 所，新金庄小学、大郭庄小学以及任庄小学因为生源少、校舍破败且无力修缮而停办。前杏村等小规模的学校不达标，又缺乏足够的资金改造，被撤销了，学生都到邻近的尤王庄小学读书。好在尤王庄小学建在两村之间，距离不远，且交通顺畅，前杏村的孩子过去读书也很方便。

　　若要严格按照"普九"的要求进行验收，全镇几乎没有学校是完全达标的。刘丰义老师是当时苏镇的扫盲校长，他说当时的扫盲都是数字上的扫盲，都是填表格，弄虚作假的东西。相比之下，"普九"验收也强不了多少，其中也含有太多的水分。当时苏镇是集全镇之力，选择了三所学校作为样板，"普九"验收是给上级看的。其他比较小的村庄，或者是村大队支持力度小的村庄小学，要么被撤并，要么自生自灭，反正镇里只负责管理，不会过多地追加投资，然后根据村庄小学生源和村民支持力度的大小，从长计议是否撤并或者保留。在全镇的共同资助下以及国家经费的保障下，尤王庄小学和肖里官屯小学顺利完成了迁建，却没有资金购买教学设备和器材，为了不至于影响全镇"普九"验收的效果，校长动用了各种关系到附近的武城县去借；没有图书资料，就发动所有的教师和学生捐书。尽管

---

① 苏镇学校管理委员会档案室. 1994 年义务教育实施方案[Z].（内部资料）

如此，集中精力搞出的三所样板学校，还是不能完全达标。幸运的是，"普九"验收时，检查组没有下来查。据说是县里已经做了工作，哪里办得好，就让检查组到哪里检查。①

（三）办学实力消长，少数脱颖而出

在 20 世纪 80 年代，村办小学的办学实力受所在村庄的人口数量以及耕地面积的影响比较大，与所在村庄的地理位置和交通状况也有很大关系。就苏镇北部各个村庄来说，无论从人口还是从耕地面积来说，范窖村、尤王庄村、毛王庄村、孙贺拐村和肖里官屯村都是比较大的。

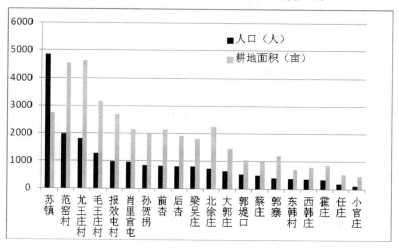

图 4.2　苏镇北部各村人口及耕地面积（2004 年）

从地理位置上看，范窖村、尤王庄村、毛王庄村与孙贺拐村，在苏镇北部的中轴线上（图 4.4），交通条件相对便利，肖里官屯村位置较偏，交通条件相对差一些。这几个村都曾有过联办中学，集体办学的历史都比较长，村级学校的发展演变一般也都与这几个村庄有关。

---

① 根据 2010 年 6 月 4 日访谈资料整理而成。

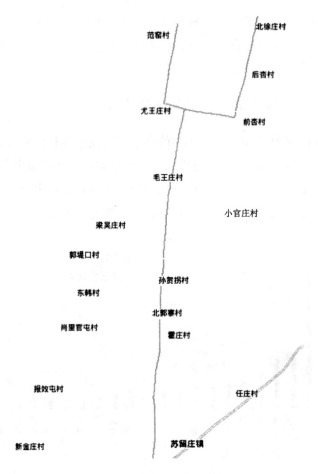

图 4.3　苏镇北部各村布局

范窖村位于苏镇的最北端，1955 年始有初小，办学历史比尤王庄村和毛王庄村都要晚，然而由于该村人口众多，土地较广，所以生源比较充足，初小发展很快。1969 年，继尤王庄村与苏镇后，范窖村与毛王庄村、孙贺拐村也同时创建了联办中学，也进一步带动了小学教育的发展，教育教学质量很快跟尤王庄小学不相上下。进入 21 世纪，由于该村有初中教学点，比尤王庄小学也高了一个级别。尤王庄小学和其他学区小学最高到五年级，没有六年级，只有范窖村小学和后屯小学有六年级，作为初中的预备班。

尤王庄小学作为本镇最早的完全小学，教育教学水平一直比较高。在范窖村小学没有建立之前，周边北徐庄村、前杏村、后杏村、范窖村等几个村庄的儿童都到这里来读书，直线服务范围约 2.3 公里，覆盖人口约 6000 人。而范窖村有了小学以后，被分去了约一半的生源。尽管在"普九"期间，建起了比较宽敞的新学校，然而由于小学六年级被并入范窖村，与范窖村小学的办学差距被人为地扩大。

毛王庄小学也是苏镇各村小学中比较早的，曾经有不少远在封庄的儿童前来就读。然而，毛王庄小学比较稳定的生源主要集中在小官庄村、梁吴庄村和孙贺拐村，服务范围约 2.5 公里，覆盖人口约 3000 人。后来，几乎各个村庄都有了自己的小学。小官庄村人口太少，100 人左右，曾经办过几届一、二年级的教学点。毛王庄村的生源覆盖范围最低时只有 1200 人口左右。即使后来村办小学的情况有所改变，撤销了某些村庄的小学，毛王庄小学的生源覆盖范围还是没有突破过 2000 人，现在是 1500 人左右。20 世纪 80 年代以后，开始整顿村小。尽管毛王庄小学在当时大队书记的带领下，学校面貌有了很大的改观，还有全镇最好的厦子房做办公室。然而，当时的镇文教助理马洪福并不看好毛王庄小学。他认为毛王庄小学徒有外表，简直就是浪费资源。他在开会时公开说："毛王庄小学有全镇最好的房子，但这不能说明什么，最能说明问题的是我下去检查，竟然发现办公室没有一位教师，都提前回家了，学生也非常懒散，可见学风和教风都不太好。"1984 年，他撤掉了毛王庄联中的初三年级（当时叫八年级）。当时，这一改变对于毛王庄村来说无异于当头一棒。这个拥有 1000 多人口的村庄，在全镇来说也有着比较早的办学历史，消息传开整个村庄犹如炸开了锅，村民在心理上非常难以接受。在村民的强烈要求下，村支书与校长多次到镇上"谈判"，都毫无进展。1988 年，全镇联中合并后，毛王庄小学的发展每况愈下，面临越来越尴尬的境地。当时要划分学区，北边有尤王庄学区，南边有孙贺拐学区，三个村离得近，都在一条交通线上，总不至于再设一个毛王庄学区吧。最初毛王庄小学归属尤王庄学区，几年后又归属孙贺拐学区。毛王庄小学也由原来的完全小学逐渐变为一至四年级的教学点，再到一至二年级的教学点。在 20 世纪 90 年代初，毛王庄小学每年的生源约 20 名左右，勉强维持一个班。近几年生源外流现象严重，一个班都很难维持，开始尝试复式班教学。

孙贺拐小学成立也比较晚，"文化大革命"期间尤王庄村的刘老师在该校任校长时，全校包括他在内仅有两位教师，几十名学生。然而自从该校"戴帽"成了联办初中以后，情势开始转机，尤其是后来学区小学的设立，本小学的生源迅速增加，办学实力超过了毛王庄小学。然而出乎意料的是，1997 年"普九"时，孙贺拐学区小学的地位被肖里官屯村抢去，孙贺拐小学也开始萎缩。

肖里官屯村和范窖村一样，都在本乡镇的边上，肖里官屯村还有一个不利之处，就是交通条件不好，长期以来一直没有比较好的道路通向外面。然而，这两个村的村民以及村支书都非常看重教育，在教育方面舍得投资，因此，为学校争取了很多机会。至今这两个村的村小发展得都不错，在其他村小日益萎缩变成教学点甚至被撤销以后，这两个在边缘的村庄小学却都成了学区小学。

（四）选择样板示范，多方利益博弈

古代学校多建于人烟稀少的村野山林之地，现代则多建于交通便利的繁华闹市之所。长期以来，国家对小学的选址标准一直没有明文规定。直到 1996 年《农村普通中小学校建设标准（试行）》（建标〔1996〕640 号印发）第十六、十七条规定："新建中小学校的校址（含迁建学校）应选在交通方便、位置适中、地形开阔、空气新鲜、阳光充足、环境适宜、地势较高、排水通畅、场地干燥、地质条件较好、远离污染源的平坦地段。同时应避开地震裂带、山区及丘陵区的阴坡面、滑坡体、悬崖边及崖底、泥石流和洪水沟口等自然灾害地段。校内不得有架空的高压输电线路穿越。""学校不宜与市场、公共娱乐场所、生产贮藏易燃易爆物品的车间库房等不利于学生学习、身心健康和危及学生安全的场所毗邻。"由于这一《标准》颁布比较晚，因此在"普九"初期并没有能够发挥作用。当时起作用的主要是"普九"评估验收标准。德州地区教育局下发的《普及九年义务教育评估验收暂行标准及说明》（德地教字〔1995〕7号）中，关于学校设置仅仅规定："小学设置要有利于儿童少年就近入学，农村小学服务半径一般应在1公里以内。乡镇中心小学和学区小学规模一般应在10个教学班以上，最低不少于6个班。"对于学校选址并没有明确的要求。除了国家规定乡镇所在地要有中心小学以外，各村庄完全小学的有无几乎都是村庄之间相互博弈的结果。

进入20世纪90年代，在实现"普九"达标的过程中，要求合理调整学校布局，改变学校设置过于分散、师资力量过于分散、学业结构不合理、教育资源浪费等种种现象的改革也在同步进行。1990年8月，在全县教育工作会议上县委、县政府明确提出全县中小学布局调整的思路：县里重点办好一中、四中两所高中和实验小学、第二职业中学、教师进修学校，同时办好二、三、四、五、六中和东关联中六所标准化初中。各乡镇原则上办好18个班以上规模的乡镇初中1所、中心小学1所，示范性幼儿园1所。两万人口以上的乡镇可再办一所联办初中。较大的村庄办完全小学，小村实行联村办小学。会议还指出，农村小学提倡联村办学，也可穿插走读，减少复式；不能搞"六年一贯制"的小村，可将五、六年级集中到校区小学或乡镇中心小学。各乡镇要集中力量办好1所中心小学，对中小学布局下决心进行调整，压缩所数，扩大规模，一次规划，分年度实施，力争到1992年基本完成，1995年全面完成。①

这次布局调整的设想是：中小学在完成双重任务的前提下，县实验小学、乡镇中心小学成为优秀初中生源地，县属公办初中、乡镇标准化初中成为优秀高中生源地；一中作为重点高中，应成为全区（德州地区）12所重点高中的竞争对手。一中、四中两所高中承担向高等院校输送新生的重任。这次布局调整的动机非常明显，就是要集中人力、财力、物力办好几所重点学校，一来建设标准化学校为其他学校提供示范，二来集中资源提

---

① 苏镇学校管理委员会档案室. 1990年全县教育工作会议材料[Z]. （内部资料）

高竞争力。这一时期集中资源建设示范学校的做法也在一定程度上反映了我国教育资源不足的无奈。

在"普九"与学校布局调整的双重任务下，苏镇筛选出了三所学校作为"普九"的样板，国拨和乡镇集资的各种资源纷纷向这几所学校汇集。当时苏镇选出的三个点是苏镇、肖里官屯村和尤王庄村。这三个点是怎么选出来的，为什么选择三个，而不是两个或者四个，这应该跟当时的形势和条件有关，是综合考虑全镇的学校情况以及对全县教育工作会议精神领悟的结果。当时苏镇共有封庄村、苏镇、肖里官屯村、孙贺拐村、尤王庄村五大学区，其基本情况如下表所示。

表 4.3 苏镇各学区的学生统计表（1991 年）

学区名	所含村庄	在校生数（人）
苏镇学区	苏镇、谢庄、报效屯、任庄和新金庄	716
封庄学区	封庄、大兴庄、仁育官庄和大郭庄	603
肖里官屯学区	蔡庄、肖里官屯、郭堤口、西韩庄、东韩庄和双庙	309
孙贺拐学区	郭寨、孙贺拐、霍庄、毛王庄、小官庄和梁吴庄	515
尤王庄学区	北徐庄、后杏村、前杏村、尤王庄和范窑村	709

资料来源：根据苏镇学校管理委员会档案室资料 1991 年各年级学生统计资料整理而成。

苏镇是镇政府所在地，是区域政治、经济、文化中心，在此建一所中心小学，既有政策支持，也有民心所向，占尽了天时、地利与人和，没有任何疑义。其他两所学校的确定，则充满了博弈色彩。

最先解体的是封庄学区，该学区的几个村庄离苏镇都不太远，且路况比较好，为了进一步扩大苏镇学区的规模，封庄学区很明显成了合并的对象。大兴村与苏镇紧紧相连，是最希望被苏镇学区合并的。大兴村是封庄学区最大的村，1991 年的生源为 266 人，占该学区在校生总数的 44%，当年被分到封庄学区主要是为了平衡各学区的生源。大兴村的撤出，使得封庄学区的生源受到严重影响。任庄村和大郭庄村的学生也倾向于到苏镇中心小学读书。因此，在"普九"初期，封庄小学就首先被挤出了学区小学的地位，变成完全小学，再后来就仅仅是一个只有一二年级的教学点。

最激烈的博弈是在肖里官屯村与孙贺拐村之间展开的。肖里官屯村地理位置较偏，在乡镇的边上，村西没有任何本镇的村庄，再往西就是堤下大片的盐碱地。肖里官屯村的交通条件也不算好，直到2000年以后，才有了通向外面比较像样的路。相对来说，孙贺拐村则一直处在该镇交通要道的位置上，交通条件一直比较便利，人口数量和耕地面积也与肖里官屯村基本相当。据说，当时镇上本打算在孙贺拐村南修建一所新学校，离南面几个村都近些，霍庄村、北郭寨村等到这里来都很方便。孙贺拐村村支书也以为在本村建学校是理所当然的事，并没有为此积极争取。他认为本村占了天时地利，别的村是不会去争的，即使争也争不去。更何况他当时还认为如果在本村建学校，需要占用村集体的土地，村民的工作不好做，弄不好可能会跟村民结下矛盾，故而一直冷眼等待。相比之下，肖里官屯村村支书却显得非常积极，动用了省里、县里的关系，认为在本村建了学校，本村的孩子直接受益，他们脸上也光彩。他们暗中争取把学校设在他们村，并且许诺了较好的条件，答应在村东划出四五十亩土地支持学校办学，并且他们的想法得到了县委某领导的支持。相比之下，孙贺拐村村支书却一直被蒙在鼓里，把主要精力放在了争取连任下一届村支书上，对学校问题不够上心。结果是"煮熟的鸭子飞了"，县里很快形成了决议并且下发了文件，再也没有人敢争。孙贺拐小学越办越小，现在仅剩一二年级，跟毛王庄小学差不多。为此，孙贺拐村村支书没少遭受村民指责。事后，学管会苏副主任说："孙贺拐村的学校向肖里官屯村搬迁就是原则性的失误，学生到那边上学很不方便。"除孙贺拐村以外，地理位置较好，在争取希望工程、学校建设等项目时被其他村庄抢先的还有大王庄村和封庄村，这两个村的村支书也很窝心，在村里经常挨骂，连所学校都办不起。

尤王庄学区的确立也经过了多方激烈博弈。从地理位置上来看，尤王庄村在最北边靠近中心"交通枢纽"的位置，周边被范窖村、北徐庄村、前杏村、后杏村和毛王庄村环绕，到各村都很方便，且不太远，到北徐庄村最远直线距离为 2.3 公里。每 5 天有一个集市，十里八乡的村民纷纷聚集于此购买或者交换自己需要的物品。尤王庄村的办学历史最为悠久，在这里设置一所学区小学应该是最没有争议的，然而，事实并非如此，在这里也有不少博弈。

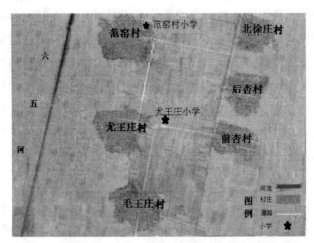

图 4.4　尤王庄小学位置图

首先，地点选在尤王庄村，范窑村不乐意。范窑村虽然地处苏镇的最北边，但是后来因为办联中，教育教学质量比较高，村里出了不少人才，村民对学校都比较有感情。当时镇政府的文教助理是范窑村人，1988 年范窑村联中被撤并后不久又恢复了，理由是范窑村是苏镇的"北大门"，防止生源流失到武城县。范窑村有初中，教育水平逐渐超过了尤王庄村，他们认为村小学也应该选在他们那里。其次，毛王庄村交通位置好，也有很好的办学基础。然而，毛王庄村村支书却不积极，担心学校会占用新的土地，希望在尤王庄村或者孙贺拐村建一学校，本村的孩子不要走太远就行。再次，前杏村虽然人口不多，但是在县里有人，并且前杏村出过许多教师。前杏村并无意将学校一定要办在他们村，只是希望学校能够建在前杏村与尤王庄村中间的位置，那样他们村的孩子上学读书也近些。前杏村出了瓦匠组，适当照顾了前杏村的要求，但是没有完全照顾，还是向尤王庄村这边偏了一点。新学校是在尤王庄村东建的，刚好是丁字路口东一点。由于前杏村与尤王庄村之间有公路连接，因此，二三百米的距离对于前杏村的孩子来说不成问题，更何况尤王庄小学的校长就是前杏村的人，对前杏村的儿童来说，到尤王庄小学来上学，就跟到自己的村办小学一样。从那以后，前杏村的小学就停办了。

虽然尤王庄村是"普九"时被选中的地方，村里的支持力度还算较大，但也不是所有的村民都支持。村民都希望在自己村建学校，然而如果占用了自己的地或者损害了自己的利益，就不愿意。许多村民认为市场已经占用了村民的大片土地，如果再重新修建一所学校还要占用大片土地。新学校占用的几十亩地，都是上等的土地，"蚯蚓多，土地肥沃"。丈量用地时，地里的棉花苗已经很高了，被占用了耕地的村民都不愿意，纷纷扛着锄头聚在地头阻挡学校量地。当时村支书费了很大的劲，在各个小组抽出了部分土地，作为失地农民的补偿，这才通过。地量好，楔上橛子，学校的内部布局，就成了校长的事情了。上面都给了标准化的图纸，大致结构都一样，学校校长可以在建筑物的具体安排上做些微调。

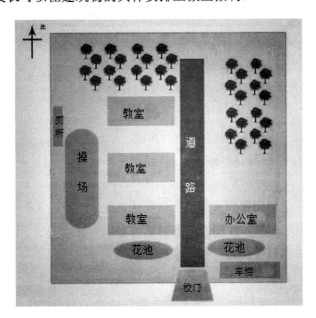

图 4.5　尤王庄小学现状图

当时各村派出了 4 个瓦匠组，经过几个月，建起了 4 排房，每排 9 间，共 36 间，其中 9 间办公室，27 间教室。后面还有一片地，种着树，是学校的储备用地。尤王庄学区的生源本来是非常多的，完全可以达到 12 个班的规模，然而，由于范窖村的争夺，两所小学生源数都不高。尽管这一次范窖村没有把学区小学争过去，但是他们村的孩子也不到尤王庄小学来上学，范窖村人口多，一直有完全小学。

现如今，尤王庄小学的教室并没有能够充分利用，仍然闲着一半，空荡荡的，还有几间教室成了仓库和活动室。因此，在 20 世纪 90 年代末出现了一个奇怪的现象，那就是"普九"期间，建立起的许多硬件设施相当不错的村级小学很快出现了空置，包括许多花费巨资兴建的"希望小学"。学校选址的科学与否再次成了一个非常重要的问题，否则就会导致资源的重复浪费。

五、天时怒伏亦难违："普九"后的小学布局

进入 21 世纪，我国普及九年义务教育的目标基本得以实现，基础教育的着力点也转向了巩固"普九"成果以及提高"普九"的教育教学水平，基础教育的发展面临着许多新问题，人们称之为"后普九时代"。农村学校发展的外部环境发生了根本性改变，苏镇所在的农村地区也发生了若干重大变化，给农村教育带来了深刻的影响，学校布局更是处在激烈的调整之中，少数逆学校布局调整潮流而运行的学校，正面临着进退维谷的境地。

（一）外部环境变化，村小举步维艰

1. 出生率反弹，适龄儿童逐渐增多

1949 年后到 1978 年（除了 1956 年以及自然灾害期间出生率比较低以外），夏津县每年的人口出生率都在 20‰ 以上，出生人口在 7000 人以上。1978 年出生率降至 21.03‰，出生人口为 8433 人，以后基本上呈逐年下降趋势，1994 年降至最低为 3.73‰，当年的出生人口为 1769 人，死亡人口

为 3108 人，出现了人口负增长。从 1995 年开始，出生率开始出现反弹，2005 年达到最高，为 18.51‰，与 1980 年出生率相当。此后，连续三年出生人口都在每年 7000 人以上。出生率出现反弹既有生育高峰的原因，也有违法超生行为的影响。2005 年，夏津县的出生人口为 9219 人，6 年后这批儿童将上小学，9 年后上初中，连续几年的生育高峰将缓解农村中小学生源不足的现象。

在访谈中，笔者曾经多次提到县城正在准备建设的第二实验小学和第二实验中学会不会影响农村学校的生源，县教育局的副局长以及万隆学校的于校长基本都否定了这一想法。教育局副局长认为：夏津县有 50 万人口，按 12‰ 的出生率计算，每年有 6000 人出生，也就是每年的入学儿童在六七千名左右。目前，县城中小学的容纳能力远远不够，建设第二实验小学和第二实验中学主要是为了解决班额过大的问题，对乡镇中小学的生源影响不会太大。万隆学校于校长认为：这几年的出生率比较高，二胎三胎的有一些。过几年，乡镇中学少说也要达到五六百人的规模。苏镇周围的几个乡镇人口都比较多，万隆学校在全县范围内招生，生源不成问题。去年一年级招了两个班共 60 名学生，报名者就有 460 人，招生比例为 15:2。

2. 城镇化加快，乡镇合并县权增强

乡镇作为国家的基层行政组织，在农村各项公共事业中发挥着重要作用，然而，以往乡镇规模较小，但"麻雀虽小，五脏俱全"，"七站八所"、医院、学校应有尽有，费用开支巨大，农民负担沉重。例如，20 世纪 80 年代初期，山东某县平均 90 多个农民养一个公务人员，但到 1997 年已发展为平均 40 多个农民养一个公务人员。[①]

行政区划与行政体制改革是促进农村发展的一项重要举措，有助于改变乡镇机构重叠、管理混乱、效率低下的现象，以发挥集聚效应。1985 年，夏津县共有 20 个乡镇，每个乡镇平均约 2 万人口。1993 年，夏津县开始撤乡并镇。10 月 9 日，首先撤销左王庄乡建制，其行政区划并入新盛店镇。

---

① 尹宏玲、詹水芳．浅谈乡镇合并[J]．小城镇建设，2003（03）：73～76

1998 年 7 月 28 日，撤销白马湖乡，设立白马湖镇。1999 年，夏津县辖 6 个镇、13 个乡。2000 年 6 月 15 日，撤销县城附近 4 个乡并入夏津镇，撤销后屯乡并入苏镇，撤销西李官屯乡并入新盛店镇，撤销常安集乡、雷集乡，合并设立雷集镇。2002 年 7 月 2 日，又撤销了双庙乡和香赵庄乡，设立了双庙镇和香赵庄镇。截至 2013 年，夏津县辖 10 镇 2 乡 1 个街道和 1 个省级开发区，乡镇撤并率为 40%。夏津县总面积 882 平方公里，总人口 52 万。在各乡镇中，夏津镇人口最多，约 15 万人；人口数量在第二、第三位的分别是新盛店镇和苏镇，都在 5 万人以上；其他各镇的人口数量都介于 4 万人和 2 万人之间；田庄乡和渡口驿乡人口最少，都不足 2 万人。

图 4.6　乡镇合并后夏津县各乡镇布局（2003 年）

在访谈的过程中，作者不时地听到关于村庄合并共建社区的消息，据说毛王庄村及附近几个村庄所在的区域就是重点实验区。关于这一说法，我一直没有看到相关正式文件或规划图纸，尽管不能完全证实，也绝不会是子虚乌有。由于在普及小学教育以及"普九"的过程中，乡镇一级政府以及行政村一直是农村中小学的办学主体，并且学校布局一般是按照行政区划来设立的，通常是乡镇办初中，村庄办小学，因此可以说，虽然行政区划的改变不是农村中小学布局调整的主要原因，但是乡镇合并与村庄社区化还是直接影响了农村中小学布局。一般来说，乡镇合并对初中的学校布局影响较大，而村庄合并对小学的布局影响较大。

随着税费改革以及"乡财县管"的推行，乡镇的财权和人事权逐步上移，人员编制也受到了严格控制。自 2005 年开始，苏镇连续 5 年没有引进新教师，直到 2010 年才引进了 5 位教师。相反，仅 2008 年苏镇减少的教师即达 22 名，其中调出 9 名，退休 13 名。①省管县改革试点是与乡镇权力上移几乎同时出现的新情况，省、市级政府逐步向县级政府放权。2009 年 8 月山东省政府下发的《关于 2009 年深化经济体制改革工作的意见》（鲁政发〔2009〕93 号），正式启动了省直管县试点和扩权强镇试点工作，夏津县已被列入"县财省管"名单。学管会苏副主任说："以后县级的权力会越来越大，乡镇的权力却小多了，公、检、法、教育都归县里，人事和财政也都归县里。"

3. 小学生进城，城乡教育差距凸显

自 20 世纪末以来，农村中小学优秀师资大量流失，并且老龄化现象非常严重。"爷爷奶奶教小学，叔叔阿姨教初中，哥哥姐姐教高中"是当地基础教育师资队伍的真实写照。新毕业的大学生又不愿意到乡镇任教，老龄教师知识老化，缺乏朝气，不利于孩子的健康发展。范窑村学校的刘校长说："这几年不再有拖欠教师工资的现象，最难解决的是缺乏年轻教师的问题，这几年我们连平原师范②的毕业生都争取不到，英语和计算机老师非常缺乏。"

不仅农村的优秀教师向县城逐步集中，农村家庭条件稍微好些的学生也都千方百计地转到县城读书。为了能够进入县城读初中，有不少孩子从小学就开始进城了。由于小学不能提供足够的住宿床位，学校周边的民房纷纷改造成"小饭桌"、"小课堂" 或 "小学生之家"类的机构，专门为农村孩子提供食宿，仅实验小学周边就有 20 几家，这些机构多属无证经营，

---

① 苏镇学校管理委员会档案室. 苏镇 2008 年人事编制统计样表[Z].（内部资料）

② 平原师范学校成立于 1931 年，是山东省最早的 8 所乡村师范之一，始称山东省立第五简易乡村师范。学校位于平原县城中心，已为国家培养各级各类人才 2 万余人。现设师范、初中两个教学部。师范部以举办"三二"连读大专教育为主，2000 年挂靠德州学院，称德州学院平原师范专科部。

安全、卫生都难以保证，存在诸多隐患。为了满足越来越多农村孩子进城读书的愿望，夏津县正在建设第二实验小学，预计规模为 3000 人，建成以后，将会有更多的农村儿童进入县城读书。据说，建成以后，极有可能会在各乡镇抽调优秀教师进城，农村学校可能会更加凋敝。

　　同在一个县城，同在一片蓝天下，却出现了截然相反的两种现象：一方面是争先恐后地抢着进县城读书；另一方面却是大片的农村教室日益荒废。基础教育在城乡之间如同两重天：一边热情似火，拥挤不堪，师生饱受人满为患之苦；一边却又冷若冰霜，门可罗雀，师生徒然望洋兴叹。

　　4. 实行税费改革，义务教育逐步免费

　　1994 年，国家实行了分税制改革，重新划分了中央与地方政府的财权与事权。1994 年以前，国税占整个税收比例的 38%，改革以后占到了 52%，地税下降到 48%，由此，中央财政实力得以扩充，而地方财政实力则相对下降，县乡财政影响最大，中西部地区的许多乡镇逐渐由原来的"吃饭财政"沦落为"讨饭财政"，出现义务教育资金普遍不到位，教师工资长期拖欠的现象，为了弥补缺口，教育附加与集资款越来越高，农民不堪重负，学生辍学率增高，"普九"期间建起的大片学校出现了闲置，甚至荒废现象。

　　2000 年以后，国家开始试行税费改革，逐步取消了农村教育费附加和教育集资，减轻了农民负担，也减少了农村义务教育经费筹措渠道，农村校舍改造等教育经费更加拮据。2004 年以后，随着"一费制"在教育领域的推行，国家也逐步加大了对农村义务教育的转移力度，对农村家庭经济困难学生试行"两免一补"，中央和省级政府对农村义务教育的投入比例越来越高。2005 年 11 月，国务院新闻办公室发布《中国全民教育国家报告》，提出了实施免费义务教育的时间表，即力争到 2010 年在全国农村地区全部实行免费义务教育，到 2015 年在全国普遍实行免费义务教育。

　　（二）顺应潮流调整，村小数量骤减

　　从 1990 年至 2007 年，刚好是农村中小学发生巨大转变的时期，从"人民教育人民办"到"人民教育政府办"，从村村有小学到合村办学，无论是

20 世纪 90 年代由于农村学校生源减少而导致的自发的学校布局调整，还是新世纪以来在国家政策倡导下而进行的自觉的学校布局调整，夏津县都曾经走得比较快。苏镇共有 54 个行政村，在 20 世纪 80 年代中后期和 90 年代初期，曾经有 50 多所小学。然而，到"十一五"期间学校布局调整规划制定前，仅剩下 8 所学区小学和 15 所教学点，学校撤并率为 55%。根据规划，在 2006 年还要完成 8 所教学点的撤并工作，苏镇和后屯两所中心小学达到 12 个班的规模，每校 360 名学生，其他六所学区小学达到 10 个班的规模，每校 300 名学生。2015 年，初中将合并为一所，小学保留 10 所学校。

（三）调整遭遇瓶颈，规划陷入僵局

农村中小学布局调整是一项复杂的系统工程，要使布局科学合理，需要制定科学的规划。"十一五"期间，在孟局长的领导下各个乡镇都制定了的学校布局调整规划。从 1985 年以来，夏津县教育局共经历了四次变革，先后有王、张、孟、耿四位领导担任教育局的主要行政工作，教育局的机构名称也经历了文教局、教育局、教育委员会再到教育局的变化。教育行政主要领导的任期比较稳定，"普九"期间的两位主要领导任职年限都在 10 年以上，应该有利于中长期发展规划的制定与执行。然而，2007 年，新上任的耿局长与前任孟局长在学校布局调整问题上存在很大分歧。对此，苏镇学管会苏副主任说："按照原来孟局长'十一五'规划的要求，应该继续推进撤点并校，想办法尽可能撤掉更多的学校。然而现在我们镇的马主任和县教育局耿局长都不希望撤，只要有孩子，就想办法留住学校。自从耿局长上任以来，'十一五'布局调整规划就很少提了，报表与实际情况也不完全一致。"①

现如今，"十一五"规划期限已经结束了。然而，苏镇农村中小学布局调整规划实施情况却并不理想，调整规划中所列应该被撤并的 8 所教学

---

① 2009 年 8 月 31 日，访谈资料。

点，仅仅撤掉了北徐庄村和大石堂村两个。北徐庄小学主要因为生源太少，学校被村支书卖掉了。然而，不久学管会马主任做村支书的工作，学校又重新建了起来，仍然招收一年级和二年级，据说马主任希望北徐庄小学能够与后杏村联合一直办到四年级。大石堂村小学的撤并也主要是因为村支书不支持教育，国家拨付的学校维修费用经常被挪用，在多次做工作无效的情况下，被迫撤并的。导致原有调整规划不能落实的原因主要与教育行政部门对国家政策精神的领悟与执行程度有关，另外也受地方可支配教育经费的限制。

第五章　初中学校布局调整中的利益博弈

范窖村中学的前身是范窖村小学，始建于 1955 年，位于苏镇的最北端，夏津县西北角。经过几代人的励精图治，办学成绩优异，被称为"西北角的一颗明珠"。1969 年，范窖村小学"戴帽"办起了联中。1970 年学校迁至村西的六五河畔，增设了高中。1978 年，学校迁至村北现校址。后来，虽几经撤并，该校都能重新崛起，创造了一个又一个的奇迹。

一、联办初中迅速兴起，利益博弈自此而生

村村联合兴办初中，在一定程度上满足了农民子女接受初中教育的需要。联办中学尽管办学条件简陋，却开启了苏镇初中办学的历史。

（一）范窖村联中及当时的布局

1968 年，夏津县全县小学全部改为五年一贯制。由于小学毕业生人数增加，国办初中一时不能满足小学毕业生升初中的需要，因此邻近村庄纷纷以完小为基础联合创办初中，即"联办初中"，简称"联中"。1969 年，范窖村完小办了 4 个初中班，招收了 100 多名学生，学校也改名为范窖村联中，这也是范窖村中学办学历史的开始。1968 年至 1969 年两年间，各地联办中学纷纷兴起，仅苏镇就多达 8 所。联中的办学经费由办学各村协同筹措，教师多从小学中抽调，学制、课程与教材跟全日制普通中学一样。

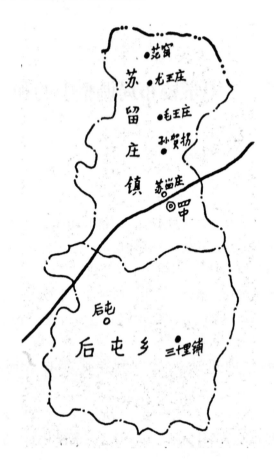

图 5.1 苏镇各联中位置示意图（20 世纪 70 年代至 80 年代初）

　　由于联中数量太多，师资力量薄弱且过于分散，教育教学质量难以保证。从 1980 年开始，夏津县开始对全县的联办中学布局进行调整。1981年，全县联办中学数量由 132 所减少为 105 所，1983 年减少为 60 所。自1968 年苏镇和尤王庄创办第一批联办中学以来，苏镇的联办中学最多时高达 8 所，平均每 3.25 个村庄就有 1 所联中，从 1980 年开始减少联中所数，至 1984 年仍然保留有范窖村、尤王庄、毛王庄、孙贺拐和苏镇 5 所联中。1988 年，按规划将所有的五所联中合并，在苏镇村北成立新的苏镇中学。

表 5.1 苏镇五所联中的基本情况（1984 年）

校名	校址	创办时间	班级数				学生数				教师数
			初一	初二	初三	合计	初一	初二	初三	合计	
苏镇联中	苏镇村东	1968	2	1	1	4	104	52	58	214	28
孙贺拐联中	孙贺拐	1969	1	1	1	3	29	42	32	103	20
尤王庄联中	尤王庄	1968	2	1	1	4	57	43	36	136	20
范窨村联中	范窨村	1969	1	1	1	3	36	35	40	111	17
毛王庄联中	毛王庄	1969		1		1		39		39	12

资料来源：夏津县教育志编辑组. 夏津县教育志（1840-1985）[Z].（内部资料）：65

　　早在 1957 年，苏镇就成立了一所县立初级第四中学。① 1971 年，由于联办中学的兴起，第四中学改为高级中学。同年，范窨村联中发展为社办农业高中，高中、初中与小学同校。社办高中是在"小学不出村，初中不出片，高中不出社"的口号下发展起来的，在业务上归文教局领导，行政上隶属公社，办学经费由公社统筹，县里适当补助，社办高中的教师一般由公社各联中抽调。范窨村社办高中的生源来自本公社各联中，最远的来自封庄，约 10 公里，基本上都是靠步行。那时初中毕业并不能直接升入高中，需要锻炼两年后，才可以推荐上高中。社办高中的学制、课程与教材基本与国办高中相同。范窨村社办高中仅仅办了一届，招收了一个班，共 50 名学生。毛王庄的张红贵、张秀莲、王丙先等都是那一届毕业的高中生。学校有几十亩地，种过高粱、玉米，还种过水稻。学校管吃住，饭都是学生自己从家带的，学校厨房给加热，并供开水和粥。晚上有汽灯供晚自习用。那时高中毕业后也不能直接参加大学招考，需要劳动锻炼两年后，才能被推荐参加大学招考。由于没有高考考试压力，因此整天可以搞生产、搞活动，学军、学工、学农，反对"黑板上开机器"，社会实践活动比较丰富。然而，由于师资力量薄弱，设备简陋，教育教学质量不能保证。第二年，范窨村撤销高中，重新改名为联中。尽管高中只办了一届，范窨村仍

---

　　① 当时名为苏镇中学，是新中国成立后夏津县第二所国办中学。

成了本镇唯一一个有过高中的村庄。

（二）学校迁建中的利益博弈

这个时期，范窑村的学校搬迁曾经牵动了多方利益，是非常值得一提的事情。1970年，为了治理盐碱地，响应"开门办学"的宗旨，学校设在了村西堤下的盐碱地中，房屋和设备都很简陋。师生住地窖子，条件非常艰苦。盐碱地腐蚀性强，简易学校地基不稳，损坏很快，仅仅坚持了两年，就已千疮百孔，破败不堪，还差点发生砸伤学生的意外事故，遂决定迁入村内。

1978年，刘丰义重新被任命为范窑中学校长，他及时提出了将学校从堤下搬迁到堤上的想法，得到了范窑村支部书记的认可。在不到两天的时间内，刘校长和老师们一起把村西老校拆了。然而，在新校的选址问题上，却出现了分歧。首先，范窑村村委会内部意见不统一，支部书记希望建在村南，大队长希望建在村北；其次，北徐庄希望离自己的村庄近点，如果建在范窑村村东，他们乐意为建校出工出力；最后，经统筹协商确定在范窑村东北角建校。当时，集体的土地还没有实行农户承包，划地还算顺利。学校刚刚建好，集体的土地就开始承包到户。如果再晚几个月，等土地分了，不仅仅划地，连出工出力都不太好办了。据说在学校建好后，土地就分开了。学校建伙房，村民出工就很不情愿了。这次学校搬迁，也可以说占了天时。

学校选址确定以后，刘校长亲自推着小车搬运材料，村支书安排村民出工出力，所有的老师和村民都发动了起来。不几天，老校的旧砖旧瓦运到了新校址。尽管是旧砖旧瓦，但都是当年从大地主家的房子上拆下来的，质量很好，虽几经拆迁仍很结实。这年的8月14日，新校建好了，第二天学校搬迁，老师们都表现出了很高的积极性。在整个过程中，刘校长指挥各位老师，既风风火火，又有条不紊，在此期间没有出现一例安全事故，提前完成了学校搬迁。

二、初次合并焕然一新，管理落后生源流失

1988 年，在苏镇村北的沙河中建起来一处崭新的苏镇中学，原有的五所联中全部撤销，学生转入苏镇中学，优秀教师被抽调，其余转为小学教师。对于这一变化，范窖村中学跟其他联中一样，并不觉得突然。因为，从 1981 年开始，全县联中的数量就开始减少，两年左右的时间，联中数量减少过半。根据县里撤并联中的原则，一个乡镇可以保留 1～2 所联中，苏镇虽然一直保有五所联中，但合并已成大势所趋，普遍认为只是时间早晚的问题。对此，各联中接到要求合并的通知后，几乎都毫无异议，合并还算比较顺利。

（一）办学条件得以改善，管理水平依然滞后

尽管苏镇只是一个小镇，但是在主要以自行车和步行为交通方式的时代，许多农村的孩子第一次离开父母独立面对社会，也是离家比较远的一次。全镇各村的初中生都集中到了苏镇这一崭新的镇办中学，几乎每个学生都感觉很新鲜。学校的规模大、学生多，各村的学生聚在了一起，体验自然不一样。

范窖村的孩子离镇上最远。上初中之前，父母很少带他们到镇上，能够到镇上读书，也算是开了眼界。许多孩子羡慕镇上的孩子，认为他们知道得多、穿得好、玩得好，希望跟他们做朋友。然而，镇上的孩子却显得非常不屑，对各个村庄尤其是大河以北的孩子并不友好，瞧不起他们，甚至还经常欺侮这些远道而来的孩子。

尽管苏镇集中资源，改善了办学条件，但是由于管理不善，多数学生并不能真正获益。打架斗殴的多了，拉帮结派的多了，能够安下心来学习的少了。当时，镇上的孩子与尤王庄、毛王庄和范窖村的孩子打架比较多，很多情况下，打了架也不敢告诉老师，担心老师管不了，会被对方报复，许多儿童不敢在苏镇中学读书，纷纷转学或者辍学。农村来的孩子，有不

少是想认真读书的。然而，由于适应不了新学校的节奏以及食宿，新鲜感过后纷纷逃学、辍学。

尽管老师也是在各联中精挑细选的，教学效果却不见得比原来好。有些孩子习惯了被教师宠着，然而在新学校学生多了，老师难免照顾不过来；有些老师习惯了小班授课，突然之间面对六七十个孩子，也很不适应。甚至还有不少老师被学生欺侮的现象。当时，学生给老师起绰号的现象非常普遍。1990 年，学校新聘请了几位年轻的女教师，都是大专毕业。不到半年的时间，每位老师都有了绰号，如"弹簧"、"模特"、"剑南春"、"笑面虎"等，大多带有侮辱性。老师们总希望学生听话、守规矩，上课能够认真听讲；而学生的表现却很复杂，有爱学习的，也有不少贪玩的、好动的，违反课堂纪律的。如果哪位老师没有办法管住挑衅教师权威的学生，将会处于非常尴尬的境地。学校规模大了，教师管理也严格多了。有的老师忍受不了来自学生和学校领导的双重压力，调来镇中不到两年就申请回本村教小学了。

苏镇中学建有学生宿舍，本是教室的格局，里面密密麻麻地排列着一排排的简易木板床。学生都是睡通铺。由于床位少，三间房子里面挤着五六十位学生，平均每个人的使用面积不足 1 平方米。由于过道很窄，许多同学都是从床板上踩来踩去。不多久，床板就坏了。顽皮的孩子稍微用力，窄窄的床板就从床上揭了下来，挥舞在手中，像大刀，像长剑，刷刷的还带有风声。由于学校管理不善，窗户的玻璃很快就被顽皮的孩子打碎了。学校没钱更换玻璃，更不希望换过不久再被学生打碎，干脆就那样敞着，逢冬天就用砖头把窗户封起来，泥巴接缝，很不严实。夜间许多孩子起夜不愿意出门，就从窗户缝里向外撒尿。由于宿舍脏乱差，老师一般都不会到宿舍里，因此宿舍也成了学生打架比较安全的地方，许多"战争"都是从这里开始的。多数情况下，是镇上几个孩子围打他们认为"不乖"的农村孩子。

苏镇中学的食堂，最初只烧开水，顺便为学生热一热从家带来的馒头。每个学生的馒头都用自家的毛巾包着，热好以后根据毛巾认领。再后来学校可以加工馒头，早晨、晚上还有面条或者菜汤。然而，由于各种原因，食堂蒸的馒头经常发不开，为了去除馒头发酵中产生的酸味，他们大量地使用碱面，蒸出的馒头经常是色泽超黄甚至发绿。学生买了馒头，却难以下咽，只好随手乱扔，经常是馒头满校园乱飞。据说，食堂在蒸馒头时还大量使用硫磺，就在灶边的地上堆着。学生上化学课，为了认识硫磺的性质，还曾经到学校食堂讨要。更令人难以忍受的是，食堂的锅经常不刷，有学生曾经在买的菜汤中挑出一只煮脱了毛的耗子。

（二）学生流失严重，范窖村重办中学

在各种原因之下，苏镇中学辍学现象非常严重，很多同学上学不到一年就回家了。范窖村到镇上最远，学生受欺侮的最多，辍学在家或者转学的孩子也最多。从范窖村到镇上，有9公里的泥土路，1992年开始铺柏油路，然而，从苏镇铺到尤王庄后便拐弯到了前杏村直到北徐庄，范窖村到尤王庄这一段暂时未通，直到新世纪推行"村村通"，范窖村才有了柏油路通向外面。当时，武城县第二中学的升学率要远远高于夏津县第一中学，苏镇距离武城县城比自己的夏津县城要近得多，尤其是范窖村到武城县城仅6公里，而到苏镇却要9公里，到夏津县城更是超过30公里。因此，这一时期，大量生源外流到武城县。

武城镇中学是武城县的东关中学，也是升入武城县第二中学的最好跳板，升学率颇高，对苏镇的学生有很大的吸引力。随着越来越多的苏镇学子从该校考入武城县第二中学消息的传播，苏镇的许多孩子纷纷转学到武城镇中学。当时，毛王庄村的王老师在武城镇中学政教处，毛王庄的许多孩子就是托他的关系转进去的。由于越来越多的优秀学生流失到武城县，1994年，夏津县教委曾经组织人员到武城县催要学生，要求转学的学生回来，为此，两县领导班子还闹了些不愉快。

有关系的和成绩优秀的学生都转了学；没有关系、学习成绩不好、又不愿意到很远的镇上读书的学生，只好辍学在家。看着越来越多害怕上学的孩子待在家里无所事事，范窖村开始琢磨着重新办初中。在村民的鼓动

下，村支书与当时的小学校长商量，可否仿照以前小学"戴帽"办初中的例子自己办初中，让本村的孩子能够在本地入学。为此，他们到镇里找到当时的镇文教助理，他就是范窨村的。在听了他们的想法后，镇文教助理稍做沉思后就答应了，但是要求他们进一步了解并提供辍学学生及家长的真实想法。过了没多久，镇上批准了范窨村预留初中班的请求，并且给出了一个非常冠冕堂皇的理由——范窨村是苏镇、也是夏津县的北大门，在此设初中班有助于避免生源外流。从此，范窨村逐渐有了初一年级、初二年级和初三年级，再次成为一所九年一贯制的学校。

为了把学校办好，村支书聘请已在镇上担任扫盲校长的刘丰义老师主持学校工作。刘校长也非常热情，由于工作忙、任务重，几乎每天晚上九点多才回家，为范窨村做出了非常突出的贡献。刘校长坚持从严治校、从严治教、从严治学，学校越办越规范。可能经过了上一次的撤并风波，所有的老师都很敬业，学生好像也格外珍惜在自家村里读书的机会。学校的升学率高，在全县颇有名气，被誉为"夏津县西北角的一盏明灯"，当时许多人都把目光投向了在当时的夏津县地图上都很难找到的地方，茶余饭后为老师们所津津乐道。当时镇上的许多老师事业心不强，抱怨待遇低，不安心基层教学工作，一心希望改行脱离教育事业或者热衷于进城、进县属公办中学。当时附近的其他乡镇如左王庄、新盛店镇和后屯三个乡考出的学生总数都没有范窨村一个学校的多，左王庄乡几乎每年都没有学生考出，后屯乡也考不出几个，而范窨村学校一个班就能考出七八个，高中、中专和师范都有，还有学生考上了中国科学技术大学等名牌大学。范窨村对教育的认识越来越深刻，非常重视教育，对子女受教育的支持力度很大，这也是后来该校多次被撤并，又失而复得的重要原因。

新中国成立后，在国家原有教育基础非常薄弱且教育经费非常紧缺的条件下，为了尽快满足农村子女上学读书的愿望以及国家发展对人才的需求，国家积极发动地方政府和群众办学，在农村中小学建设标准方面一直坚持因陋就简的原则，农村基础教育的办学责任一直由村镇一级地方政府承担。由于人民政治经济地位以及生活水平的提高，群众办学的积极性持续高涨，各地群众纷纷集资捐款或出工出力，农村基础教育办学条件大大改善，国家普及九年义务教育的目标也基本得以实现。在这一过程中，范窑村在村民的支持下，凭借极其简陋的办学条件曾经取得了非常优异的成绩，被誉为夏津县"西北角的一颗明珠"。在苏镇的历史上，曾经有过多次集中办学的经历，其结果都不太好。由此得出启示：集中办学绝不是多建几间房子，把学生和教师集中在一起那么简单，其中需要有大量的后续资金保障，需要管理水平和教师素质的提高。

三、再次合并难挽狂澜，县城中学发展迅猛

顺利实现"普九"目标是 20 世纪末中共中央、国务院确定的重要战略，各级政府竭尽一切办法力求顺利通过"普九"验收。在"分级办学、分级管理"的教育行政管理体制下，各级政府的经费筹措能力各不相同，在相互攀比之中，每级政府都希望建设好自己的窗口学校。学校的实力消长、存废去留，再次牵动了教育资源流动的神经。

（一）为了"普九"验收，教育资源再被整合

1997 年暑假，范窑村有人在镇上听到消息说，范窑村的初中要被撤销，并入苏镇中学，一时间像炸了锅，迅速在村里传开。这几年，范窑村自己聘请教师，学校办的有声有色，有很多次升学率比苏镇中学都要高，为什么要撤并？许多村民不理解，学校里、村支书家里，都聚集了很多人，非要找他们讨个说法。

对此，校长和村支书也蒙在鼓里。学校撤并的事情镇里从来没有跟他们透露过。在村民的声援中，校长和村支书到镇上讨说法。当时的镇文教助理和教委主任都是范窑村人，对他们很客气，说明了理由。首先，为了迎接"普九"验收，苏镇已经集中全镇资源扩建了苏镇中学，勉强可以达到"普九"标准，现有能力下不可能帮助范窑村实现达标。范窑村不在"普九"验收范围之内，应该撤销。其次，为了把苏镇中学教育做大做强，只

有把范窖村中学的学生合并到苏镇中学来，才能形成规模办学，提高办学效益。第三，"普九"是国家政策，为了实现"普九"目标，范窖村应该从大局出发。尽小官庄民对给出的这些理由，不是很满意，但是考虑到大局，为了能够顺利通过"普九"验收，也就不好阻拦，就这样，范窖村中学第二次被撤并了。

1993 年中共中央、国务院颁布《中国教育改革和发展纲要》，把"普九"确定为我国 20 世纪 90 年代教育发展的重要目标。根据 1995 年德州地区印发的《普及九年义务教育评估验收暂行标准及说明》（德地教字〔1995〕7 号），"普九"验收不仅在普及程度方面有明确的关于入学率、辍学率、毕业率和完成率等方面的规定，在师资队伍方面也有非常详尽的规定。其中在教师配备上，初中教师学历合格率要达到 80% 以上。凡具备高等师范专科学校或者其他大学专科毕业及其以上学历，或者在初中任教 20 年以上均为合格。农村一般全日制初级中学平均每班 50 名学生要配备教师 2.6 名，职工 1.1 名。还有初中的生均校舍面积不应低于 4.5 平方米，校舍无危房，实现"六配套"和"五达标"等。另外，对实验室及其设施、音体美教学器材、电教器材、图书资料等都有具体规定。

为此，夏津县政府先后通过了几个文件，广泛开辟教育集资渠道，要求任何组织和个人都不折不扣地执行落实各集资渠道所列数额，不得讨价还价，一定要如数上交县财政，要求财政、税收、工商、农机、公安、电业等有关部门和各乡镇、各单位切实负责，按照县委县府分配的任务，按时按量完成，不得拖延。无故完不成任务者，领导班子不能升级，主要负责人不能评优。

早在 1992 年，夏津县就确定了乡镇中学建设标准，要求搞好合校并点工作，初中学校规模尽快扩大到 18 个班以上，并配备图书、仪器、实验室等相关设施。然而，1998 年苏镇中学的设计规模不足 18 个班。出于提高教育教学质量，优化教育资源考虑，镇中学借"普九"之机对学校进行了扩建。根据建设标准化初中的要求，一个乡镇的初中规模应该在 18 个班以上。当时在苏镇招生的中学有县立第四中学每年约 2 个初中班，范窖村每年 2 个初中班，苏镇中学每年 4 个初中班，初中在校生三校总计约 24 个班的规模。20 世纪 90 年代苏镇的人口约为 2.4 万，推算每年的适龄儿童约为 500～600 人，每年约 10 个班的规模。[①]这样除掉夏津县第四中学和范窖村的 4 个班，苏镇中还剩 6 个班，三年刚好 18 个班的规模，然而苏镇的生源却不能凑够 18 个班，只能维持 12 个班的规模，足见学生辍学与学生流失现象比较严重。

关于"普九"改造的费用，苏镇教育委员会曾经在 1994 年列过一个清单，作为征收教育费附加、筹款集资、改善中学办学条件的依据。

1. 镇中现有 12 个教学班，需扩充 3 个教学班。这样一来，需要扩建教室 9 间，需资金 27000 元。实验室 3 间需 9000 元，仪器款 50000 元；生化室 3 间，需资金 9000 元，仪器费 6000 元；仪器室、图书室各 3 间，需 18000 元；图书资料费 5000 元；教师住房 10 间，需 30000 元；增置办公桌椅，需 3000 元；男女宿舍各 5 间，需 30000 元；会议室 3 间，需 9000 元；厕所 5 间，需 5000 元；更换发电机组（20 马力），需 15000 元，共需资金 270000 元。

2. 范窖村中学校舍面积小，房屋低矮，需要搬迁校址。设想要使小学毕业生全部就读，应该在现有 6 个班的基础上再扩招 3 个班，成 9 个教学班的规模。这样，需建教室 27 间，实验室 9 间，宿舍 27 间，图书室 6 间，教学研究室 9 间，伙房 3 间，机房及传达室 3 间，共 84 间，每间 3000 元，共需资金 252000 元；围墙 550 米，每米 100 元，共需 5500 元；厕所 12 间，每间 1000 元，共需 12000 元；课桌椅 230 套，每套 90 元，共需 20，700 元；图书需资金 50000 元，教学实验仪器需 15000 元；安电、配置发电机组共需 35000 元，新建大门、打井需 15000 元，共计 587900 元。

总之，本镇两所中学累计需资金 857，900 元。

资料来源：苏镇学校管理委员会档案室. 1994 年苏镇义务教育实施方案[Z]. （内部资料）

---

① 另据 1995 年夏津县苏镇义务教育档案资料记载：当年苏镇各中学在校生为 976 人（不含第四中学学生数），刚好为 20 个标准班的规模，跟推算数据比较吻合。

实行分级办学以来，农村教育经费坚持"乡征县管乡用"的原则。苏镇经济条件比较落后，工副业不景气，经费筹措能力有限。范窑村学校搬迁费用巨大，这份方案最后没有通过。而是通过集中资源的方式改建、扩建了苏镇中学。

当时，苏镇的师资力量比较薄弱，中学教师达标率低，文体器械、图书资料寥寥无几、近乎空白，要达到"普九"所规定的指标，集中全镇的力量也难以保证通过验收。苏镇中学是全镇教育的门面，确保苏镇中学顺利通过验收就变成了近乎一项政治任务，在这一强势目标之下，范窑村初中只好乖乖配合。初中的学生全部转入苏镇中学，优秀教师也被抽调。

在改善办学条件、提高教育质量的宣传之下，广大农民群众还是看到了教育发展的希望，对国家目标的实现都是积极支持的，可以说乡镇政府和农民群众都作出了巨大的贡献。借"普九"之机，苏镇的初中教育资源再次实现整合。刚开始，所有的适龄儿童都要入学，刚刚扩建的新校舍仍然难以容纳，尤其是学生宿舍非常紧张。由于不能保证所有的学生都能够住宿，苏镇中学还专门找了两辆汽车接送走读的学生。整合后的教育教学质量本应有一个明显的提高，然而，实际情况并非如此。

首先，经费投入难以保障。"普九"以后，农村义务教育经费筹措能力已如强弩之末，农民增产不增收，教育费附加征收困难，教师工资拖欠更加严重。这一时期，农民的经济负担也越来越重，辍学现象进一步加剧。毛王庄村农民张玉福一家有四口人，两个儿子，大儿子读书比较好，考上了夏津县第一中学后，父母感觉供两个孩子读书负担太重，老二学习略微差些，就让老二辍学了。老二在家干了一两年农活，就去南方打工了，挣的钱刚好可以供哥哥上大学。老大性格比较内向，年龄小时一直跟外婆长大，老二比较顽皮，从小父母就给予了较高的期望，认为老二能成事，看得出他的父母还是喜欢老二多一些。因此，让老二辍学供老大读书，也确实是一种无奈之举，主要是因为学费高，家庭承担不起。

其次，师资力量弱化。范窑村的刘老师，1997年结婚，婚后接连10个月没有拿到一分钱工资，当时的经济状况异常紧张，靠种地的父母接济度日。随着高校并轨，报考师范院校的生源质量不如以前。中师生的生源更是出现了严重弱化。大学本科生不愿意到乡镇，中师生也招不来。更严重的是，随着县实验中学的建立与发展，许多优秀教师被抽调走了。县实验中学的校长是苏镇北徐庄人，曾经先后担任过苏镇中学和第四中学的校长，实验中学成立后，就成了实验中学的第一任校长。苏镇的老师跟他的关系自然要近一些，因此，苏镇中学进城的教师也就格外的多，也因此而影响了苏镇中学的教育质量。

（二）县城中学发展迅猛，苏镇中学有巢无凤

进入 20 世纪 90 年代，乡镇中学在生源和经费方面越来越紧张的情况下，县城各中学却正在迎来飞速发展的机会。这一时期，乡镇和县城中学的办学差距逐渐拉大，乡镇中学逐步失去其办学的魅力，越来越多的师生争相涌入县城学校。

1. 县城各中学的飞速发展

对于苏镇中学影响比较大的三所中学分别为：夏津县第六中学、实验中学和武城县城关中学。

（1）第六中学的改制

夏津县第六中学始建于 1979 年 9 月，位于县城北部，建校初有教学班 4 个，学生 240 人，教职工 26 人。1985 年建教学楼 1 幢，教学班增加为 12 个，学生 660 人，教职工 44 人。1987 年学校改为夏津县第二职业中学，1992 年改为职业中等专业学校，为初中、中专二部合一的复合学校。1998 年学校的中专部并入县教师进修学校，重新改制恢复为夏津县第六中学，1999 年开始招收高中生，成为全县唯一的一所完全中学。这一次改制，加强了县城初中教育的实力。2001 年 9 月，学校被评为山东省"省级规范化学校"。2003 年，学校再建教学楼 1 幢，教职工宿舍楼 5 幢。学校有初中教学班 27 个，高中教学班 11 个，学生 2600 人。教职工 188 人，其中本科学历 102 人，专科学历 86 人。2008 年，学校占地面积 48 亩，建筑面积 25740 平方米，绿化面积 2400 平方米。有初中教学班 43 个，高中教学班

28 个，在校生 4903 名。教职工 326 人，其中专任教师 275 人，本科 224 人，学历合格率 100%。有高标准实验室 4 个，多媒体教室 18 个，多功能室 1 个，微机室 2 个，电子备课室 2 个，图书 6 万册，报刊 102 种。

自 2007 年 6 月以来，学校开始实施"名师工程"。2008 年又成立了"阳光"社团，下设"红仑"剪纸社、"文明火炬"演讲队、"萤火虫"爱心团、"龙腾"武术队、"青果"文学社，等等。学校先后被评为"省级规范化学校"、"省教学示范学校"、"山东省校舍改造先进单位"、"山东省学校思想政治工作先进单位"、"德州市教书育人先进单位"、"市级文明单位"等荣誉称号。

作为 1998 年后全县唯一的一所完全中学，夏津县第六中学的办学条件、师资力量和办学经费都是乡镇中学所不能比拟的。在学生发展方面，学校能够坚持"以人为本，为学生终身发展奠基"的办学思想，能够吸纳全国教育改革的优秀成果和教育理念，积极营造尊师、爱生、知学、善学的校风、教风和学风，在教育教学过程中注重学生主体性和主动精神的培养，重视人的潜能开发，无论从教育教学质量还是教育教学改革来说，都是夏津县名副其实的"窗口"学校。

（2）实验中学的建立

夏津县实验中学也是一所省级规范化学校，被誉为夏津县初级中学的"龙头"。学校位于夏津县银城街道，1996 年学校开始筹建，占地 130 亩，1998 年 9 月建成并投入使用，最初建有集教学、实验、办公于一体的综合楼三幢。2002 年新建教工宿舍楼两幢，微机室两个，租赁学校南邻土地 31 亩以及 4000 平方米大楼一幢。2003 年向南扩征校园 19 亩，学校教学班增加到 56 个，学生 4800 名，教职工 228 人。2006 年，新建 16960 平方米的四栋教工宿舍楼。2007 年 8 月建成了文化、历史、艺术长廊，实行了封闭式管理和营养配餐制，新建了职工餐厅。2008 年建校十周年之际，学校建筑面积达 56151 平方米，绿地面积 14152 平方米。有 2 个图书室、3 个阅览室、图书 55000 册、音像制品 5000 种、杂志 57 种、报纸 30 种、微机室 3 个、美术室 1 个、音乐室 4 个、体育器材室 1 个、理化生实验室各 2 个、电子备课室 1 个。教学班有 54 个，在校生 2885 人，教职工 252 人。教师中本科以上学历者 113 人，中学高级教师 96 人，中学一级教师 94 人，市、县级优秀教师 45 人，市、县级教学能手 42 人，省、市级骨干教师 15 人。

自办学以来，学校一直坚持"行业当排头，业绩创一流，努力办好让人民满意的学校"的工作目标，努力提高办学条件，坚持以教学为中心，注重师资队伍建设。2001 年，被评为省级规范化学校，并先后荣获"山东省校本培训示范校"、"2005 年全国中学生数学联赛优胜学校"、"2006 年全国中学生生物学奥林匹克竞赛金牌学校"、"山东省地震科普学校"等荣誉称号。

（3）武城县城关中学的影响

不少家长认为，苏镇的升学率不高，即使考上了夏津县第一中学，升入大学的希望也不如武城县第二中学大，越来越多的家长选择送子女去武城县读书。武城县第二中学始建于 1956 年，坐落于鲁西北地区卫运河畔，比夏津县第一中学建校时间要晚 5 年，但是自 20 世纪 80 年代末以来，武城县第二中学的教学质量突飞猛进，把夏津县第一中学远远甩在了后面。从 1989 年开始，无论高考成绩还是学校综合考核，武城县第二中学连续16 年位居德州地区各县市榜首。无论山东省还是德州市的高考状元、奥林匹克竞赛一等奖得主、全国创新作文大奖赛一等奖得主等殊荣频频光临武城县第二中学，学校先后被评为省首批规范化学校、省精神文明单位、省教书育人先进单位等，被社会誉为"鲁西北窗口学校"。从行政区划上来说，苏镇属于夏津县，但从地理位置上来说，苏镇距离武城县县城要近得多，武城县第二中学的良好声誉更是增添了苏镇子女去武城县读书的吸引力。然而，出于区域自我保护的需要，跨县考试升学分数要比本地多 20 分。为了能够比较顺利地升入武城县第二中学，许多苏镇的家长为子女选择了武城县城关中学。凡是感觉自己孩子考学有希望的都纷纷在初二年级或者初三年级为孩子办理了转学。

武城县城关中学位于武城县城东郊、恩武路南侧。现有教职工 126 人，其中专任教师 111 人，40 岁以下教师占到 90%，第一学历教师仅占 20%，且都通过进修获得了大专及以上学历。其余教师的第一学历都是大专或大专以上。在职称结构方面中学一级及以上学历占到 66.8%。2001 年，武城县城关中学校容、校貌改造，建起了横跨校园的主体教学楼，长 106 米，配套设施精良。高标准、高起点的实验楼全部按国家一类标准配置各种仪器，学生宿舍可以容纳 1400 名学生住宿，设施全县一流；还建有可以容纳 600 多人的多媒体教室、无柱钢架结构餐厅、微机室、图书室、阅览室、语音室、电子琴室、活动室、美术室、卫生室等应有尽有。武城县城关中学还先后被评为市级规范化学校和省级规范化学校。

2. 苏镇中学生源、师资流失严重

苏镇中学始建于 1988 年，位于苏镇北侧沙河之中，与现苏镇中心小学隔路相望。1988 年初建时，主要是为了解决当时五所"联中"过于分散、教育效益不高的问题。当时学校占地 30 亩，建有教室 6 排 54 间，教工宿舍兼办公室 4 排 24 间，学生宿舍 2 排 18 间。当时的生源多为 20 世纪 70 年代中期出生，当时苏镇的人口约 2 万人，出生率在 25‰左右，以此推测当时的适龄入学儿童应该为每年 500 人左右，三年共计 1500 人，而当时苏镇中学的教室标准容量仅为 900 人，即使每个教室按六七十名学生计算也不过 1200 人左右，可以推测当时有许多适龄儿童不能进入初中读书。后来，范窖村重新办了初中班也是情理之中的事情。然而，范窖村的办学条件毕竟有限，房屋低矮简陋不说，对于"普九"所列的各项硬件指标无一项能够达到标准，如果要集全镇力量促使其达标，无疑会给已不堪重负的农民致命的重压，还不能保证两所学校都能达标。如不促其达标，又不能顺利通过验收，权衡之下，还是暂时撤并了范窖村中学，把整修两所中学的费用集中在一起，力保一所。1997 年，苏镇中学占地面积增至 61 亩，增建教室 3 排 27 间、办公室 6 排 24 间、教师餐厅 3 间、篮球场和排球场各一处，建筑面积达到 3984 平方米。这样的学校规模刚好与适龄儿童数量一致，基本保证每一位儿童都有学上。

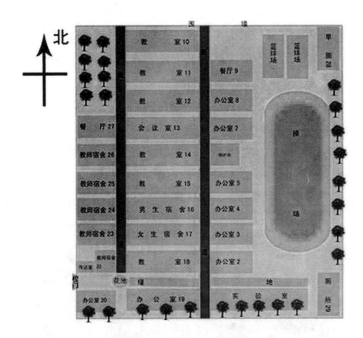

图5.2　扩建后的苏镇中学平面图（1997年）

　　苏镇中学与县城各中学相比，存在非常明显的差距。苏镇中学至今没有一幢教学楼，仅有学生200余名，教师41人，中学一级职称以上者25人，占60.9%。从指标上对两所学校进行比较，涉及毕业率、生均义务教育经费、生均办公经费、生均校产、生均占地面积、师资的学历、平均工资、在职培训机会等多项指标。农村老百姓看不懂，也不关注各项指标，他们选择一所学校最直观的就是看学校的升学率和口碑。

　　经过"普九"，义务教育入学机会大大扩展，可以说苏镇的每一位适龄儿童都可以升入初中接受教育了。然而，随着办学条件的提升，似乎人们并没有因为都能够进入镇中读书而欢呼雀跃，反而多了许多苛求，越来越多的家长已经不满足于让孩子"上初中"，而更多地考虑"上了初中后，能否考上大学？"尽管学生上初中的机会都得到了满足，然而由于校际差距，尤其是城乡学校之间在升学率和办学条件方面存在非常明显的差距，老百姓倾向于为子女选择县城中学也就不难理解了。另外，县城中学的教师待遇、发展平台要比乡镇高得多，有些老师托关系、走后门，设法进入县城学校的做法也就情有可原了。

由于经费投入不足，不少地区存在突击性完成"普九"任务的工作方式，在各种硬性指标强制之下，充分调动党委、政府、人大、政协、公安、教育、卫生等各个系统的力量，平时撤不掉的学校可以在服从大局的方针下"顺利"实现合并，平时辍学回家务农或外出打工的学生也可以迅速回到学校，征收不上来的教育费附加在"国家大政"的旗帜以及公安力量介入下也都全额征收上来。在各种力量的共同努力下，验收时竟也能"蒙混"过关。然而时机一过，各种力量不再紧密凝聚在一起，学校的维持运营也就成了问题。下图为"普九"期间修建的房子由于缺少维护而荒废的情景。

图 5.3　苏镇中学 1995 年建的房子现已荒废

经过"普九"，那些被动员复学的孩子，由于不能支付继续上学的费用，再次辍学。新建的房屋缺少整修费用而逐渐荒废，教师也因为工资不能正常发放或者嫌工资太低而不能安心工作。在这一时期，苏镇中学的学生和教师都出现了两种完全相反的流动趋向。对于学生来说，一些感觉自己升学希望比较大的都想尽一切办法转入县城实验中学、第六中学或者武城县城关中学，以增加进入重点高中的机会，即使交纳高昂的择校费也在所不惜；还有一部分认为自己升学无望或者即使上了高中也无力支付将来的学习费用的学生萌生了辍学打工或者在学校混日子的想法。对于教师来说，有些不甘于现状期望有更多机会的老师，要么申请停薪留职、要么辞职下海、要么设法进入县城中学；还有一部分教师认为苏镇中学教师需要坐班，管理也比较严格，不自由，不如回到村小，不需要坐班，"天高皇帝远"，既自由还可以种点自留地，多了一份收入来源。在如此两种相反的力量拉动下，"普九"新建起的苏镇中学几乎被分割。2002 年，苏镇中学的升学率全县倒数，也就是那一年，县城酝酿重新划分学区，设想全县划分五大学区，因为当年苏镇的升学率非常低，按照规划苏镇中学将被周边几个乡镇合并，苏镇中学将不复存在。听到消息，苏镇中学及教委的所有老师几乎都惊呆了，一个偌大的乡镇竟然留不住一所中学，感到莫大的耻辱。痛定思痛，决心设法挽留之际县里突然改变了主意，重新划分学区的计划暂时取消，苏镇中学也算是躲过一劫。尽管如此，从那以后，教委主任亲自抓初三年级教学，以保证苏镇中学的升学率不至于太难堪。

（三）初中毕业只为文凭，由此死灰亦可复燃

通过访谈发现，尽管县城各中学办学质量要高得多，但是如果在范窖村有一所初中学校，还是有很多学生乐意在本村上学，而不愿意舍近求远，尤其对于那些升学希望不是太大、进不了县城中学，又不希望辍学的同学来说更是如此。他们绝大多数只是为了接受最基本的义务教育，初中毕业后可以外出打工。从这一点考虑，仅仅是为了一张初中毕业文凭，是没有必要选择学校的，因为任何一所中学都能满足这一基本要求。至于到镇上读书，就更没有必要了。因为他们认为，孩子在苏镇读书跟在本村读书，升学的概率都差不多，两所学校的教学质量没有显著差别。

由于 1997 年撤并范窖村学校是为了"普九"达标，是为了集中资源建设苏镇中学，因此，从一开始，范窖村村民就有些不满。"孩子在家门口上学省心也省钱"、"到镇上读书费用高了，还不一定能考上学"、"钱投到

我们村，学校办得会更好”等观点代表了不少该村村民的心声。由于范窖村在办学过程中积累了不少经验，也都尝到了在村门口办学的甜头，对于**撤并村里的学校一直比较反对。**

“普九”过后，苏镇的教育教学质量没有明显的改观，再加上工农业产品交换“剪刀差”①政策的长期实行，农民增产不增收，为了“普九”达标及解决“普九”产生的大量债务问题，乡镇政府不得不向农民征收高额的教育费附加。让许多村民难以忍受的是，虽然交了很多钱，孩子却不能接受优质的教育，尤其可气的是许多教育费附加并没有用在自己孩子身上，表现出了对乡镇政府集资办教育的不信任。孩子在镇上读书，每天在路上来回跑，花费时间不说，还存在安全隐患，家长很不放心。如果在学校寄宿，需要花费更多的钱，在学校的生活费也很拮据，吃住都不能令人满意，镇上孩子欺侮村里孩子的现象时有发生，食堂的伙食基本上没有什么营养，上初中的孩子正是长身体的时候，也会受到影响。如果孩子在自己村里上学，可以节省不少费用，在家跟父母一块儿吃饭，营养尚能保证。故而，越来越多的范窖村人又开始琢磨重办初中的问题。2001 年 9 月，范窖村小学又开始留下了自己的六年级学生，办起了初中班。经过 2002 年和2003 年，又办全了初中，再次成为一所（形式上的）九年一贯制学校。对此，镇上也不好阻拦，如果阻止就会有许多孩子辍学，这也是“普九”后政府所不希望看到的。只好对外宣传说：范窖村是苏镇的北大门，**恢复初中仍然是为了留住学生。**

四、办学地位得以巩固，未来发展反更彷徨

2003 年，范窖村校舍改造需要大批资金，村支书压力较大，**办学积极**

---

① 工农业产品交换时，工业品价格高于价值，农产品价格低于价值所出现的差额。因用图表表示呈剪刀张开形态而得名。它表明工农业产品价值的不等量交换。如果价格背离价值的差额越来越大，叫扩大剪刀差；反之，叫缩小剪刀差。参见：中国大百科全书（经济学卷）. http: //ecph. cnki. net/Allword. aspx?objid=32903&ename=ecph&infoclass=item.

性有所降低。与此同时，尤王庄村利用"普九"期间积累的基础向范窖村发起了争夺初中办学权的斗争。然而，由于意外原因，尤王庄村功败垂成，还失去了小学六年级的办学权。事后不久，受城镇化等因素的影响，农村生源大量流失，范窖村再也难以找到积极办学的意义。

（一）争夺初中办学权，尤王庄痛失契机

范窖村是苏镇最北边的村庄，地理位置较偏，交通也不是很好。然而，自从创办高中以来，好像范窖村的教育实力就开始超过了在本地教育发展中一直颇有实力的尤王庄。范窖村学校的几次沉浮，也多多少少地牵动了尤王庄村民的心。多少年来，尤王庄一直是苏镇北部的教育中心，办学的历史可以追溯到抗日战争期间，新中国成立后，在小学教育的普及过程中，尤王庄一直承担着非常重要的角色。"文化大革命"期间，由于范窖村的地理位置关系，在他们那里办了以治沙为目的的农业高中，尤王庄对此还可以承受，毕竟那是开门办学的产物，更何况办的时间也不长。然而，1988年，全镇五所"联中"合并办学后，各村都结束了办初中的历史，而独有范窖村在几年以后以"北大门"的名义重新开办了初中，尤王庄的孩子开始到范窖村读初中，颇有些不是滋味。1997年，借"普九"之机，范窖村的中学被撤掉了，尤王庄与范窖村在教育方面的差距再次抹平，尤王庄作为本地的集市集散地，重新找回了自信。然而，事隔不到五年，范窖村竟然再次以"北大门"的名义办起了初中，尤王庄人开始越来越难以忍受。论实力，尤王庄历来是该学区的中心，学区小学所在地，1997年"普九"期间作为示范学校是重点建设的，学校征了几十亩地还没有充分利用起来。论道理，尤王庄是该学区的中心，在这里建初中同样可以起到"北大门"的作用，防止生源流失。范窖村的孩子到尤王庄读书与尤王庄孩子到范窖村读书路程是一样的，而其他几个村到尤王庄上学要比去范窖村方便，要少走不少路，少拐几个弯儿。看着各个村庄的孩子从自己的村庄穿过，跑到范窖村读书，让尤王庄的村支书以及各位在村口晒太阳的老人颇感不是滋味，好像尤王庄是被忽视了，或者说是被抛弃了。对于尤王庄小学的校

长和教师来说，也都希望初中能够在本村。对尤王庄小学的校长来说，学校有初中的明显好处是可以兼任中学的校长，待遇要高得多；对于教师来说，如果有初中，评职称也要容易得多，名额相对要多一些。

久而久之，尤王庄有了与范窖村争夺初中办学权的想法。2003年，机会还真的来了。范窖村学校校舍损坏严重，且随着初中班的增加，教室数量严重不足，部分学生将面临无处上课的局面。新世纪以来，随着国家"两基"目标的基本实现，农村危房改造和中小学布局调整的浪潮越来越高涨。根据上级要求，范窖村学校的校舍需要改造，资金缺口较大。为此，范窖村村支书感到不少压力，办学的积极性未免降了下来。尤王庄人了解到这一消息，加紧了争夺办学权的行动。他们以1997年"普九"建起的学区小学为基础，向国家争取资金支持相对比较容易，争取部分资金，村里再集点资，就可以建楼房，改善办学条件，建初中教学点。尤王庄开出的条件比较有诱惑力，镇里基本同意了这个设想。当时的镇文教助理是范窖村的，尽管他不好否定这个决议，但是如果真的要把范窖村的中学迁到尤王庄，在感情上还是不好接受。他担心村里百姓会说：多少年来我们没有把学校办丢了，为什么在你任上竟把学校丢了？在镇里当官也不光彩啊！所以，他还是回村跟村支书商量要设法把学校留下来，并且动员了全村在外地县市工作的成年人，都要回家开会，有钱出钱，有力出力。尽管如此，尤王庄还是有很大优势。然而天有不测风云。恰恰在关键时刻，尤王庄村支书的老婆因为家庭矛盾喝了农药，住院抢救。村支书没有精力参与办学的事，在与范窖村的争夺中丧失了机会，最终还是没有争取过来。范窖村靠村民和在外工作或者打工的年轻人集资改善了办学条件，保留下了学校。尤王庄已经批好的建学校的土地和已经建好的校舍就成了闲置资产。范窖村中学的修建，有大部分需要当地百姓集资。为此，不知是优化了资源、节省了资源，还是浪费了资源。此次调整中，尤王庄占了天时、地利，但缺了人和。范窖村中学仅仅占了人和，在地理位置上，硬生生地造出了所谓"北大门"之说，从而提高了此地办学的必要性。令尤王庄人窝气的事情还在后面。随着初中适龄入学儿童的减少，苏镇各中学的学生人数严重不足。

为了初中不至于太空旷，更为了充分利用初中的优质教育资源，从 2008 年开始，各学区小学的六年级全部转入初中就读。如此一来，尤王庄不仅没有争取到初中的办学权，还丢失了小学六年级办学权。从那以后，小学六年级的学生都需要到范窨村就读。小官庄、前杏村和毛王庄的小学生也要多走几里路穿过尤王庄到范窨村上学，为了走大路，后杏村的许多孩子也有绕道尤王庄的。

（二）村办中学渐失势，彷徨中勉力前行

范窨村中学在长达四十多年的办学期间，教育教学质量较高，多次被评为先进教学单位，尽管历经几次撤并风波，依旧能够立而不倒。目前，该校已发展为一个占地 12 亩，拥有 10 个教学班，在校生 390 人，教职工 34 人的九年一贯制学校，教育教学质量和在校人数与苏镇中学旗鼓相当。然而时过境迁，在各种变数面前，范窨村也渐渐乱了方寸。新任村支书支持学校发展的热情明显降低，村民再也体会不到积极办学的意义。这一时期的重大变数主要有以下几个方面。

1. 乡镇合并，三所中学渐成鼎足之势。2000 年，夏津县撤消了后屯乡建制，其行政村和学校全部并入苏镇，苏镇的行政村增至 54 个，人口 4.8 万人。在宣布的当天，后屯教委和后屯中学的公章就被县里收走，后屯中学除人事、财政等权力归苏镇教育委员会管理以外，其余几乎没有任何改动。后屯中学拥有广泛的生源，在一个乡镇只能办 1～2 所初中的原则下，范窨村中学的发展前景并不乐观。

2. 第四中学撤并，万隆学校尝试办初中。2003 年 3 月，夏津县第四中学因生源问题经县政府批准停办。2004 年，万隆学校出资购买了原第四中学的校产，学校迁至苏镇。由于学校设施相对比较先进，实施寄宿制办学，万隆学校发展非常迅速。曾经尝试办初中班，终因师资力量薄弱，难以招收足够生源而停办。最近几年，万隆学校发展非常迅猛，不能排除他们仍有办初中的可能。倘若万隆真的涉足初中教育，势必会对其他学校形成很大冲击。

3. 县城中学班额过大，第二实验中学千呼万唤未出来。从 2003 年开始，夏津县积极推进公路"村村通"工程，至 2006 年，全县 507 个行政村中已有 502 个村通上了柏油路，占全县村庄的 99%。全县还开通了从乡村到县城的公交车，5 路车以县实验中学为起点可以直达苏镇最北边的北徐庄，极大地方便了苏镇群众出行和子女进城读书。由于进城读书的子女越来越多，县城各中学都大大超过了已有的容纳能力，班额都在七八十人以上，尽管县委、县府已经扩建了第六中学和实验中学，仍不能解决问题。2005 年，在全县工作会议上，县委、县府把建设第二实验中学纳入全县的十件大事来抓。2008 年，县政府第二次常务会议再次明确要加快推进第二实验中学和第二实验小学建设，进一步改善办学条件，减轻城区学校的招生压力。直到目前，关于第二实验中学和第二实验小学兴建的消息仍然沸沸扬扬，但不知什么原因，仍没有动工的迹象，只有房产开发商不时地抛出一些似真似假的消息。

4. 初中生全部进城，农村中学前途未卜。平原县位于德州市中部，与夏津县毗邻，辖 7 镇 3 乡，人口约 45 万。2004 年，该县有农村初级中学 19 所，由于优质教育资源短缺，初中适龄人口下降等原因，农村初中的校舍、师资、教学设施等资源浪费现象非常严重。自 2005 年开始，平原县开始实施"初中生进城"工程，扩建县城现有初中规模，增加县城学校初中学校数量，按照省级规范化学校标准配备师资和教学设备，逐步将乡镇初中学生全部集中到县城读书，实现了全县范围的教育资源整合，平原县的初中教育教学质量也由 2004 年德州市第 9 名跃升为 2009 年第 1 名。夏津县虽然没有明确表明要借鉴平原县教育发展的经验，但是也可以看出，在优化资源配置的前提下，农村初中今后的发展前景不容乐观。

第六章　私立学校的兴起

2003 年 3 月 11 日，夏津县教委召开会议，决定 3 月 12 日停办县第四中学，学校的 30 亩地、教学楼以及其他用房归教育局和县政府所有，责成苏镇教育办公室管理使用并公开拍卖，用于扩大教育规模或者办寄宿制学校，必须保证资产不受损失。学校现有的教职工安置到一中、六中和实验中学，学生分流到周边就读。2004 年，万隆学校出资购买了原第四中学，迁址到苏镇。这一更替，在全国其他地区比较普遍，可能算不上什么大事，但是对于苏镇来说，意义却非同寻常，它标志着苏镇高中教育的结束以及现代私立学校的开始。

一、第四中学：无可奈何花落去

由于城乡差别的二元招生制度，第四中学的没落似乎已成定局，在撤并中并未遇到多少阻力，撤并以后反倒引发了众多伤感。

（一）办学历史及招生制度

夏津县第四中学始建于 1957 年，校址在苏镇，315 省道南侧，初名为"夏津二中"。这是夏津县继 1951 年创办夏津县第一中学后的第二所国办中学，当年招收初中生两个班，约 100 人。1960 年学校改名为"苏留庄中学"，1962 年确定为"夏津县第四中学"。在 1968 年联办中学创办兴起之前，全县仅有 5 所国办中学，除一中在县城外，其余四所均在乡镇，分布比较合理。

随着"联中"数量的增多以及初中毕业生的骤增，国办中学纷纷改为高中。1971 年，夏津县第四中学改为高中。为了响应国家办好重点中学的号召，从 1981 年开始，夏津县一中开始在四中以及其他国办高中抽调师资。1984 年，学校发展为高中班 7 个，学生 262 人，教职员工 39 人。1977 年至 1985 年，共毕业高中生 7 届 1350 人，输送大专、高中中专和"滑翔生"①共计 80 余名。1981 年以后，乡镇中学与县城中学的差距逐渐拉大，招生越来越困难。1982 年，为了保持学校规模，夏津县县第四中学开始招收初中生，成为完全中学。2003 年 3 月，因生源问题，经县政府批准，夏津县第四中学停办。其他几所乡镇中学也都因生源问题纷纷停办或改制。1981 年，夏津县县第三中学改为夏津县县农业技术中学，后来又改为职业高中，1995 年职业高中因生源问题停办，恢复夏津县县第三中学名称。同样，1990 年 9 月，夏津县第二中学停办高中班，将完全中学改为普通初级中学。1996 年，夏津县第五中学停办。2000 年 6 月，经县政府批准，夏津县县第二中学和第三中学改为私立学校。

1968 年至 1976 年，除了 1973 年实行的是推荐加考试的高中招生制度以外，其他年份实行的都是推荐制度，具体做法是：招生学校将招生名额分配到各个公社，由公社负责推荐。在当时，尽管每个公社都有多所联办中学，群众接受高中教育的积极性却并不高，还仅仅停留在"有学上"的层面。苏镇周边乡镇除少数特别优秀者被推荐到县城一中以外，绝大多数希望接受高中教育的都是在第四中学完成的。1978 年恢复高考以后，夏津县第一中学被确定为地区重点学校，面向全县招生，而其他中学则根据学生就近入学的原则，分片招生。

---

① 20 世纪 60 年代中期，为了发展国防事业，培养空军后备力量，我国一些省市相继创办了滑翔学校，专门为航校培养输送飞行学员，实行半军事化管理。学员大多来自农村的初中或者高中，享受一定程度的供给制，对于学员、特别是出生在农村的学员来说，具有很强的诱惑力。"文革"后至 20 世纪 80 年代初，第四中学曾经向国家输送"滑翔生"多名。

校名	校址	规模（班）	其中高中班
一中	夏津镇	24	18
二中	双庙镇	12	6
四中	苏镇	18	6
五中	东李官屯镇	12	6
六中	夏津镇	12	6

图 6.1 夏津县县立高中、完中分布情况（1985 年）

资料来源：德州地区教育志编纂办公室编写．德州地区教育志[M]．天津：南开大学出版社，1996：65

　　重点高中的招生与初中中专同时进行，安排在每年的七月，考前实行预选的办法。首先，县招生办公室根据各乡镇、各中学本年初中毕业生人数及前年录取情况，分配预选指标到各中学或乡镇教育组，让他们自行组织预选考试。其次，各乡镇或各中学将预选通过者名单报县招生办公室，由县招生办公室组织统一考试，由地区或省统一命题。考完之后，县招办将学生成绩上报地区，地区按考生分数排队，夏津县第一中学先录取重点班，接下来是初中中专录取，最后一中再录取普通班。第四中学跟其他三所国办高中一样，在招收高中班学生时，有时采用地区或省统一命题，与初中中专同时进行，也有时自行命题，招考时间略晚于重点高中，自行组织考试和阅卷，录取名单报县文教局审批。

　　在高校扩招之前，能够考上大学的毕竟是少数，从 1985 年到 2003 年，四中共送出本专科生 120 余人。尽管四中跟一中相比无论师资还是生源等方面都有很大的差距，然而由于高中毕业生在参军、就业等方面比初中生有些优势，在生源的数量方面四中还没有受到太大的影响。然而，到了 20 世纪末，高中文凭大大贬值，四中每年能够考入大学的人数非常有限，学校办学举步维艰。2003 年，四中被撤并了，这一最先在乡镇设立也是最后被撤销的乡镇高中的退出，标志着夏津县已经实现了所有的高中生进城读书的愿望。

（二）撤并原因及撤并程序

位于乡镇的第四中学与地处县城的第一中学和第六中学相比，在生源与办学条件方面处于相对弱势的不对等位置上，县城中学的办学条件和升学率相对也要高得多。为了孩子能够有个更好的未来，当地民众都竞相把孩子送到县城的一中读书，即使不能进入一中，进入六中也可，实在不行、最没有希望的才进入第四中学。若不是县教育局把报考一中、六中两所学校未被录取的学生调剂到第四中学，恐怕第四中学早已门可罗雀了。对于讲究实惠的农民来说，很难再找到送孩子进第四中学读书的理由，为了高中毕业证吗？在就业市场上，那张文凭几乎没什么竞争力。

第四中学被撤并的理由其实很简单：招生困难，办学效益差，撤并有利于优化资源配置，提高办学效益。四中被撤并时，固定资产为：土地 32.5 亩，楼房 3120 平方米，平房 170 间。据说，四中撤并时对动产、不动产的分割很清楚，动产归实验小学和教师进修学校，不动产归教育局和县政府。四中的固定资产可以用来扩大教育规模或者办寄宿制学校，在拍卖之前归苏镇教育委员会管理使用。最优秀的教师进入了一中，多数被分到六中和实验中学，个别教师去了实验小学和希望小学，学生转入县城六中和实验中学。

对于第四中学的撤并，四中的师生并没有公开的反对，学生家长也没有公开反对的行为，对一所已经比较失望的学校，多数人已经失去了关注的兴趣。由于学校生源少、欠债多，即使不希望被撤并也不好公然反对。

更何况其中还有些老师希望撤并后进城工作，有些学生也有同样的心情，学校撤并了就可以变成城里的学生，到县城读书。可能感觉损失最大的要算学校周边卖菜的、摆摊的、租房的和开小饭店的，以前都是靠学生过活，现在学生走了，突然之间失去了收入来源。

（三）往事如烟，学子戚戚

有些人以往总盼着学校被撤并，现在真的撤掉了，发现心里还空落落的。拥有时不知道珍惜，一旦失去了，却又倍感失落。学校的美好时光不断涌上四中校友的心头。在百度有个贴吧[①]，四中学子发言上千条，至今仍在不断地跟帖之中，其中不乏对母校的怀念、感激之情，摘抄几段文字如下：

> 四中这个白杨参天，绿柳垂地，梧桐花紫的古朴校园，不管它在人生中给自己的是荣还是辱，毕竟那儿有过飞流的激情，留下了青春的歌声，想起来啊，还是魂牵梦绕啊！

> 少年意气风发，怎奈已添白发。四中刻骨铭心，梦里满树杏花，时间潮起潮落，激情已变夕阳。蓦然回首怀念，垂柳白杨操场，曾望漫天星斗，慨叹人生失常，踏入沧桑世界，才知透支了快乐。

> 想念那里的一草一木，想念那里曾经的人，想念那里曾经的事，想念过去的美好。只能让这美好的回忆残留在自己的一生中，让自己慢慢咀嚼这人生中最美好的时光。

在众多的留言中也有对学校撤并表示遗憾与不满的，还有不明就里痛骂校长"是个败类，竟然把学校卖了"的，也有指责上一届县政府的，认为"修路建校，会得到人民的怀念，卖校者将成为人民的罪人"。当然也不乏直面现实，放眼未来的，诸如：

> 四中的历届校友不会让母校失望。四中的时代已过去，对你的思

---

① 百度贴吧．关于夏津四中[EB/OL]．http://tieba.baidu.com/f?z=175825434&ct=335544320&lm=0&sc=0&rn=30&tn=baiduPostBrowser&word=%CF%C4%BD%F2&pn=0。

念永不断。

放下失去的悲哀，塑造现在的辉煌！

新丰美酒斗十千，四中同学均少年。相逢意气为君饮，系马四中垂柳边。

二、万隆学校：似曾相识燕归来

20 世纪 90 年代以来，随着国家改革开放的深入以及《社会力量办学条例》的实施，夏津县各类社会力量办学机构便如雨后春笋般蓬勃发展起来，办学数量不断增多，办学层次不断提高，涉及特殊教育、幼儿教育、普通教育等各个方面。私立学校在消失了近半个世纪以后，再次萌生出来。在众多的社会力量办学机构中，万隆文武学校以特色立校，不愧为一奇葩。

（一）异地迁入，倾首拭目

万隆学校是经市、县教育行政部门批准建立的民办寄宿制学校，现位于苏镇 315 省道之侧，交通便利。学校现设学前部与小学部，占地 50 亩，建筑面积 7541 平方米，现有教学班 34 个，教职工 110 多人，在校生 1700 多人。在绿树红花的掩映下，在风光旖旎之森林公园的怀抱中，万隆学校犹如春风吹拂之小草，雨露滋润之禾苗，在国家优惠政策的扶持下，更显勃勃生机与无限活力。

万隆学校始建于 1998 年 8 月，原址在县体委院内。初建时共 7 个班，招收小学一年级至初中一年级的学生共 83 人，教师 11 人。2003 年，发展为小学六个年级，初中两个年级，学生 246 人，教师 21 人。2004 年，万隆文武学校出资购买了原夏津县第四中学，学校迁至苏镇。迁来时，仅剩 173 名学生，11 位教职工，没有初中班。关于搬迁的原因，于校长是这样描述的：

原来学校出现危房，要求修复，投入高，修复意义不大。正赶上四中被撤并对外拍卖。于是投资几百万买下四中，都是前两年靠卖棉花做生意挣的钱，投资教育想自己闯闯，感觉自己行，蹲不了底。2004年9月10日，正式迁进夏津四中。当时选择此地主要是因为四中拍卖，很好的学校硬件，投入较少。这一片的苏镇、新盛店镇、雷集镇等都属于大乡镇，人口多，在教育方面属于该县中下游的水平，不用担心生源问题。[①]

于校长身材魁梧，双目炯炯又不失温和，言谈举止透露着精明还有些许儒雅。于校长生于20世纪70年代中后期，年富力强。1997年大学体育专业毕业，分配在县体育局工作。1998年5月，县体育局主任与他人联合创办了一所武术学校，他被借调过去协助工作。该校是夏津县第二家民办学校，办学期间他受到了比较全面的锻炼，为自己独立办学打下了良好基础。2000年，由于该校办学者与投资人发生分歧，学校陷于停顿。无所事事又不希望重返体育局享受清闲的他，随几个人下海做起了棉花生意，两三年下来竟也攒下几百万资金。2003年，体育局决定将学校转出去，他对学校还有不少感情，听说后就用做生意赚取的资金把学校盘了下来。他说："做教育跟做企业不一样。""做生意一年挣几百万容易，做教育不能图挣钱，想挣钱也不投资教育。"

对于新学校的嵌入，各方反应不一。万隆文武学校属于私立学校，直接归县教育局管理，由于私立学校在全县范围内招收生源，不受就近入学的学区限制，势必会对苏镇各学校造成一定压力。然而，苏镇各中小学校在最初并没有感觉到即将到来的压力，对于刚刚迁入的万隆学校没有多少关注，以为仅仅是一所以武术为特色的私立学校，不会有什么威胁。以往在学校周边摆摊卖饭的重新看到了希望，只要有学生，就可以卖东西，更何况文武学校的生源多为外地学生，需要寄宿，这更给当地百姓提供了不少商机。利益影响最大的要算苏镇教育委员会，如果没有万隆学校的介入，第四中学属于教育系统的国有资产，苏镇教育委员会拥有最直接的使用权，

---

① 2009年8月31日，访谈记录。

可以通过置换等方式改善苏镇的办学条件。然而，现在不仅不能使用那些资产，反而给当地办学带来了不少压力。

（二）生存环境，喜忧参半

作为一所位于乡镇的学校，既要处理好与县政府各部门的关系，还要处理好与属地政府和属地学校管理委员会的关系。对此，于校长深有感触："哪个部门处理不好，都很难生存。"所幸的是，于校长曾经在县体育局工作过，对于政府部门的各种关系处理起来还算顺手，按照"谁审批，谁管理，谁负责"的原则，万隆学校应该归属体育局和教育局管理，这也使他不受苏镇学校管理委员会的束缚，对于学校的发展自然也是比较有利的一件事。对此，苏镇学校管理委员会苏副主任说："上面一直强调说要属地管理，叫我们管理，一旦出了问题就要负责，我们没有什么好处，也就一直没管。"也正因为如此，万隆学校没有受到地方行政部门的牵制，获得了与地方其他学校公平竞争的机会。据了解，在其他不少地区的乡镇，中心学校设置有专门机构或者指定有专门人员负责民办学校的日常管理，包括教学管理、学籍管理、招生管理、教师管理、安全管理、收费管理，等等。中心学校要把民办学校和公办学校放在同等重要的位置上，辖区内的民办学校需要及时参加中心学校的会议等。尽管有着一视同仁的规定，民办学校的发展也很容易受到中心学校的牵制，难以展开公平的竞争。与此比较起来，万隆学校算是幸运多了。

然而，万隆学校的生存与发展环境也不尽如人意。由于学校地处乡镇，在招聘教师时，往往处于不利地位，许多人一听说学校位于乡镇就放弃了应聘意向。即使在岗的教师也存在返城的想法或者已在县城安了家，有不少教师都是每天往返于县城和乡镇之间，甚至有老师为了图方便或节约公交车费，竟然骑电动车上下班，存在不少安全隐患。让于校长仍然一直揪心的问题是，政府一直不给民办学校教师落实养老保险问题，他们学校的教师可以交劳动失业险，跟工人一样，不属于事业编制，跟公办学校教师享受的不是一样的待遇，显然具有歧视性。为此，他多次交涉，均无结果。

目前，学校把这一部分钱直接发给了教师，让教师自己决定交还是不交。再有就是因为是民办学校，县教育局组织的很多活动，比如评选优质课、优秀教师等，万隆学校都没有指标，甚至根本收不到任何通知。由于省内又缺少类似民办教育协会的组织，所以他们也缺少可以交流与求助的对象。从学校经营方面来讲，目前公办学校逐渐从低收费走向了全免费，而民办学校仍然要通过收费来维持生存，万隆学校主要通过给学生提供一种可选择性的优惠（如提供午餐、寄宿或校车接送等）来获得与公办学校相比而言比较微弱的优势。

（三）特色办学，迅速崛起

办学特色是学校生存与发展的生命力，是学校办学实力与社会声誉的综合体现。自学校创办以来，万隆人栉风沐雨，勇于创新，始终坚持以特色立校，以特色求生存，不断完善办学体系。如今，万隆学校作为夏津县民办学校的一颗璀璨明珠，正在以其"高品位、高质量、高效益"而日益赢得学生、家长及社会的广泛信任。

1. 办学理念：以德立校，特色兴校

学校不仅仅是传授知识的场所，也是学生成长的场所，在传授知识的过程中，更应该教会学生做人做事，培养学生积极向上的品质，为学生的美好明天做准备。基于以上对学校的朴素理解，万隆学校在建校伊始就将"以德立校、特色兴校"确定为学校的办学理念。万隆学校创办于世纪之交的社会剧烈转型期，在学校教育中存在明显的"以占有知识"、"片面强调升学率"为目标的功利化取向。在"办什么样的学校，培养什么样的人"的问题上，以于校长为首的万隆人时刻保持清醒的认识：培养学生应该以德为本，不能仅仅局限于发展学生的智力，更不能片面地追求升学率，应该注重素质教育，为学生的终生发展奠定基础。

为了给学生全面发展创造良好的环境，学校投资兴建了符合国家标准的大型体育场、训练场、多媒体教室、语音教室、微机室、医务室、学生餐厅、洗澡间和洗衣房等，教室与师生宿舍均安装了空调。为方便学生上学，学校还专门配备了校车。为了贯彻素质教育方针，学校开设了武术、跆拳道、书法、美术、舞蹈等特色科目，并组建开设了各种特长班，帮助学生成立了各种社团，借此拓展学生素质，弘扬传统文化。学校引进外籍教师教学生口语，与淄博启智珠心算学校合作，成立淄博启智珠心算试验园，还携手清华大学附属中小学网校，共享优质教育资源。为了提高学生学习英语的兴趣，享受城市孩子接受教育的方式方法，2007年，万隆学校与青岛海尔合作举办夏令营等活动，为孩子学好英语、了解城市生活创造了有利条件。

2．学校管理：科学规范，以人为本

与公办学校相比，民办学校面临着巨大的生存压力，办得好就能生存，就能发展，办得不好，就会被淘汰。要办好学校，关键是科学规范的管理。于校长深知"没有规矩不成方圆"，建校伊始，就聘请了一批有能力、有魄力、有远见卓识、富有管理经验的人组成领导班子，聘请原教育局孙书记主持日常教学工作。孙书记经验丰富、管理严格、各项工作有条不紊，并然有序。为了严明纪律，加强管理，确保各项工作的正常进行，学校积极修订完善各项规章制度，并组织师生定期学习。最近一段时间，学校刚刚制订并在全校职工大会上通过了新修订的教职工考勤制度与绩效工资分配暂行办法。

学校的发展要靠教师，严格规章制度不是简单地对教师进行管束，而是在规范教师行为的基础上促进教师更好、更快地发展。以人为本不能仅仅停留在对教师的关心与尊重上，还体现在对教师的发展与支持上。为了调动教职员工的积极性，于校长努力改善教师办公、生活条件，为教师的健身、休闲、家庭、事业等创造条件。在学校管理过程中，学校始终坚持以人为本，定期召开校务委员会和教职工大会，共商学校发展大计，与教职员工共同制订各项规章制度和教学计划。

3．师资队伍：年富力强，积极进取

好的学校不仅要培养优秀的学生，还要能够培养优秀的教师。在学校创办的初期阶段，由于办学困难，不可能高薪聘请所需的所有优秀教师，更多地需要自己培养。在资金有限的情况下，万隆学校聘请了一批富有教学经验的中老年教师前来任教，这批教师事业心强，有责任感，乐于奉献，逐渐成为学校的业务骨干和学科带头人。为了提升教师队伍的活力与朝气，万隆学校还积极聘请中青年教师，逐步优化教师队伍的年龄结构和职称、学历结构，逐渐形成老中青年教师齐头并进、优势互补、共同发展的良好局面。学校经常组织听评课活动，积极组织教师从事教学科研，教师们经常就实践工作中出现的问题进行讨论，探索教育教学规律，寻求解决办法，互助合作气氛甚浓。全校教师在"学洋思经验，创万隆品牌"的理念指引下，教育教学水平和教学质量稳步提高。2006年，于秀娟老师的论文《每节课都让学生"醉"一次》获山东省教育教学"百佳"论文一等奖。

4. 育人目标：强调素质，着眼未来

进入新世纪以来，国家实现"两基"发展目标的伟大战略基本实现，高等教育也逐步走入大众化，教育的国际化程度越来越高，在这种背景下，发展民办教育不能仅仅如20世纪一样着眼于弥补公办教育的不足，而应该立足于人的培养，以特色制胜。学校创办之初，于校长就明确提出，要着眼于学生的全面发展，狠抓素质教育。在这一根本思路指导之下，学校不断细化自己的育人目标，广泛开设各种课程，不断拓展学生素质，着眼于培养学生的动手能力、做事能力和处理问题的能力，注重培养学生的自理能力、合作精神和集体精神。学校开设了武术、跆拳道、书法、美术、舞蹈科目，组建了军乐队、合唱团、扬帆文学社等，积极开展丰富多彩的文体活动，让学生学有所长，为将来的进一步深造和日后成才打下了坚实的基础。

好的开端是成功的一半，万隆学校非常重视学前教育阶段学生素质的开发，专门聘请大批正规专业学校毕业的幼儿教师担任附属幼儿园教师，不断引进优质教育资源。2005年与淄博市启智珠心算学校合作成立夏津分校，开发幼儿智力。2007年又与青岛海尔合作，为儿童创造良好的学习英语的环境。功夫不负有心人。万隆学校逐渐形成了"以武术教学为特色，体育精神见长，基础知识扎实"的教学风格，社会声誉与日俱增。万隆学校送出的毕业生涌现出一批在国内外竞赛中获得奖项的杰出青少年。2002年，学生靳祖涛打破山东省跳远最高记录并以 8.03 米的优异成绩取得山东省第二十一届省运会冠军，2005 年取得全国田径锦标赛第二名。2003 年，王钊鹏取得全国赛艇锦标赛冠军。2005 年，王保涛代表山东省参加全国第十届运动会取得赛艇第三名，2007 年代表中国参加亚洲赛艇获得冠军。2006 年孔伟良考入北京体育大学。

5. 保障措施：细致全面，润物无声

良好的育人环境是学生成长的摇篮，地处乡镇的万隆学校也非常注重校园环境建设。走进校门，首先映入眼帘的是太湖石做成的假山镶嵌在正对门的园中，假山前是一旗杆，鲜艳的五星红旗迎风飘扬。假山后是一幢四层的教学楼，铝合金门窗宽敞明亮，楼内走廊墙壁上悬挂着优秀教师头像、名人画像以及学生的优秀作品；校园内砖砌的林荫小路干净而平整；宿舍门前冬青苍翠，花草葱茏；宿舍内安装有冷暖空调，冬暖夏凉，衣物摆放整洁干净；学生餐厅统一餐具，统一消毒，清洁卫生；学生上体育课、做课间操、玩耍嬉戏的操场周边，杨柳依依，树木繁茂。

作为寄宿制学校，为了使家长和社会放心，学校非常关注师生的安全与饮食。学校始终把安全问题放在第一位，杜绝安全隐患，采取封闭式管理，学生出校门必须有班主任签字。学校经常对学生进行安全教育，要求学生不做剧烈运动，不做危险游戏，上下楼遵守安全秩序，住校生午休、晚休均有多名教师值班巡查。不仅如此，学校还为每个学生投了人身保险，以防不测。在饮食方面，学校领导考虑得更加周到，2008 年建立了绿色无公害蔬菜基地，专供学校师生用菜，并严格控制面粉、牛奶、香肠等食品的进货渠道。学校厨房聘请多名高级厨师，注重营养搭配，讲究科学饮食，确保学生吃出营养，吃出健康，让每一位学生家长放心满意。

为了便于因材施教，让教师照顾到每一个孩子，万隆学校一直实行小班化管理。老师把每个孩子的冷暖放在心上，根据天气的变化，随时给孩子增减衣服。每个教室都有保温桶，保证学生都能喝上充足的开水。学校还为低年级学生配备了有爱心的专职生活老师，负责照顾他们的饮食起居，让孩子们享受家庭慈母般的关怀。考虑到离家较远的孩子，父母大多工作繁忙接送困难，学校专门配备了校车，为学生和家长提供了更贴心的服务。为了鼓励学生努力学习，早日成为国家栋梁之才，学校还实行奖学金制度，对品学兼优和家庭困难学生实行奖励和补助，四年来，共资助有实际困难学生 300 人次，资金达 10 万余元。

在学校领导及全体师生的共同努力下，仅仅几年时间，万隆学校就取得了优异的成绩，获得了上级领导以及社会各界的广泛认可，在苏镇站稳了脚跟。2007 年万隆学校被县政府评为"振兴夏津体育突出贡献单位"，同年，被授予夏津县"青年文明号"称号。2008 年又被共青团夏津县直属机关委员会评为"红旗团支部"。"桃李无言，下自成蹊。"万隆学校良好的育人环境、优质的教育服务和优异的教育成绩，吸引了方圆几十公里的学生前来就读，慕名而来的学生络绎不绝。

三、校地关系：鲶入鱼群起波澜

万隆学校的嵌入，对于苏镇其他学校来说无异于一条鲶鱼，搅得各个学校纷纷自危。要么坐以待毙，要么改善管理，要么联合起来，一场针对万隆学校的竞争自此展开，苏镇各个学校的生源、师资、学校管理、办学规模等都发生了剧烈变化。

（一）生源竞争更加激烈

万隆学校主要在全县范围内招生，还有少数其他县市慕名而来的学生。2004 年，万隆学校刚迁至苏镇时，仅有学生 173 人；2005 年学生达到 400 多人；2006 年 800 多人；2007 年小学人数有所下降，为 700 多人；2008 年再次达到 800 多人；2009 年增加至 900 多人；2010 年小学人数突破 1200 人。据 2009 年统计，该校学生来自全县 12 个乡镇中的 9 个乡镇，遍及全县 75%的地区。在各乡镇中，苏镇的生源最多，据于校长估计约占四分之一左右，然而在后来的谈话中，发现这一估计可能有些保守。

　　由于万隆学校与苏镇中心小学同处一个学区，都位于镇上，为了尽可能避免生源的直接冲突，万隆学校原则上不接收镇上的学生，尽管如此，还是有不少家长托关系要把孩子送进万隆学校。目前，镇上在万隆学校的学生大概在四五十人，每班有七八人左右。

　　受万隆学校影响最大的当属大兴村，大兴村距离万隆学校最近，人口在 1800 人以上，维持一个村小本不是一件难事，然而由于历史原因以及村小也不能采取足够的措施吸引本村学生，故而村小仅剩十几位学生，目前已经难以为继。按距离来说，尽管范窑村距离镇上最远，由于小学教学质量较高，却很少有学生到万隆读书。尽管尤王庄也有学区小学，然而由于尤王庄有位姓王的老教师在万隆学校兼职做数学教师，不少尤王庄儿童选择了到万隆上学。毛王庄村也有教师在万隆任教，在这里读书的学生也不在少数。

　　万隆学校在生源竞争方面之所以越来越占有绝对优势，原因是多方面的。首先，万隆学校的硬件设施好，有楼房、多媒体教室、餐厅、洗澡间、洗衣房、冷暖空调、校车，等等。其次，服务好，教学质量高，家长省心、放心。万隆学校有专门的生活老师照顾学生的生活起居，有校车接送学生，节省了家长时间。相反，镇中心小学连午饭都不提供，如果能够提供午餐，竞争力要好得多。再次，学生小学毕业后可以比较容易地进入县城各知名中学。万隆学校在办学的最初几年，跟县实验中学合作比较多，都是寄宿制学校，管理模式差不多，学生多进入实验中学，表现都很出色。2010 年，万隆小学毕业生共 170 名学生。县教育局招收其中的 100 多个，分到了实验中学和第六中学初中部。后来第六中学又额外要了 20 多名学生，还剩下40 多个未能进入县城各中学。于校长建议这些孩子的家长送子女到苏镇或其他乡镇中学读书，家长们多不愿意，并且说如果不能进入县城读书，万隆学校自己办初中，让孩子继续在万隆读书也好。目前，于校长已经在考虑办初中班的问题。第四，积极主动地宣传招生策略。万隆学校在招生方面比苏镇的公立学校更注重宣传，更注重发挥主动性。他们会发动学校的所有教师、学生以及学生家长帮助学校宣传，让更多的学生选择万隆学校。

位于县城的第六中学虽然也是公立学校，并且教育教学质量都很优秀，近年来也开始采取积极招生的策略。2010 年，县第六中学的张校长以本镇人身份的便利，带领一位老师专门负责苏镇优秀学生的筛选，走村穿巷，仅万隆学校的优秀小学毕业生就被挖去了 20 多名。据万隆学校于校长说，去年有位叫王兆敏的学生本来确定要去实验中学读书，刚收到通知后的第二天，第六中学的老师就跑到他的家里做工作，动员他们到六中读书。

苏镇各公立中小学无论在硬件设施还是软件服务方面，都很难与万隆学校相比。在生源竞争方面，除了抱怨以外，很少采取有效的得力措施，更多地采用了"围堵"办法，限制孩子进入万隆学校。苏镇某位教育行政领导认为，万隆学校为了确保孩子的安全，经常让孩子待在教室里，限制孩子自由行动，对孩子成长不利；另外，为了取悦家长，对孩子奖励多，批评少；甚至故意给孩子较高的分数，孩子升入初中或高中后，往往后劲不足。还有不少教育行政领导认为，家长将孩子送进万隆学校是贪图省心、对孩子不负责任的做法，他们也会利用尽可能的机会做家长的思想工作，希望他们都能把孩子送到公立学校。

（二）师资流动日益频繁

20 世纪 90 年代末至 2001 年前后，苏镇周边各县市私立学校发展迅速。这一时期，由于公办学校教师待遇低且工资发放不及时，不少公办教师不满意原来学校的较低薪水，转向了基础设施较好、教育环境优美、教育方法灵活的私立学校，还有不少应届本专科毕业生加入。2004 年，万隆学校迁至苏镇后，公办学校教师的工资待遇有了提高，且不再被拖欠，民办学校教师越来越缺乏吸引力。2005 年时，于校长亲自到德州师范专科学校宣讲，希望能够招聘到比较优秀的大学毕业生，但许多学子一听说是民办学校，并且在镇上，都望而却步了。近两年，学校有了些名气，逐步提高了教师待遇，才开始招进并大胆起用了一些年轻教师，新的中坚骨干力量正在形成，逐步改变了原来以老年退休教师和新毕业无经验教师为主的现象。

苏镇中心小学的师资状况，在年龄结构和学历结构方面要略优于万隆学校。1995年之前，苏镇各中小学教师的工资还有保证，基本都能按时发放。从1996年开始，由于"普九"欠债，工资开始出现拖欠。并且与县城教师的工资逐步拉开差距，同样级别的教师要相差300元左右。长期以来实行的"分级办学，分级管理"的教育体制，使得乡镇能够获得的国家资源非常有限，大部分被县、市截留，重点投资到示范学校和直属学校上。城乡教师工资差距以及发展机会的不同，促使年轻有能力的教师纷纷想尽办法向城市学校集中。

虽然这两年国家进行了工资改革，农村教师与城市教师的收入已经相差无几，但是仍然不能保证留住优秀教师。农村与县城相比，无论在消费、娱乐，还是交通等各个方面都远远不及，年轻教师在农村找对象谈朋友都困难。于校长说："我给1300元工资，他们不在我这里，而是愿意去县城挣400元，为什么呢？因为县城地面大，接触的人多，容易找个好婆家。"近年来，国家对农村学校聘用教师实行优惠政策，比如"新进教师必须先到农村学校工作三年"的政策，对农村教育并没有带来多少实质变化，倒是这些刚毕业的年轻教师到基层锻炼了几年，刚要成长为教学骨干，就被城市学校挖走或者另谋高就，留给农村学校和农村孩子的仍旧是一种伤痛。在农村生活条件远远低于县城的情况下，依靠就业合同让年轻教师到农村任教，只能是一种约束。在他们看来，这是被迫或者一种过渡，一旦时机成熟，还是要选择进城的。

尽管农村生活条件短期内无法跟县城相媲美，然而由于交通条件日益改善，逐渐出现了一种乡镇教师往返于县城和乡镇之间的现象。万隆中学为了便于照顾学生，需要教师值班。前几年，年轻教师两三周才能回县城一次，耽误了跟县城朋友的交往，意见很大，人心思动。近来，学校试行教师轮流值班制度，并不断扩充师资队伍，以便教师有更多的时间可以往返于县城和乡镇之间。近年来，买私家车的教师越来越多，他们通常白天在乡镇学校上班，晚上和周末去县城休息。为了提高教师的工作积极性，方便教师上下班，万隆学校和苏镇中学都在酝酿开通直达县城的班车。如此一来，在城乡工资相差不多，交通条件越来越便利的情况下，不少优秀教师已经可以接受在乡镇工作。如果适当给予教师交通补贴或者额外津贴予以支持农村教育的话，应该可以吸引优秀教师到农村任教。

尽管村小教学点的教学环境与乡镇小学和县城小学的环境相差甚远，还是有不少教师选择了坚守。教学点的教师多为民办教师转正，主要是本村人，边教学边下地干活。尤其是农忙时，不仅随意调课或者安排学生上自习，甚者还有教师安排学生去帮忙摘辣椒、捡花生等。尽管教学点师资素质不高，但在全镇评比时却经常有教学点教学情况好过学区小学或者中心小学的情况。对此，万隆学校于校长给出了一个解释：假如教学点有 12 个学生，可以有 10%的名额不参与评比，剩 10 个学生，教学点还可能藏起 2 个学生，用最优秀的 8 个学生跟乡镇学校一个班所有的几十个学生评比，肯定是有优势的。于校长举的这个例子并不一定恰当，但是他提供了一个信息，就是在评比中由于信息缺乏或者监管不严，教学点的教师更容易做手脚。北徐庄教学点只有一二两个年级。有一年，一年级没有招到学生，若二年级走了就无学生可教。若教学点被撤销，教师要么退休，要么转到其他教学点。为此，该教学点的教师竟然做学生的工作，让他们选择留级，从而保下了教学点。

（三）学区规模明显缩水

在万隆学校没有迁入苏镇之前，公办学校处于绝对垄断地位，由于到县城读书成本太高，多数家长没有举家搬迁陪孩子进城读书的能力，过早地送孩子进城寄宿又不放心，只好选择就近入学。万隆学校的迅猛发展，对苏镇及周边小学产生了巨大影响，各村选择到万隆读书的适龄儿童越来越多，村小生源迅速缩小，学区小学也难以为继，公办学校教师都感受到了前所未有的压力。

2004 年，万隆学校刚迁来苏镇时，于校长就对当地的学生家长说："你把孩子送到我们学校，你是受益者，不送来也是受益者。"万隆学校打破了公立学校的垄断地位，给家长和学生多了一种选择。从而，也逼迫着当地的公立学校改善办学条件和教育教学质量。近年来，各学区小学都加强了管理，老师也逐渐摆脱了原来的懒散状态，变得日益紧张起来。有些老师不适应，开始排挤、压制万隆学校的发展。

苏镇有八所完全小学，规模都很小，由于布点分散难以集中优势资源，办学条件与万隆学校相差很远，即使中心小学也不能对万隆构成威胁。不仅如此，即使周边各乡镇也没有学校能够与之争锋，甚至某乡镇教育行政部门也败在了万隆手下。有一年，香赵镇学校管理委员会给学生家长发了一份传单，指斥私立学校的弊端，认为某些家长把孩子送进私立学校是对子女不负责任的做法，企图以此阻止学生流失到万隆学校。结果不但没有阻止家长选择万隆学校，反而降低了教育行政部门在当地群众中的威信。

不可否认，最初有些家长把孩子送进万隆学校，确实有贪图省心的意思，但后来还是认可了万隆学校的教育质量，而那些把孩子交给公立学校的家长却越来越表现出对学校的失望。香赵镇的那次公开针对民办学校的做法，很快就不攻自破了。除了公开的行政部门干预以外，更多的是公办学校教师自发地劝学生及其家长不要去民办学校，理由多是："孩子小，不适合寄宿"、"民办学校成绩不真实"、"对孩子成长不利"等，还有谣言中伤，甚至在人民币上写"万隆学校乱收费"的字样，希望以此打击万隆学校的声望。

最近两年，针对万隆学校的谣言和攻击越来越少了，当地百姓普遍都认可了万隆学校的教学质量，一般的谣言都很难再起作用。尽管万隆学校每年要收 1000 多元的学费，而在当地的公立学校读书是不收学费的，还是有越来越多的家长把孩子送进万隆学校读书。在各学区小学生源日益不足的情况下，万隆却出现了生源爆满的情况，这也说明了良好的教育质量还是留住生源的重要因素。

（四）公办初中压力日增

根据《山东省教育厅关于印发〈山东省普通中小学基本办学条件标准（试行〉〉的通知》(鲁教基字〔2008〕15 号)：学校设置要本着相对集中、优化配置、注重规模效益的原则合理规划。原则上，农村 5 万人口以上的乡镇，可以设 1～2 所初中，5 万人口以下的设 1 所初中。对此，夏津县教育局王副局长认为，苏镇仅 5.1 万人口，刚好过 5 万人口的线，勉强可以办两所初中。这两年，初中在校生人数很少，赶上了低谷，建两所中学，有些浪费。如果正常年份，苏镇 5.1 万人口，每年应该有六七百名适龄入学儿童，刚好可以维持两所初级中学各 18 个班的规模。

现在苏镇共有 3 所中学，苏镇中学、范窖村中学和后屯中学。范窖村中学和后屯中学都是苏镇中学的教学点，受后者管辖。后屯中学即原来的后屯乡中学，自后屯乡撤销并入苏镇后，后屯中学就日益衰落，为了不至于太冷清，2006 年，后屯中学与后屯小学合并，后屯小学迁入后屯中学校内，虽然牌子仍然是后屯中学，但学生却基本上都是小学生了，2009～2010 学年度全校只有 7 名初三年级毕业生，而各科教师就有 9 名，被当地传为笑谈。范窖村中学作为苏镇的"北大门"，屡次撤并都未成功，但近年来发展后劲已明显乏力。在 20 世纪 80 年代，苏镇中学办学质量较高，在全县 20 个乡镇中排在前五名，当时后屯乡的许多学生都到苏镇中学读书，1984 年约占在校生的三分之一。只要苏镇中学的办学质量提高了，后屯中学的学生是可以接受到苏镇中学读书的，更何况现在乡镇已经合并，本属一家了。如果后屯中学都能合并进来，范窖村也就缺少了继续存在下去的理由，完全可以整合在一起。

2005 年，万隆学校曾经尝试办初中，最终因为师资力量以及生源不足而停办。根据现在小学在校生数推测，三四年后苏镇初中适龄儿童将达到 20 世纪 80 年代中后期的规模，到 2012 年，全县小学毕业生的规模将达到 7000 人以上，按照现有第六中学和实验中学以及即将修建的第二实验中学的办学规模，应该有一半左右的学生需要在乡镇读初中，这一情况将大大缓解目前的生源危机。对于目前的乡镇中学来说，是件好事，不用担心生源的数量了，但是生源的质量却不敢保证。因为，无论是否实行就近入学的政策，都难以阻止最优秀的学生向县城各中学流动。

2010 年，万隆学校小学六年级 173 名毕业生中，有 40 多位学生不能进入县城读书。在访谈中，可以感受到于校长办初中的决心，今年办不成，明年也一定要办。一旦办了初中，万隆跟县城各中学的关系将不再是单纯的合作关系，而会掺杂进更多的竞争因素。相信他们也会尽可能地做学生的工作，留下一批学习成绩优秀的学生，不可能把最好的学生全部送进县城各中学。当然他们的竞争对手更多地会是苏镇以及苏镇周边各乡镇的大约十几所中学，那些规模较小的初级中学将面临来自县城和私立学校的双重压力，如果要想留住优秀学生势必会更加困难。

第七章　目标、逻辑与布局

清末民初以来，在我国摆脱殖民统治，逐步迈向现代化的不同阶段，教育被寄予了不同的期望。无论中央、地方还是村民，都从自己的目标和当时当地的实际情况出发，对教育寄予了不同的期望，各自展开了有利于自身目标实现的行动逻辑，从而导致学校布局在神州大地上发生了有一定规律性的变化。

一、新旧体制更替

清朝末年，中国社会发生了千年未有之大变局，传统价值观念和私塾教育受到越来越严厉的质疑和挑战。新式学校首先从东部沿海城市发展起来，逐步向内地和农村扩展，经历民国时期的几次调整，新式学校最终在新中国成立以后完全取代私塾。

（一）目标与逻辑：破旧立新，加强控制与乱世求生

新式学堂取代旧式私塾需要一个逐步被认识的过程。农民群众的认识有一定的滞后性，中央政府是破旧立新的重要推动者，地方军阀则利用新式学校的形式加强了对地方政权的控制。

1. 中央政府：破旧立新，督办新式学校，希冀教育救国

清末民初以来，无论洋务派、维新派还是革命派，都充分认识到了西

方新式教育的重要性。首先是洋务派为了满足近代军事工业的需要，创办了京师同文馆、福建船政学堂、天津电报学堂等三四十所西式学堂，从而打破了儒家传统教育一统天下的局面，揭开了近代学校变革的序幕。随后，维新派在戊戌变法中，提出了"废科举，兴新学"的主张。这次变法尽管失败了，却动摇了科举考试的基础。1902年，清政府颁布了《钦定学堂章程》，第二年又颁布了《奏定学堂章程》，开始以国家的力量进行新的学制改革。尽管新学制经常被批评为"形新质旧"，然而由于科举制的废除，塾生丧失了向社会上层流动的路径，私塾生源大大减少，一些童生和秀才也开始被城市的新式学堂挖走，私塾的生存空间日益缩小。辛亥革命以后，无论是南京临时政府、北洋军阀政府还是南京国民政府，不管是学习东洋日本还是效法西洋欧美，限制或取缔私塾、创建新式学校、普及初等教育的发展思路还是被沿袭了下来，新式学校逐步从沿海城市向内陆农村扩展。1912年，作为南京临时政府教育总长的蔡元培发表了著名的《对于新教育之意见》，指出清末的教育宗旨有诸多不适应于民国，认为在当时国贫民困的情况下，应该坚持"五育"并举，以养成共和国健全之人格。[①]1912年9月，南京临时政府公布了《壬子学制》，随后直到1913年8月又陆续颁布了一系列学校规程，综合成一套完整的学制系统，被称为《壬子癸丑学制》。该学制分三段四级，儿童从六岁入学到二十三四岁大学毕业，整个学程为17年或18年。其中初等教育分为两级，初等小学4年，为义务教育，毕业后可以升入高等小学校或乙种实业学校，高等小学校学制3年。[②]新学制颁布后，国家又出台相关政策抑制、改造私塾，对于不符合要求者予以取缔。20世纪30年代，南京国民政府还颁布了《小学法》、《中学法》以及《改良私塾办法》，大刀阔斧地对私塾教育进行改革，推广新式教育，然而，由于战事频繁，国民政府的影响力难以波及农村，新式教育的推广效果并不理想。

---

① 孙培青. 中国教育管理史[M]. 北京：人民教育出版社，1996：426
② 孙培青. 中国教育管理史[M]. 北京：人民教育出版社，1996：445

2．地方军阀：巩固统治，借新式学校之名，行控制群众之实

鸦片战争以来，清朝中央政府的权力日渐衰微，而地方政府的权力则日渐膨胀。在对付以太平天国为首的农民起义以及西方列强的军事侵略过程中，清王朝的军权、财权以及用人权逐步转移到地方督抚手中。1911年辛亥革命以后，袁世凯窃取了革命果实，试图削弱地方督抚权力，加强中央集权，遭到了地方势力的抵制，最终陷入地方军阀割据的混乱局面。

各地军阀为了延续并壮大自己的统治，纷纷设法加强对农民的控制，其中最有成效的当属桂系进行的"三位一体"乡村政权改革，"国民基础学校"可以说是桂系利用学校组织控制群众的一大创造。以李宗仁、白崇禧为首的桂系军阀构建了集"乡村政府"、"民团"和"国民基础学校"三位一体的乡村政权，将乡村武装和乡村学校统一于行政网络之中，这种学校的功能并不在于教人识字或者算术，而主要在于将农民组织在学校这么一种形式中，进行某种意识形态的灌输或教育。尽管桂系的做法扩大了行政体系及其开支，却因为能够比较有效地把农民组织起来，减少了中间环节的腐败，也确实大大提高了行政效率，取得了较好的治理效果。[①]

3．农民群众：乱世求生，衷心私塾教育，希望学有所用

在封建社会，科举取仕的观念深入人心，人们通常都很在意自己及家族的社会声誉。根据杨懋春在《一个中大郭庄庄：山东台头》中的论述，中国传统家庭都很看重声誉，希望家庭受到邻居或更大范围人们的羡慕并被经常提起，这是中上等家庭骄傲的巨大源泉。一般来说，获取家庭声誉的途径有五种：官位、科举、财富、德行和神祇。其中，科举是给家庭带来社会声誉的重要途径之一，很是一件光宗耀祖的事情。在以前，如果家中有人通过了初级科举考试，人们就把这个家庭称为"秀才家"；如果继续深造，考中了举人，人们会在他家门口竖立一根旗杆，尊为"旗杆之家"；如果一个家庭拥有大量的土地并有许多卖力种田的儿子，同时又有一些科举成就，那就是农村的理想家庭，被称为"耕读之家"。当时，考中了秀才

---

① 张鸣. 乡村社会权利和文化结构的变迁[M]. 西安：陕西人民出版社，2008：70～81

或举人，都会有一些特殊的社会礼遇使其不同于乡间平民百姓，这种高高在上的社会地位和社会声誉，使得他们有一种自我满足感，对于农村子弟是一种强大的精神激励。①

在欧风美雨的浸润下，一些国人开始艳羡西方国家的先进文明。然而即便是在洋务运动盛行、晚清政府摇摇欲坠的年代，人们仍然恪守着传统观念。熟读四书五经，考取功名、光宗耀祖仍是大多数人追求的理想，通过接受新式教育以获取向上发展的机会仍然没有被社会认可。从1872年至1874年，清政府分三批送出中国120名官派留学生，尽管这些幼童在洋务派眼中担负着大清王朝的重任，然而，不到迫不得已人们是不愿意送自己的孩子到国外读书的，传统的士大夫家庭则无论如何也不愿将子弟推向此途。②直到20世纪初，不少留学欧美的学生归国被委以重任以后，人们才逐渐认识到接受新式教育也是步入仕途，实现向上升迁的途径。新式学堂很快在城市广泛开设，成为城市居民子弟得以向社会上层流动的主要阶梯之一。在广大的农村地区，一方面因为民众对新式教育尚缺乏足够的认识，看不到新教育体制对于家庭和个人发展的意义，对于新式学校尚一直保持怀疑和观望的态度。另一方面，农村地区往往也缺少兴建学堂的经费和聘请优秀师资的能力。不少农村地区根据行政指令因陋就简创办的新式学堂根本无法与城市学堂竞争，他们培养的学生进不能跟城市学生一样享受同等机会的向上升迁，退不能适应民间社会日常生活，也不能很好地从事稼穑。通过接受新式教育实现向社会上层的流动，是一种投资较高、见效较慢的形式，对于绝大多数农民来说，未免过于遥远和不切实际，他们所真正期望的主要是能够在乱世之中生存下去，保护自己及其家人免受战乱伤害。因此，这一时期虽有政府和志士仁人的大力推动，新式学校的普及仍然非常缓慢。

在军阀混战和抗日战争的动乱年代，无论私塾还是新式学校都很难给

---

① 〔美〕杨懋春著. 张雄等译. 一个中国村庄：山东台头[M]. 南京：江苏人民出版社，2001：52~55

② 120个首批留学美国的中国幼童[EB/OL]. http://www.univs.cn/newweb/channels/bbs/2006-08-30/658451.html。

农民提供向上流动的渠道。正式渠道不通，便有不少冒险者转向了会道门，开始求助于武力来实现向社会上层的升迁。1949年前，夏津县会道门很多，其中规模最大的是黄沙会，其中心就在苏镇大兴。黄沙会一度组建了200余人的武装队伍，拥有十余匹马、几十辆自行车、两挺土造轻机枪。会首孙玉东发迹后，大兴土木，修建了大片房屋，拥有几百亩土地，骡马成群，长工、佣人、侍女几十人。①多数农民有自知之明，不再关注功名，而更多地关心是否能够通过接受教育得到实惠或者某些方面的改善。在农民眼中，新式学校仅仅是取代私塾选拔人才的一种方式，而没有培养农村所需人才的功能。传统私塾在培养农村所需人才方面，比如传授农村风俗所需要的礼仪（婚丧嫁娶、拜寿上坟、年节祭祀中的规矩），培养能识文断字、会写信、会写对联等对当地农民有用的人，由于比较贴近当地农民实际，能够帮助他们读懂官府的告示以及税收的传票，明白自己应该缴纳的钱粮，不至于轻易被人欺骗。传统私塾在农村反而比新式学堂更受农民欢迎，从而导致在20世纪初政府三令五申推广新式教育的背景下，私塾教育仍然有很大的发展，直到新中国成立以后才退出历史舞台。

（二）学校布局：从沿海城市向内地农村逐步展开

清末民初，私塾在乡间很普遍，几乎无村不有，大的村庄有四五处之多。自新学制颁布以来，新式学堂在全国不断涌现，初步形成了都市省垣办大学、高等学堂，府治办中学、师范，县城办高小，乡镇办初小的学校与行政梯次配备的教育网络体系。自此以后，新式学堂与私塾展开了长达半个多世纪的艰难博弈。

新式学堂在城镇中的分布、教学形式和课程设置都带有明显的人为设计倾向，是大规模地改变传统教育方式、扶持新式学堂、学习西方科学技术、提升人口素质的尝试。在新式学堂的推动者眼中，旧式私塾是落后、低效的，应该予以取消。为此，他们以西方学校制度为依据，精心设计了

---

① 政协夏津县委员会文史资料委员会. 夏津县文史资料（第三辑）[Z]. （内部资料）1986：169~179

我国的学校体系，吸纳了许多现代教育理念，然而由于操之过急，教育经费和师资出现短缺，教育问题纷纷暴露。在广大的农村地区，私塾趁机攻击新式学校教学内容脱离实际、教育学生脱离农村向往城市等弊端。

清末民初，兴办新式学堂的举措由官方提出，在办学条件尚不成熟的情况下，新式学堂办的多而滥，地方官员为了显示政绩，多有拿私塾学校充数上报的情况。为了弥补政府财力、物力和师资力量的不足，强制私塾改制，发动民间办学，也就成了当时的应急之策。在山东省，1908 年有高等小学 105 所，初等小学 2644 所，两种合计 2709 所，私塾 7405 处，比全省新式小学的 3 倍还多。1910 年，山东省提学司下令"私塾一律改为学堂"，但到年底寿光县全县仍有私塾 599 处，学生 7626 人。临淄县清末有私塾400 余处，1916 年尚有 217 处，1920 年仍有 180 余处。①然而，民间办学标准不一，设置门槛低，缺乏长远规划，导致新办学堂良莠不齐，在校址选择和地理分布上也不尽合理。因此，20 世纪 30 年代初，国民政府对全国中小学进行了统一调整。

20 世纪二三十年代，新式学校呈沿海城市密集、内陆乡村稀疏的分布状态，学校在乡村远未普及，当时的山东禹城，"村庄九百九十余处，学校只有一百八十余处，合五个村庄有一学校"。② 根据国民政府教育部 1935年公布的数字，全国共有私塾 101027 所，塾师 101813 人，塾生 1757014人。私塾总数约占全国小学校数的 1/3，塾师数约占全国小学教职员数的1/6，塾生数约占全国小学生数的 1/8。其中山东省有私塾 3588 所，不足1908 年的 1/2；塾师 3588 人，与私塾数量相等；塾生 40211 人，平均每私塾 11.2 个学生。③从数字上来看，似乎可以认定新式学校在广阔的乡村社会已占绝对优势，其实不然。清末民初，政府为了完成旧学改造，让新式学校完全取代私塾，对私塾的态度比较严厉，要么严令取缔，要么限期改良。为此，许多私塾并不向官府备案，甚至转入地下，由明办转为偷办。

---

① 郝锦花. 新旧学制更易与乡村社会变迁[M]. 北京：人民出版社. 2009：32～33

②《视察泰安县教育报告》，见：江铭主编. 中国教育督导史[M]. 北京：人民教育出版社，2003：375

③ 郝锦花. 新旧学制更易与乡村社会变迁[M]. 北京：人民出版社. 2009：34～35

在政府的禁令之下，一些私塾近于秘密结社状态，私塾设在院子的最深处，没有塾名，没有招牌，十几个塾生，几把破桌椅，随时准备迁移。当时的新式学校在城乡间的布局极不平衡，在乡村远未普及。越是乡野僻壤，私塾越多，有时私塾的成绩比新式学校的还好。清末学制改革以来，乡间精英逐渐流入城市，乡绅也出现了史无前例的劣化，私塾作为社区文化活动中心的功能日益突出。私塾先生便经常自觉不自觉地充当起乡民的文化代言人，帮助乡民应对一切日常或非常的事态，私塾更以其灵活的办学方式和低廉的学费赢得乡民的信赖，也正因为如此，在近半个世纪的新旧学校并立发展中，私塾虽屡遭取缔，仍然风雨无阻，地位稳固。直到 1953 年，经过社会主义改造，国家全面接管了包括私塾在内的所有私立学校，私塾作为一种近乎自发的、在我国已经存在了两千多年的民间教育组织，在很短的时间内销声匿迹。

二、普及小学教育

新中国成立后至 20 世纪八九十年代，扫除文盲、普及小学教育一直是中央政府竭力要实现的教育目标，受当时的经济社会条件限制，国家在农村中小学建设标准方面，一直坚持因陋就简的原则，发动地方政府和群众积极办学。地方政府则积极响应中央政府号召，积极组织群众，广泛开设学校，农村中小学遍地开花，极大地方便了农村子女入学。这一时期，农民更多地把自己的命运交给了那个时代，在入学方面很少会主动做出选择，大都听从安排。

（一）目标与逻辑：立足扫盲，广设学校与读书识字

1. 中央：立足扫盲，因陋就简，依赖地方

1951 年，教育部提出争取十年内基本普及小学教育。[①]在新中国成立

---

① 1951 年 8 月 27 日~9 月 11 日，教育部合并召开第一次全国初等教育会议和第一次全国师范教育会议，讨论制定发展、建设新中国初等教育和师范教育的方针、任务。会议提出，争取十年内基本普及小学教育，以正规师范教育与大量短期培训相结合，五年内培养百万小学教师。

之初的新民主主义向社会主义过渡时期（1949～1955 年），"恢复和发展人民教育是当前的主要任务之一"①，尽快实现六年制初等教育的普及成为这一时期最明显的思想和意图。从 1950 年到 1954 年，我国小学校和入学人数发展非常迅猛，小学数从 38.36 万所发展到 50.61 万所，学生从 2892 万人，增加到 5121 万人。1953 年 6 月，教育部出台了有关重点中学建设的意见，通过减少学生人数、减缓师资培训速度的方式强调教育的统一化和标准化，期望以此改变前期教育工作中贪多求快、注重数量、忽视质量的弊端，然而由于这一思想与"教育为人民服务"、"教育向工农开门"的教育方针相违背，也与当时中国发展的形势格格不入，1956 年，中共中央再次提出了 7～12 年内分区，分期普及小学义务教育的目标。1958 年，受"大跃进"思想影响，《中共中央国务院关于教育工作的指示提出》提出：全国在三到五年内，基本上完成扫除文盲、普及小学教育，农业合作社社社有中学和使学龄前儿童大多数能入托儿所和幼儿园的任务。受这一指示和"大跃进"形势影响，多种形式办学被纳入"两种教育制度、两种劳动制度"的轨道，从 1958 年到 1960 年，各地中小学校迅猛发展。尽管"大跃进"的思想在 20 世纪 60 年代初曾经得到一定遏制，然而随后不久的"文化大革命"则彻底改变了学校设置标准和领导机制，"小学、初中、高中之间在学术上的差距变得相当不重要，半工半读与全日制学校之间的界限变得相当模糊"②，"小学不出村，初中不出片，高中不出社"的学校布局遍地开花，以牺牲教育质量为代价，换取了形式上的教育普及与平等。

　　20 世纪 80 年代初，由于社会经济发展水平的制约以及工作上的各种失误，我国仍然没有普及小学教育，这一时期国家颁布了《关于普及小学教育若干问题的决定》（1980）和《关于普及初等教育基本要求的暂行规定》（1983），明确了各地普及小学教育的历史任务，并建立了相关验收制度。1985 年《中共中央关于教育体制改革的决定》提出了基础教育实行"地方负责，分级管理"的财政体制，其初衷是为了调动地方办学的积极性，其

---

① 毛泽东为《人民教育》杂志创刊号的题词。
② 金一鸣，唐玉光. 中国素质教育政策研究[M]. 济南：山东教育出版社，2004：168

实质是把基础教育办学的责任交给了地方尤其是乡镇政府。1986 年颁布的
《义务教育法》更是以法律的形式规定了各地普及初等义务教育的年限。[①]

2. 地方：响应号召，积极组织，广设学校

1949 年，新中国的成立结束了封建割据和任西方列强欺凌的历史，我
国再次成为一个统一的多民族国家。毛泽东在《论十大关系》中的第五节，
从政制结构层面讨论了中央与地方的权力分配问题。他认为中央与地方的
关系是一个矛盾，考虑到中国幅员广阔，人口众多，应该在巩固中央统一
领导的前提下，扩大一点地方的权力，他甚至还认为分权管理（毛泽东称
之为"两个积极性"）比集权管理（"一个积极性"）更好。[②]然而由于"高
饶事件"的影响以及出于国家长治久安的考虑，在制度设计上，毛泽东更
倾向于在适度中央集权的情况下构建一种相对灵活的政制架构，能在中央
和地方的权力之间达成一种有利于全国整体利益的平衡。[③]在这种相对灵
活的非制度化政制建构中，地方政府的政治、经济、文化和教育等项工作
都被整合在中央统一计划之内，地方利益的本位主义尚未形成。这种地方
政府与中央政府的高度一致，确保了国家体制的统一与政令的落实，随着
人民公社运动的发展，中央的各项政令可以快速到达每个农村，并得到最
坚决地贯彻。然而在中央政策决策失误的情况下，也容易造成全国范围难
以弥补的损失，新中国成立之初的贪多求快、1958 年的"大跃进"以及"文
革"期间办学的混乱局面都与地方不折不扣地执行中央错误决策有关。在
这一时期，地方政府为了追求政绩，浮夸盛行，在资源及其短缺的情况下
滥竽充数、以次充好地创办了大量极其简陋的学校，虽然学校数量和入学

---

① 第一类地区是经济、文化比较发达的地区，要求在 1990 年左右基本实现普及九年制义务教育。
第二类地区是经济、文化中等发展程度的地区，要求 1990 年左右基本普及初等义务教育，同时积极创
造条件，在 1995 年左右实现九年制义务教育。第三类地区是经济、文化不发达地区，要随着经济的发
展，争取在本世纪末大体上普及初等义务教育。

② 中共中央办公厅. 中国共产党第八次全国代表人会文献[M]. 北京：人民出版社，1957：42；转
引自：杨小云. 近期中国中央与地方关系研究的若干理论问题[J]. 湖南师范大学社会科学学报，2002
（01）

③ 苏力. 当代中国的中央与地方分权——重读毛泽东《论十大关系》第五节[J]. 中国社会科学，
2004（02）

人数迅猛增长，教育教学质量却严重下滑，给国民经济和社会发展造成极大损失。

20 世纪 80 年代，国家财政体制开始从"统收统支"向"分灶吃饭"转变，其本意是为了调动地方政府的积极性，结果却导致了地方利益本位主义抬头。"分灶"即包括上下级政府之间的"分灶"，也包括同级政府不同部门之间的"分灶"，如此一来便形成了各个部门纵横交错的"分灶"格局，每个单位都有了自己的"小财政"，最直接的后果就是强化了各级政府和各个部门的利益本位意识，他们都想让自己的"灶头"更加殷实充足，竞相展开各种形式的财政创收（利益）竞争。① 这一时期，国家进行了教育体制改革，基础教育实行"地方负责，分级管理"的财政体制，基层地方政府缺少了以往来自省、市、自治区的转移支付，却又不得不完成上级政府逐级"压"下来的任务与考核指标。各项数据表明在"三级管理"体制下，农村义务教育的经费投入实际上都是以乡镇政府为主，省市和中央政府所占比例极小。乡镇政府在重重考核之下，一方面尽可能压缩基础教育等公共经费支出比例，另一方面又不得不把财政经费向农民摊派，最终导致农民负担沉重。

3. 农民：读书识字，积极入学，随遇而安

1949 年前，农民深受战乱和阶级压迫之苦，能够进学校读书是一件比较奢侈的事情。新中国成立后，国家先是倡导"教育为工农服务"，后来又提倡"开门办学"，学校办在家门口，并且上学费用也不算高，送子女上学读书越来越方便。然而，在当时的社会背景下，农民更多的是把自己的命运交给那个时代，听从社会的安排。除了读书多认识几个字、会些算术以外，没有能力也不可能选择自己的未来规划。当时的城乡差距不像现在这么明显，也不允许农民在城乡之间自由流动。即使在"文革"期间大力兴办"戴帽"中学的年代，能够读到中学的人数仍然非常有限，通过考试走出农村进入城市的更是如凤毛麟角。绝大多数农民子女倾向于选择师范专

① 李芝兰，吴理财. "倒逼"还是"反倒逼"——农村税费改革前后中央与地方之间的互动[J]. 社会学研究，2005（04）

业，毕业后回到家乡当老师。在农民看来这已经是一个非常不小的飞跃，由"农民"变成了"国家干部"，身份不一样了。

（二）学校布局：村办为主，遍地开花

新中国成立后，人民在政治上得到解放，生活水平也显著提高，要求送子女上学读书的愿望越来越强烈，党和政府一系列旨在恢复学校学区建设的政策适应了这一趋势，小学教育发展迅速。

截至 1952 年，全国小学学校由 1949 年的 34.68 万所，发展为 52.7 万所，增幅为 51.9%，在校学生由 1949 年的 2439.1 万人发展为 5110 万人，增幅为 1.1 倍，学龄儿童入学率由 1949 年的 20%左右，提高到 49.2%，提高了 1 倍多。[①] 1953 年至 1955 年，小学教育着重进行整顿巩固，发展缓慢。1956 年，小学教育发展加快。1957 年，小学在校生为 6428.3 万人，学龄儿童入学率达到 61.7%，受"大跃进"思想的影响，学龄儿童入学率达到 80.3%。受"三年自然灾害"影响，从 1959 年开始，学龄儿童入学率逐年下降。1961 年中共中央重新确定了教育工作"调整、巩固、充实、提高"的方针，1962 年学龄儿童入学率仅为 56.1%。1951 年提出的争取 10 年之内在全国普及小学教育的第一个小学教育普及计划未能实现。

从 1962 年到 1981 的 20 年间，学校总数增长了 33.8%，城市学校数量增长不大，增幅为 5.6%，县镇和农村学校数量增长幅度分别为 30.8%和 34.7%。从学生人数上来看，城市学生数量不仅没有增长，反而减少了约 2%，县镇学生增长了 56.1%，农村学生增长了 133.3%，农村学生占学生总数的比例也增长了近 10 个百分点。从 1963 年开始，调整国民经济取得显著成效，为了满足贫下中农子女入学要求，教育部开始推行"两种教育制度"，积极发展小学教育，各地兴建了不少简易小学。1965 年，学龄儿童入学率达到 84.7%，超过了 1958 年。其中，耕读小学在校生占全国小学生

---

① 《中国教育年鉴》编辑部. 中国教育年鉴（1949～1981）[Z]. 北京：中国大百科全书出版社，1984：125

总数的 21.7%。[①] 1966 年"文化大革命"开始后，小学教育遭到严重破坏，大批小学骨干教师被抽调去当中学教师，盲目发展中学，要求在城市逐步普及十年教育，在农村普及七年教育，许多小学附设初中班戴帽办中学，严重挤占了小学的师资、校舍和设备。1978 年党的十一届三中全会以后，小学教育逐步走上了正常轨道。1981 年全国共有小学 89.4 万所，在校学生 14332.8 万人，学龄儿童入学率达到 93%。[②] 1985 年，全国有小学 83.23 万所，在校生 13370.18 万人，学龄儿童入学率为 95.9%。截至 1986 年 10 月，经检查验收，普及初等教育的县（不包括市和市辖区）有 1052 个，占全国总县数的一半以上。[③]截至 1986 年底，山东省基本普及小学教育，学龄儿童入学率达到 97.86%，经检查验收，全省 137 个县（市、区）中有 113 个普及初等教育合格。[④]由于计划生育原因，从 1986 年开始，农村小学规模开始下降。

表 7.1　城镇农村的学校数和在校生数（1962～1981 年）

年份	学校数（万所）				学生数（万人）				
	合计	城市	县镇	农村	合计	城市	县镇	农村	农村学生所占比重
1962	66.8	1.8	1.3	63.7	6923.9	1033.4	546.1	5344.4	77.2%
1963	70.8	1.9	1.4	67.5	7157.5	1126.7	584.6	5446.2	76.0%
1964	106.6	2.0	1.5	103.1	9294.5	1238.8	621.6	7434.1	80.0%
1965	168.2	3.3	2.4	162.5	11620.9	1475.5	745.5	9399.9	80.9%
1971	96.9	2.3	1.5	93.1	11211.1	1236.2	608.4	9366.5	83.6%
1972	100.9	2.1	1.5	97.3	12549.2	1224.7	703.5	10621.0	84.6%
1973	103.2	2.0	1.6	99.6	13570.4	1195.9	776.8	11597.7	85.5%

---

①《中国教育年鉴》编辑部. 中国教育年鉴（1949～1981）[Z]. 北京：中国大百科全书出版社，1984：125～126

②《中国教育年鉴》编辑部. 中国教育年鉴（1949～1981）[Z]. 北京：中国大百科全书出版社，1984：126

③《中国教育年鉴》编辑部. 中国教育年鉴（1985～1986）[Z]. 北京：中国大百科全书出版社，1988：1

④《中国教育年鉴》编辑部. 中国教育年鉴（1985～1986）[Z]. 北京：中国大百科全书出版社，1988：260

续表

年份	学校数（万所）				学生数（万人）				
	合计	城市	县镇	农村	合计	城市	县镇	农村	农村学生所占比重
1974	105.3	2.0	1.7	101.6	14481.4	1124.7	804.4	12552.3	86.6%
1975	109.3	1.9	1.7	105.7	15094.1	1061.1	786.9	13246.1	87.8%
1976	104.4	1.9	1.7	100.8	15005.5	955.3	764.9	13285.3	88.5%
1977	98.2	1.8	1.5	94.9	14617.6	915.1	737.4	12965.1	88.7%
1978	94.9	1.7	1.6	91.6	14624.0	970.6	774.7	12878.7	88.1%
1979	92.4	1.8	1.6	89.0	14662.9	1009.5	808.4	12845.5	87.6%
1980	91.7	1.8	1.6	88.3	14627.0	1027.7	831.8	12767.5	87.3%
1981	89.4	1.9	1.7	85.8	14332.8	1013.2	852.2	12467.4	87.0%

资料来源：根据《中国教育年鉴》编辑部. 中国教育年鉴（1949～1981）[Z]. 北京：中国大百科全书出版社，1984：1022～1023 表格整理而成。

三、普及九年义务教育

20 世纪 80 年代中期，国家提出了普及九年义务教育的发展目标，农村中小学办学标准逐步提高。由于国家财政收入非常有限，中央政府继续采用了依靠地方政府和人民群众发展教育的策略。各级地方政府一方面竭力维护自身经济利益，另一方面又设法将上级政府的各项考核指标转移给下级政府。最基层的乡镇政府为了完成层层下达的任务，通过集资、贷款等方式兴办了一些旨在通过"普九"验收的示范学校，农村中小学之间的办学差距逐步拉开。

（一）目标与逻辑："普九"验收，竞相达标与权衡择校

1. 中央："普九"验收，提高办学标准，继续依靠群众

这一时期，尽管农村经济体制改革已经取得可喜成果，国家财政收入仍然非常有限，大量的资金从农村转移到工业建设上去。20 世纪 80 年代，政府财政收入占 GNP 的比重逐年下降，"1978 年财政收入占 GNP 的比重

尚为 31.2%，1980 年下降为 23.3%，1992 年下降为 14.7%。与同期工业化国家相比，1989 年中国财政收入占 GNP 的比重为 16.7%，英国为 34.6%，美国为 41.4%，澳大利亚为 37.1%"。[①]政府手中缺钱，已经成了弱政府。我国幅员广阔，地形复杂，每个地区学校的选址、建筑标准、服务范围、学校规模受地方实践知识的影响很大，加之中央政府手中缺钱，因此，由中央政府按照统一的标准组织实施九年义务教育普及任务，既不可行，也无必要。为了避免国家"大一统"的弊端，也为了节约国家资金调动地方发展教育的积极性，1985 年国家颁布了《中共中央关于教育体制改革的决定》，开始实施教育体制改革，基础教育实行"地方负责，分级管理"的办学体制，从而展开了适合我国农村学校发展模式的探索。为了实现"穷国办大教育"的"普九"目标，在中央政府的引导下，我国义务教育经费投入政策逐步走上了"人民教育人民办"的轨道，首先反映在从 1986 年国务院发布《征收教育费附加的暂行规定》开始，国家允许征收教育费附加，用于改善地方中小学办学条件。1993 年《中国教育改革和发展纲要》把教育经费的来源渠道扩展为"财、税、费、产、社、基"，进一步强化了"人民教育人民办"的经费筹措体制。

无论是 1986 年通过的《中华人民共和国义务教育法》，还是 1993 年颁布的《中国教育改革和发展纲要》，都确定了尽快实现义务教育的目标，明确了各地普及九年义务教育的时间期限。除此之外，国家还逐步建立了督导验收制度，出台了一系列标准，比如 1996 年由建设部、国家计委、国家教委批准颁布的《农村中小学建设标准（试行）》（建标〔1996〕640 号），就明确提出了农村中小学布局原则、设置标准以及师资、校舍、生均占地面积等软硬件标准。

2. 地方：力争达标，借债办学，兴办示范性学校

地方政府及其行政官员作为地方民众利益的代表，从道义上具有保护和促进地方利益发展的职责。另外，作为一个相对独立的利益主体，地方

① 王绍光，胡鞍钢. 中国国家能力报告[M]. 沈阳：辽宁人民出版社，1993：44～46

政府及其行政官员还有规避风险、追求政绩的政治人特点，经常表现出对经济利益和政治仕途的关心。在计划经济条件下，地方政府作为经济人的特性受到极大压抑，缺少可以独立支配的经济和行政资源。1980 年，党中央、国务院开始实行的"划分收支、分级包干"的财税体制改革，揭开了地方经济发展的序幕。在计划经济向市场经济的转型中，中央赋予地方政府相对独立的利益和管理经济的自主权，地方政府的利益主体地位日渐凸显，越来越自觉的维护并争取自身利益，地方本位主义抬头。

由于基础教育具有很强的溢出效应，地方政府一般都不乐意把资源投入到学校中，而情愿投入到能够带来短期效益的经济项目中，除非国家有严格的把发展地方教育作为考核地方官员的标准，或者地方政府乐意通过发展教育获得地方民众的好感，否则地方政府是不愿意投资那些不能为本地带来经济效益的基础教育的。

在改革开放初期，由于家庭联产责任制的实施，农民收入和生活水平都得到了较大幅度的改善，加之乡镇企业异军突起，乡镇政府的收入也相应增加，可以拿出部分资金发展地方教育事业，乡镇政府也表现出了支持教育发展的强烈热情，可以说是"八仙过海，各显神通"，农村基础教育办学条件得到了极大改善。在 20 世纪 80 年代末至 90 年代初，农村中小学无论是在校规模还是校舍环境方面都还非常不错，至少与城市学校的差距没有那么明显。然而，到了 90 年代中后期，情况发生了很大的变化，首先是在国家工农业产品"剪刀差"的情况下，农民增产不增收，生活水平没有得到相应提高；第二，由于国民经济体系调整，乡镇企业逐步陷入低潮，乡镇政府缺少了这一部分的收入来源；第三，从 1994 年开始的"分税制"改革使得地方财政资源收入进一步减少，相应的事权（农村义务教育等需要经费投入的公共服务等）却通过目标考核的形式逐级下放，最终承接"包袱"的乡镇政府，在财政资源日益短缺的情况下不得不把"压力"转嫁给农民，一时之间，农民不堪负重，表现在学校就是不能承受越来越多的收费，被迫让子女辍学，最终影响了国家"两基"发展战略的落实。

在上级政府面前，乡镇政府无疑也处于"弱者"地位，为了能够在上层政府考核中生存下去，乡镇政府也采用了一些类似斯科特所提出的"弱者的武器"①的应付方式，现实中的方式主要包括：抱怨、欺瞒、诉苦、推诿、变通、片面执行政策、消极应付等。当然，这并不意味着基层政府一开始就希望通过这种消极应付的手段达到上级政府做出让步的目的，而主要是因为无法在既有条件下完成上级任务的被动选择，为了校舍改造和实现上级政府层层下达的"普九"验收指标，在资源紧缺的情况下，乡镇政府不得不向农民摊派，结果造成农民负担沉重，学生辍学率增加。反过来再次引起中央高层的关注，结果是逐步实行了以县为主的义务教育管理体制，加大了中央转移支付的力度。正是在这种上下级政府的互动中，农村学校逐步走出一条从低标准到高标准、从分散到集中、从无序到有序的发展路向。

3. 农民：权衡收益，考学抑或辍学，徘徊在进退之间

随着改革开放的深入以及影视媒体的宣传和城乡流动的加快，农民越来越深刻地感受到农村与城市的差距，通过读书、升学变成城里人成了这一时期农村子女接受教育越来越功利的目标。尽管升学是脱离农村最好的方式，然而通过这一方式走出农村的毕竟是少数。就毛王庄来说，1996 年才出了一个正规的本科大学毕业生，以前考上学的多为中专毕业，基本上在当地或者县城的教育系统工作。生活境遇并不比农民强多少。在 1999 年高校扩招以前，对于农村学校来说，能够考上大学的毕竟是少数，只有班里特别优秀的尖子生才有机会。无论孩子读书是否优秀，家长一般都会支持子女读完小学，然而到了初中，不仅家长包括孩子自己也大多失去了升学的信心。在他们看来，在接受了小学教育以后，中学教育多读一年与少读一年没有太大区别，因此，初中成为这一时期学生辍学率最高的阶段。

20 世纪 80 年代末，由于乡镇学校考入重点高中和大学的机会非常低，学杂费的负担却越来越高，迫使不少家庭的孩子不得不辍学。由于城市发展需要大量的没有较高学历的劳动力，农民在城里找到一份临时工作的机

---

① 郭于华. "弱者的武器"与"隐藏的文本"——研究农民反抗的底层视角[J] . 读书，2002（07）

会比较多，这也在很大程度上影响了农村的基础教育。

这一时期，在农村地区出现了几种现象，一种是父母节衣缩食甚至砸锅卖铁供子女读书上大学的情形，另一种是一部分农民外出打工把钱寄回家供子女读书的情形，还有大量女童辍学的现象。在当地，"女儿迟早要嫁人"，"让女儿读书不如让儿子读书"的观念仍然非常盛行。通常在家庭经济负担沉重，不能让所有儿女都上学读书的情况下，多数父母会选择让女儿辍学，先在家帮助干点农活，到了打工年龄就外出挣钱，共同支持家里的男孩儿读书。城市相对容易的挣钱方式也吸引了大批升学无望的学生提前离开学校，加入了打工者的队伍。在访谈中，笔者接触过一位曾经在县城职业培训机构工作的朋友，后来一直从事劳动力中介工作，据说他曾经介绍过很多辍学学生外出打工。更想不到的是，在回上海的公共汽车上，一位同样是他介绍的初中年龄的学生竟然跟我同路，据这个孩子自己说，他现在已经有了三年的工作经历，打工时的年龄和初中毕业文凭都是假的。

（二）学校布局：校际差距逐步拉大

在 20 世纪 80 年代，中国农民作为改革开放的最先受惠者，对国家各项事业怀有无比崇高的热情。在最初的一段时间内，他们把村小和联办初中看作是自己的学校，"一不等，二不靠，三不伸手向上要，自力更生办学校"，广大农村出现了前所未有的办学热潮。在农村校舍改造中，中国农民承担了几乎所有的成本，以近乎运动的形式使得农村学校面貌大为改观。从 1985 年 5 月到 1986 年 11 月，山东省根据《山东省农村中小学校舍改造六配套暂行标准》，先后组织了 3 次大规模的检查验收。经检查验收，合格学校在 85% 以上。[①]在学校危房改造中，曾经一度出现了有钱出钱、没钱出力、有料献料，像战争年代支援前线那样的动人场面。据《中国教育年鉴》记载，山东临沂郯城县司家乡年人均收入不足 150 元，1985 年集资 25 万元，人均投资 20 多元，实现了全乡中小学"六配套"。

---

① 《中国教育年鉴》编辑部. 中国教育年鉴（1985～1986）[M]. 长沙：湖南教育出版社，1988：275～278

　　"地方负责，分级管理"的教育管理体制极大调动了地方政府办学的积极性。然而，由于不同层级政府的职责权限、融资能力及学校管理能力不同，在义务教育的要求和内容方面也有所不同，使得区域教育差距以及区域内学校间的差距越来越大，最终挫伤了落后地区、薄弱学校的办学积极性，教育的非均衡发展导致了严重的教育不公平，农村教育出现了劣化迹象。"地方负责，分级管理"的管理体制经过层层下放逐渐变成了乡镇级政府负责，在这一体制下，各村小学由村委会和镇教委共同管理，村委会负责提供村小学的基建经费、维修经费和炊事员的工资，另外收取学生的学杂费作为日常办公经费。学校收取的集资款则上交镇里，主要用于全镇中小学教师的工资。一般来说，村办学校由各村负责。农村集资的主要形式有：集体基金提留、群众个人捐资和群众投工凑料三种方式。通常的情况是，有公共积累的乡村，学校改造经费由集体基金提取；没有公共基金，但群众生活水平较高的乡村，以群众个人捐资的形式；如果既无公共积累，群众生活水平又比较低，则采用群众投工凑料的形式。

　　20 世纪 80 年代末，改革的重心逐渐转移到工业和城市，在支持工业和城市发展的"剪刀差"价格体系之下，农民的收入相对下降，增产不增收，农民积极性降低。在 90 年代的"普九"过程中，受农民经济支付能力的限制以及市场因素的影响，农民捐资兴校的积极性已经大不如以前，我国历来奉行的依靠群众捐资助学的道路已经非常艰难。地方政府在实现"普九"目标的过程中也不再全面推进，而是开始在区域范围内统筹，根据地方实际和村民支持教育的热情有重点地发展农村学校教育。为了进一步调动农民群众支持学校建设的积极性，不少县市采用了"以奖代补"的办法，即先由村民集资把学校建起来，然后县乡再根据情况进行奖励。由于奖励金额较小，所需垫付费用较高，村民大多不太愿意。

　　在财政收入短缺的情况下，乡镇政府陷入了要不要收取农民集资款的两难境地。如果强制收取各种捐资款，农民不堪重负，势必导致辍学率增高；如果不收取集资款，就难以改善办学条件，完成"普九"目标。在这种情况下，不少乡镇采用了向国家或者私人贷款的方式勉强完成了"普九"

任务。各乡镇或者乡村学校在向银行、工程队、教师或者其他个人借款时，本以为可以通过每年的教育费附加、教育集资款以及上级政府的转移支付来偿还，但是随着"一费制"改革的推行，学校的经费来源进一步缩减，在上级转移支付难以保证的情况下，教师工资也出现了大范围拖欠。在农村教育经费严重不足的情况下，还有不少乡镇采用了"瞒天过海"、"糖衣炮弹"等方式对付检查组，在验收中出现了不少造假行为。如集中资源创建验收样板学校，掩盖薄弱学校，让已辍学在家的适龄儿童到学校充数，甚至还有让非检查学校学生到检查校上课以凑数的情况。无怪乎说"普九"是一场运动，验收时各项指标都能达标，验收完毕马上恢复原状。

在这一过程之中，一些学校在当地村民和地方政府的支持中脱颖而出，成为重点学校、中心学校或者学区学校，还有一些学校随着村民办学热情的消退以及地方政府支持力度的减小而逐渐萎缩，直至关闭，其中还不乏一些原本有着较好办学基础的学校。

四、后"普九"时代

进入新世纪以来，随着我国综合国力的增强以及中央政府财政收入提高，国家开始逐步调整区域发展不均衡的状况。在农村教育发展方面，国家一方面增加了中央转移支付的力度，另一方面也制定并出台了农村中小学布局调整的相关政策。地方政府则在执行落实中央政府相关政策的过程中，撤并了一批学校，大大改变了农村学校布局的原有面貌，农村中小学出现了非常明显的向县镇集中的倾向。

（一）目标与逻辑：均衡发展，调整布局与质疑梦想

1. 中央：提高效益，注重均衡发展，加大政府投入

20 世纪 90 年代中后期，国家已经建立了较为完备的国民经济体系，

中央手中的钱逐年增加，经济调控的手段增强了，也更有效了。[①]不仅可以不再从农村抽取资源，还可以通过转移支付的形式支援农村学校建设，从而实现教育均衡发展。

2001年5月，国务院颁发的《国务院关于基础教育改革与发展的决定》指出，基本普及九年义务教育和基本扫除青壮年文盲的目标已经初步实现，农村义务教育基础弱、任务重、难度大，是实施义务教育的重点和难点。为此，"县级人民政府要抓好中小学的规划、布局调整、建设和管理"，"省级人民政府要统筹制定农村义务教育发展和中小学布局调整的规划"。为了确保实行农村税费改革试点的地区农村义务教育投入不低于农村税费改革前的水平，需要按照"小学就近入学、初中相对集中、优化教育资源配置的原则，合理规划和调整学校布局。"为了推动、支持和鼓励中小学布局调整，加快中小学校规范化、标准化建设，2001年，财政部制定了《中小学布局调整专项资金及项目管理暂行办法》，中央财政设立了"中小学布局调整专项资金"。2006年，教育部发布《关于实事求是地做好农村中小学布局调整工作的通知》，批评了一些地区学校布局调整中存在的简单化和一刀切现象，要求"落实科学发展观，坚持以人为本"，按照实事求是的原则稳步推进农村中小学布局调整，防止因过度调整造成学生失学、辍学和上学难问题。2006年修订的《中华人民共和国义务教育法》明确提出义务教育免收学杂费，从法律上明确了中央和地方政府义务教育经费的分担机制，明确规定国务院各级人民政府"应当合理配置教育资源，促进义务教育均衡发展"。

2. 地方：调整布局，优化资源配置，确保均衡发展

2000年以后，国家实施税费改革，扎住了乡镇政府向农民乱收费的口子，也断了乡镇一级政府的重要经费来源。随着乡镇政府财政能力的降低，他们在提供公共服务如发展与改善农村义务教育、水利设施、交通建设和集镇改貌等方面越来越消极，农村学校日渐凋敝，农村道路严重损坏，不

---

① 苏力. 当代中国的中央与地方分权——重读毛泽东《论十大关系》第五节[J]. 中国社会科学，2004（02）

仅农民出行困难，也给孩子上学带来不少隐患。在国家政策引导下，各地纷纷展开以合乡并镇为主要内容的乡镇机构改革，希冀通过精简机构来节约公用经费开支，与此相适应的还有农村中小学布局调整。

农村基础教育投入制度改为"以县为主"以后并没有从实质上解决农村基础教育投入不足的问题，因为县级财政也不比乡镇财政强多少，基本都是"吃饭财政"，发放教师工资尚有困难，更缺少资金改善农村义务教育办学条件。为此，县级政府不得不严格控制教师编制，甚至通过大范围撤并农村中小学校的办法节约教育经费支出。

从整个历程来看，国家实行撤乡并镇和农村税费改革，刚好形成了一个内在的"倒逼机制"（anti-driving mechanism）[①]，迫使乡镇在有限财政资源约束下进行机构改革和学校合并，最终达到精简机构、扩大办学规模、提高办学效益的目的。然而，由于某些乡镇片面执行中央政策，撤销了一些不应该撤销的学校，导致农民子女就学困难，辍学率反弹，从而形成一种"反倒逼机制"，迫使中央政府出台新政策，对学校布局调整中出现的新问题做出反应，并加大了中央转移支付的力度，从而也就减轻了地方政府的压力。

3. 农民：进城打工，接受义务教育，质疑高等教育

目前，在农村广泛流传着"要打工，上初中"的思想，对于接受基本的九年义务教育，还都是认可的，也认为是必要的。然而，对于要不要多读几年、要不要上大学、读书能不能改变命运、进一步投资教育是否值得等问题，回答却越来越趋向于否定。

"知识改变命运。"读书可以改变个人的社会地位，并使家庭经济和社会状况得以改善，这一观念曾经激励着农民砸锅卖铁都要供子女读书。然而，新世纪以来，越来越多的农民发现，这一理想离农民的现实正在越来越远，一股新的"读书无用论"思想开始在农村蔓延。

老百姓并非完全否定读书的作用，那些读书很多却又没能走出农村，

① 李芝兰，吴理财. "倒逼"还是"反倒逼"——农村税费改革前后中央与地方之间的互动[J]. 社会学研究，2005（04）

反而连累父母一同受累、受穷的农村少年，在农村的生存能力和生存状况反倒不如那些没有读过书或者读书很少的同龄人，这在农民看来就是多读书反倒不如不读。有统计显示，全国大部分农村地区的初高中毕业生中60%以上要回到农村，尤其是农业地区和中西部地区这一比例更高，达到80%以上。由于农村普通初中教育的课程设置、教材编写与农业生产经营、城乡经济发展实际需要相脱节，这些返乡的学生在学校学到的基础知识，根本解决不了农村生产和经营中的各种问题。①那些没能考出农村的孩子无论外出打工还是回到农村都表现出诸多不适应，加之学校中过多失败的经历已经使他们畏首畏尾，其生存能力与精神状态都非常令人担忧。相反，那些较早退学外出打工或者另谋出路的孩子早早地适应了这个社会，却表现出了一定的忍耐与生存技能。

如今的高考已经到了非常精细化的程度，考核的方面越来越多，也越来越细，这样对于农村孩子来说非常不利，能够考上大学的孩子相对于城市孩子来说越来越少。即使考上了大学，也仅有一小部分能够获得成功，绝大多数因为综合素质、社会背景等因素而在激烈的竞争中处于劣势，境遇一般。由于高校扩招、劳动力市场转型等因素，大量来自农村的毕业生成为大城市的"漂一族"或"蚁族"，要么居无定所，要么"漂泊"在学校周围等待就业或全力考研，要么像蚂蚁一样辛辛苦苦地在城市中"每月领着1000多元的工资，租着每月两三百元的床位，每天只吃两顿饭，到工作单位要坐两个小时以上的公交车"。②全然没有了"天之骄子"的自豪，甘愿与农民工竞争就业岗位。

以前是不上大学一辈子受穷，现在是上大学马上受穷。③由于大学毕业后找不到工作的现象越来越严重，越来越多的家长倾向于认为送孩子去读书将来也不一定有出路，加之社会上确实有不少没有读过多少书的人生

---

① 匿名. 读书无用论回潮导致辍学率反弹[EB/OL]. 新浪网新闻中心. [2010-12-22]. http://news.sina.com.cn/c/2008-05-06/115915486581.shtml

② 廉思. 蚁族：大学毕业生聚居村实录[M]. 桂林：广西师范大学出版社, 2010

③《中国新闻周刊》：读书无用在农村再抬头（搜狐新闻）[EB/OL]. (2007-01-14) [2011/3/27]. http://news.sohu.com/20070114/n247600875.shtml

活得还很好，家长在孩子读书的问题上越来越心存侥幸，或者抱有一种无所谓的态度，这种思想也进一步助长了孩子的厌学情绪。

（二）学校布局：向城市集中与重新洗牌

20 世纪末，"普九"期间产生的高额债务致使农村学校财政问题更加突出，受城乡二元体制以及国家发展战略的影响，农村学校与城市学校存在非常明显的差距，由于城市条件优于农村，即便城市非重点学校的教学条件也明显高于农村学校，教师的工资和福利待遇也明显高于农村教师。在乡镇和县级政府财政经费都非常紧缺的情况下，农村中小学很难实现与城镇学校的均衡发展，唯有调整学校布局方能破解教育均衡发展的难题。

税费改革后，有些地区的教育行政部门出于优化资源配置、提高办学的规模效益考虑，提出了"一乡一中心，中学进县城"的教育发展思路，按照"高中向城市集中，初中向城镇集中，小学向乡镇集中"的原则调整学校布局。许多地区把减少农村学校数量和扩大城镇学校规模作为区域教育发展的经验在推广，许多媒体也都热衷于宣传"初中生进城"、"一乡一校"等大幅减少农村中小学数量的学校布局调整模式，以此作为推进义务教育均衡发展的典型。在这种模式下，由于资源投入的城市和优质学校偏向，那些勉强保留下来的薄弱学校或者教学点，即使没有受到损害，也往往因为优质学校的改善而拉大彼此的差距，最终还是会面临凋敝衰弱的命运。从 2000 到 2005 年间，我国农村小学校数量从 440284 所减少到 31679 所；教学点从 157519 个减少到 92894 个；平均每天约有 106 所学校消失。

表 7.2　全国农村普通中小学数量比较（2000 年与 2005 年）

	2000 年	2005 年	缩减比例
中学学校数	41492	36405	12.3%
小学学校数	440284	316791	28.0%
小学教学点数	157519	92894	41.0%

资料来源：根据中华人民共和国教育部门户网站历年教育统计数据整理而成。http://www.moe.edu.cn/publicfiles/business/htmlfiles/moe/s4628/list.html。

2001 年，山东省根据国家教育部、财政部《关于报送中小学布局调整规划的通知》要求，在教育资源普查、学龄人口测算及乡镇区划调整的基础上，研究制定了山东省中小学布局调整方案。根据方案规划，到 2005 年末，全省的普通小学将由 2000 年末的 23101 所调整为 15239 所，减少7862 所，减少幅度为 34%；小学教学点将由 2000 年末的 7364 个，调整到3373 个，减少 3991 个，减少幅度为 54.2%，五年期间，共撤并小学 11869所，改扩建小学 7274 所，异地新建小学 835 所。到 2005 年末，普通中学将由 2000 年末的 4009 所调整为 3450 所，减少 559 所，减少 13.94%，5年期间，共撤并中学 640 所，改扩建中学 2100 所，异地新建中学 83 所。2005年，全省共有小学 15871 所，普通初中 3185 所，与 2001 年规划布局调整规划的目标基本相符。①这一时期，夏津县也加快了学校布局调整的步伐，村村办学的局面已被打破，2005 年时，全镇 54 个村庄仅有学校 23 所，与20 世纪 80 年代末至 90 年代初相比，学校减少近一半。2005 年，苏镇制定了进一步调整学校布局的发展规划，决定2006年继续撤并8处小学教学点，2015 年以前将初中合并为 1 所，保留 10 所小学，平均 5 个村庄一所学校。随着国家对教育均衡发展政策的深入宣传，苏镇放慢了撤点并校工作，列入规划的小学教学点得以保留，2007 年新上任的教育局局长不赞同撤并学校，2005 年制定的学校布局调整规划被搁置。

"十一五"规划执行期间，对于国家学校布局调整政策，地方政府之间产生了截然不同的理解。农村学校布局调整陷入了公共政策目标权衡的困境，踯躅于公平与效率之间，既要兼顾学生入学方便、发挥农村社区和家庭对学生成长的教育作用、照顾村民对当地学校的感受，又要兼顾资源配置效率、学校规模和学生的学业成绩。有人认为教育均衡发展就是要努力办好每一所学校，通过提高农村学校教师的素质和学校管理水平，来实现教育均衡发展。也有人认为县乡村"三级布点"的办学思路，稀释了教育资源，校点过多，难以形成合力，为了促进义务教育均衡发展，应该抛

---

① 山东省教育厅. 山东教育改革发展三十年（1978～2008）[M]. 北京：教育科学出版社，2008：788～789

弃按村布点的办学原则，在县域内实现两级布点和集中办学，充分发挥县乡两级政府的统筹作用。[①]更有不少地方的教育行政领导倾向认为：在合并学校基础上建立起来的城区"巨型学校"能够很好地整合教育资源，提高教育资源的配置效率，使有限的教育资源效益得到最大发挥，是实现均衡发展的最"经济"的方式，是区域内或更大范围内学校教育的均衡发展。[②]夏津县与平原县相邻，同属德州地区，在农村学校布局调整方面，一个相对保守，另一个则比较激进。2005 年以后，夏津县减缓了学校撤并的速度，不少乡镇还致力于恢复教学点的建设，而平原县则撤消了乡镇初中，基本实现了所有初中学生全部进城读书。

---

① 黄龙威. 义务教育均衡发展的重点是合理布局学校[J]. 当代教育论坛，2010（5）

② 万明钢，白亮."规模效益"抑或"公平正义"——农村学校布局调整中"巨型学校"现象思考[J]. 教育研究，2010（04）

第八章　可能、反思与抉择

由于中央、地方以及当地农民在目标和逻辑方面存在很多差异，对学校规模以及就近入学的理解也各不相同，因此，对于中小学合理布局的认定还存在很大争议。在实地调研的基础上，对苏镇中小学布局的各种可能进行分析比较，可以更加客观地选取适合本地学校布局的行动策略，使学校布局更加有利于当地儿童和青少年的发展。

一、苏镇学校布局的几种可能

通过实证调研可以发现，苏镇目前的学校布局仍有进一步调整的空间及其可能。由于小学和初中在生源、师资、办学条件等方面存在不少差异，故而需要分开讨论各自布局方案的若干种可能，并期望能够通过 SWOT 工具分析每种可能方案内外部环境的优势、劣势、机会与威胁，从而发现每种方案背后各种力量的对比，进而为寻求最适合本地特点的行动策略提供决策参考和行动依据。

（一）苏镇学校布局：基于实证调研的现状分析

苏镇现有 5.1 万人口，目前共 8 所学区小学，1 所民办小学，15 个教学点，平均每个小学的服务人口约五六千人，每个小学的服务半径一般不超过 1.5 公里。

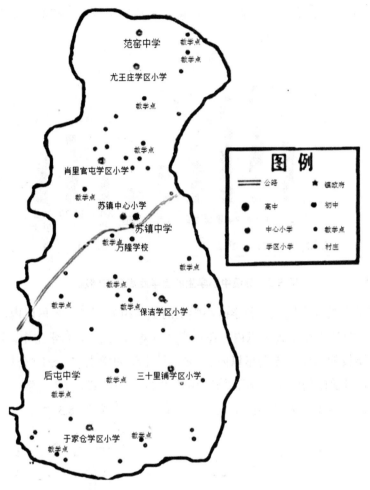

图 8.1 苏镇中小学布局现状图（2010 年）

1. 上学距离

目前苏镇中小学生的实际上学距离呈现比较明显的"U"字形分布（如图 8.2 所示），在被调查的 276 位学生中，有 51.8% 的学生上学距离在 2 公里（4 里）以内①，在 2 公里至 4 公里之间的仅占 20.7%，4 公里以上的占

---

① 笔者在设计问卷时，用了当地群众比较常用的"里"作为距离计量单位，为了便于比较，可以按照"1 公里=2 里"进行换算。

27.5%；同一个问题在被调查的 210 位家长那里也得到了相似的结果，分别为：51%，20%和 29%。

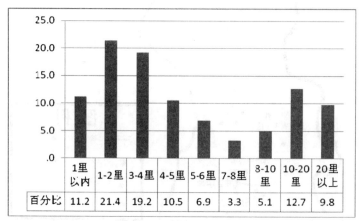

	1里以内	1-2里	3-4里	4-5里	5-6里	7-8里	8-10里	10-20里	20里以上
百分比	11.2	21.4	19.2	10.5	6.9	3.3	5.1	12.7	9.8

图 8.2　苏镇中小学生的上学距离分布情况

通过交叉分析发现，各学区小学生的上学距离都在 3 公里以内，且有 80%以上的学生在 2 公里以内。在距离超过 4 公里的 76 名学生中，除了 3 名后屯学校的同学在 5 公里以内、1 名苏镇中学的学生在 5～10 公里之间、2 名范窑村学校的学生上学距离在 10 公里以上外，其余 68 名学生都为万隆学校的小学生。万隆学校学生上学距离分布情况如图 8.3 所示。

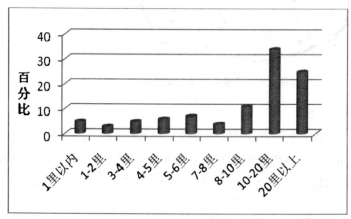

图 8.3　万隆学校学生上学距离分布情况

由于苏镇目前的学校布局比较紧凑，且各村之间都通了柏油路，因此学生家长普遍反映现在孩子上学比较方便，占 77.2%。认为孩子上学不方便的占 22.8%，其中最多的是本村没有学校，需要到邻村上学的孩子家长占 7.8%；其次是中心小学的学生家长，占 4.4%；最少的是范窑中学，仅占 0.5%。

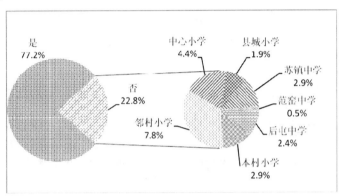

图 8.4　现在孩子上学是否方便

在对小学生可以承受的最远距离的调查中，笔者选择所有的 369 名学生作为研究对象，数据显示：小学一二年级的学生可以承受的距离多在 1.5 公里以内，认为可以承受 1.5 公里以上的仅占 30%。小学三至六年级的学生承受距离在 3 公里以内的为 30.5%，可以承受 3～5 公里的占 55.3%，可以承受 5 公里以上的占 13.6%。

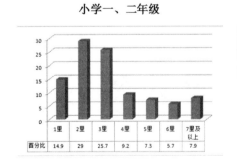
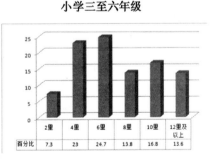

图 8.5　小学生可以承受的上学距离

相对来说，万隆学校的学生可以承受的上学距离要远得多。小学一二年级认为可以承受 1.5 公里以上的学生超过了 50%，比苏镇平均承受水平高出 20 个百分点。小学三至六年级学生承受距离在 3 公里以内的仅占 23%，可以承受 3～5 公里的占 47%，可以承受 5 公里以上的占 30%。在苏镇的所有中小学中，唯有万隆学校提供寄宿和校车，如此看来，寄宿和校车可以增加学生可以承受的上学距离，是解决问题的一种比较有效的方式。

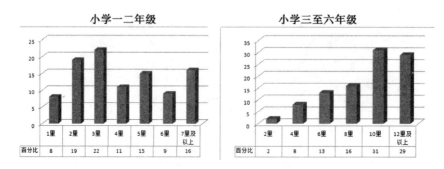

图 8.6　万隆学校小学生可以承受的上学距离

在所有被调查的 369 名学生中，认为初中学生可以承受的上学距离在 2 公里及以内的占 6.8%，4 公里的占 19.7%，7.5 公里的占 32.8%，15 公里及以上的占 40.2%。因此，可以断定绝大多数初中学生可以承受 7.5 公里以上的上学距离，在苏镇设一所初中，从服务范围上来说是可以的。

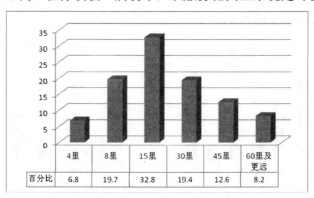

图 8.7　初中学生可以承受的上学距离

在调查家长认为解决孩子上学距离远的办法中，也显示了对住校和学校班车接送的欢迎。希望子女住校的占39%，学校班车接送的占28%，二者高达67%；再次为学生结伴而行，占23%，选择通过家长接送的仅占8%。

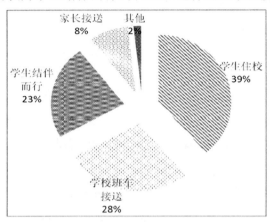

图8.8　学生家长期望的解决较远距离孩子的上学方式

2. 班级规模

学校规模是学校设置和学校撤并的重要依据，对学校教育教学质量、管理效率和办学效益也具有重要影响。学校规模可以有多个衡量指标，如在校生数、班级数和班额大小。多年的实践证明，班级人数过多或者过少都不利于教学。

在被调查的369名学生中，有367人列出了自己所在班级的人数，330人列出了所期望的班级人数，统计结果显示，当前的班级规模比较分散，班级规模在30人以下的占15%，班级规模在50人以上的占56.7%，班级规模在30～50人之间的仅为28.3%。在学生所期望的理想班级规模中，认为班级规模应该在30人及以下的占33.3%，认为应该在30～50人之间的占51.3%，认为应该在50人以上的仅占15.3%。通过交叉分析发现，当地住校生所在学校的班级规模多在50人以上，住校的倾向于小班，走读的倾向于大班，苏镇各学区小学的学生倾向于大班，初中学校的学生倾向于小班。

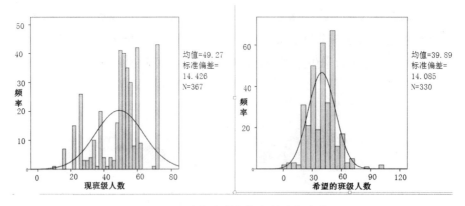

图 8.9　现班级人数与期望的班级人数

应该说，学生们所期望的班级规模是比较合理的，既符合日常经验，与国家标准也基本契合。《农村普通中小学校舍建设标准》（2008 年）规定："农村普通中小学校的建设规模，应根据学制、学校规模、校舍建筑面积指标确定。"根据规定，学校规模和班级定员宜根据生源按下列规定设置：非完全小学为 4 班，30 人/班；完全小学为 6 班、12 班、18 班、24 班，近期 45 人/班，远期 40 人/班。如果再来分析一下学生们所给出的理由，对班级规模的理解会更加深刻一些。

期望班级人数为 15 人及以下的学生人数占调查总数的 3%，他们给出的理由主要有："人少了不乱"、"人少没有学习上的竞争对手"、"老师管得过来，师生关系良好，不为批改作业而费心，省下更多时间来与我们沟通"等。其中有位学生期望班级只有 1 位同学，他给出的理由是："这样老师比较注意我。"

期望班级人数在 16 人以上 30 人以下的占学生总数的 15.6%，他们的主要理由有："更容易与老师亲密交流，同学之间相处更融洽"、"老师省心、负担轻、比较好管理"、"同学之间了解更深，友情更深，更团结"、"纪律好、人少安静"、"桌子够用"等。

期望班级人数在 30 人以上、40 人以下的占学生总数的 20.9%，基本上都是希望班级人数为 30 人或者 35 人，只有 2 位同学选择了 31 人和 32

人。他们的主要理由有："人越少越好，纪律好，学习效率就高"、"老师能顾得过来"、"可以减轻学生的紧张"、"提问方便"、"朋友多，促进自己的成长与发展"、"不多也不少，老师基本能照顾过来，有利于教学质量提高"、"30 多个同学就像是一个大家庭，氛围会很融洽，并且老师也照顾得很全，更有利于学生快乐地学习"、"学习氛围浓厚"、"学生多了老师负担重"、"有竞争力，可提高能力激发潜力"、"人多好玩"、"小班便于学习"，等等。

期望班级人数在 40 人以上、50 人以下的占学生总数的 29.4%，基本上都是希望班级人数为 40 人或者 45 人，选择其他班额的同学仅占 3.6%。他们的主要理由有："教室空间适宜"、"座位不挤"、"人多了夏天热，人少了冬天冷"、"教室的活动空间大，老师方便教育，也是因为标准班该有 45 个学生"、"少了气氛不好，多了太乱"、"人多教室乱，老师累"、"数量适合，不挤，并且老师和学生都能充分发挥"、"老师能管过来，又不失集体的感觉"、"教师易于管理，能够细抓细管"、"能顾及每位学生，因材施教"、"这样老师就能更全面地关注每个学生的情况，也能使我们受益更多"、"多了不好，少了也不行"、"40 个人不多也不少，可以更好地交流，相互帮助，提高学习成绩"、"人不多也不少，更具有创造力、竞争力、合作力"、"如果班里人多了，不学习的同学只会捣乱"、"班里的同学少了，想乱的学生也乱不起来"、"同学之间可以取长补短，提高学习效率"、"外交能力强，可以取长补短，提高学习效率"，等等。

期望班级人数在 50 人以上 60 人以下的占学生总数的 22.7%，基本上都是希望班级人数为 50 人，选择其他班额的同学占 7.2%。他们的理由主要有："人多好玩"、"热闹"、"朋友多"、"人多力量大"、"学习起来有挑战性"、"增添集体荣誉感"、"可以互相沟通学习"、"习惯了"、"有竞争力"、"人多了学习才有较量"、"教室能有空间活动"、"不拥挤"，等等。

期望班级人数在 60 人以上的占学生总数的 8.1%，基本上都是希望班级人数为 60 人，希望班额在 70 人及以上的同学仅占学生总数的 2.4%。他们的主要理由有："教室能有空间活动"、"同学多，朋友多"、"分组方便"、"那样很热闹"、"竞争力强"、"人多力量大"、"人多可以促进自己能力的提

升"、"学生多，解决问题的方法就多"、"集体荣誉强"、"越多越好，人多
了，卧虎藏龙的高手多，具有挑战性"，等等。

3. 生源流失

目前,除中心小学和后屯学校两个最大的学区生源在 600 人左右以外,
其他学区的规模都比较小，其学生数和教师数如表 8.1 所示:

表 8.1　苏镇各中小学学生及教师分布（2010 年）

单位名称	学生数（人）		教师编制数（人）
	小学生	初中生	
学校管理委员会	—	—	5
苏镇中学	179	236	47
后屯学校	583	125	68
范窖村学校	302	114	40
苏镇中心小学	645	—	49
尤王庄小学	205	—	28
肖里官屯小学	231	—	30
宝洁小学	278	—	25
三十里铺小学	284	—	33
于家仓小学	172	—	20
合计	2879	475	345

注: 每个学区小学都含有所辖教学点学生数; 中心小学不含六年级学生, 六年级学生在苏镇中学作
为预备班就读; 后屯学校和范窖村学校都含六年级各两个班。

由表 8.1 可知，目前苏镇各小学在校生总数为 2879 人。根据推算,2010
年的小学适龄人口应该为 1999 年至 2004 年出生的 6～12 岁儿童，经人口
统计，当时的出生人口总数为 4780 人，因此可以认定大约有 1900 名小学
适龄儿童不在本地公立学校读书。据万隆学校于校长说，2009 年万隆学校
约有 400 名苏镇本地生源，即便如此，还有 1500 人左右"流失在外"，流
失率高达 30% 以上。据调研，除极少数辍学者以外，绝大多数去了县城、
德州、济南或者其他城市读书。仅就毛王庄村而言，一个不到 1500 人的村
庄，每年有四五个学生到万隆学校就读。随父母在县城或者外地读书的也
不少，据老支书推算，在县城、德州市以及济南买房子的本村人有五六十户
以上，尽管不少儿童的户口还在农村老家，但他们多数都随父母在外借读。

作为社会变革的重要组成部分，学校布局调整应该看到更长远的城镇人口及产业发展趋势，把短期建设任务与长远规划结合起来，着力于城镇规模的扩大和功能的完善，以充分发挥其规模聚集效应。①从学校规模的实际情况来看，苏镇各小学，除中心小学、后屯学校和私立学校以外，学校规模都在300人以下，如果去除教学点学生数，甚至有的学区小学规模不足100人。因此，苏镇各小学的学校规模仍有不少调整的空间。

4. 总体评价

到目前为止，苏镇已经历了若干次学校布局调整，当地群众、教师、学生以及学生家长都有了不少切身体会，调查研究他们在某些问题上的共同感受或态度倾向，有助于更加准确地把握目前学校布局调整中存在的问题、所达到的程度，从而可以更加容易地预测未来发展的趋势以及确定应当采取的行动策略。

对于学校布局调整增加了家长送子女上学的经济成本，比如要支付更多的交通费、膳食费、住宿费和零花钱等。笔者在苏镇的调查数据显示：村民的经济负担较之以前变化不大。主要原因可能在于国家减免学费部分与子女就学的各种费用基本可以相互冲抵。

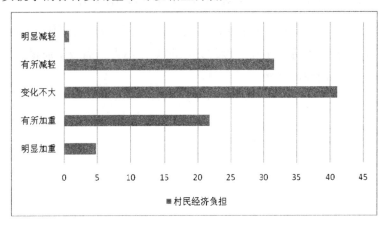

图8.10　学校布局调整对农民经济负担的影响

---

① 张洪华. 城镇化进程中的农村中小学布局调整问题及反思[J]. 教育理论与实践，2010（08）

对于学校布局调整的积极作用，群众也是比较认可的。调查结果显示，对于"普及九年义务教育"和"提高农村教育质量"，无论学生家长还是教师都倾向于认为学校布局调整促进了九年义务教育普及和农村义务教育质量的提高，如图 8.11 所示。

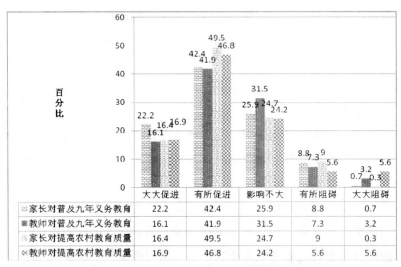

	大大促进	有所促进	影响不大	有所阻碍	大大阻碍
家长对普及九年义务教育	22.2	42.4	25.9	8.8	0.7
教师对普及九年义务教育	16.1	41.9	31.5	7.3	3.2
家长对提高农村教育质量	16.4	49.5	24.7	9	0.3
教师对提高农村教育质量	16.9	46.8	24.2	5.6	5.6

图 8.11 布局调整对"普九"和提高教育质量的作用

在教师卷的调查中，关于前期学校布局调整所带来的变化，数据显示，学生管理和教师管理的工作难度较之以前变化不大，而教学质量和资源配置方式都有了明显的改善。

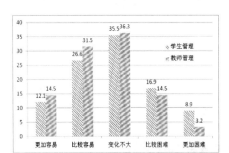
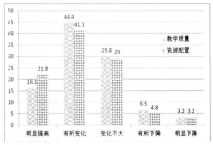

图 8.12 布局调整前后基本情况的变化比较

在学校布局调整的利弊上，无论教师还是学生家长都认为，学校布局调整利大于弊。

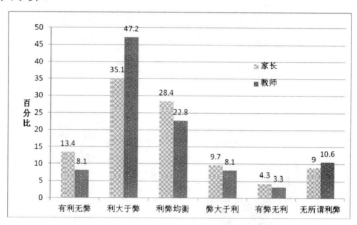

图8.13　对学校布局调整工作的总体评价

对于国家以及苏镇是否需要进一步推进学校布局调整工作，有近三分之一的老师认为我国还需要继续推行学校布局调整工作，有超过三分之一的老师认为苏镇还需要继续学校布局调整工作；同样认为国家不需要推行学校布局调整的占14%，而苏镇仅为10%。这一结果，也就意味着在当地教师心目中苏镇的学校布局调整略微落后于国家学校布局调整的进程。

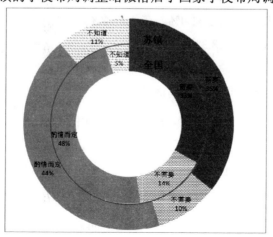

图8.14　是否需要继续推行学校布局调整工作

当问及家长"如果要撤销您孩子现在就读的学校，让他到离家稍远但教学质量较好的学校读书，您的态度是？"在所有的 302 份问卷中，有 297 位家长做了回答，其中选择"非常愿意"的占总数的 28%，"比较愿意"的占 39%，二者总计达 67%。在回答"非常愿意"的家长中，县城中学的比例为 7%，万隆学校为 9%，苏镇各学区为 12%。

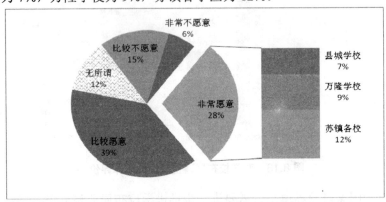

图 8.15 学生家长对于撤并子女现就读学校去新校读书的意愿

当问及学生"如果要撤销你现在就读的学校，让你到离家稍远但教学质量较好的学校读书，您的态度是？"其中选择"非常愿意"的占 18.9%，"比较愿意"的占 27.3%，二者总计达 46.2%；选择"比较不愿意"和"非常不愿意"的比例总计为 31.4%。在 106 名初中生中，选择非常愿意的为 26.4%，比较愿意的为 28.3%，二者总计为 54.7%；选择"比较不愿意"和"非常不愿意"的比例总计为 24.6%。总体来看，愿意撤销现在学校到新校读书的学生比例随着年级的增高而逐渐增高。

表 8.2 不同年段学生对撤并学校的态度

	非常愿意	比较愿意	无所谓	比较不愿意	非常不愿意
小学一二年级	11.5%	17.3%	25.0%	13.5%	32.7%
小学三四年级	20.0%	20.0%	23.5%	14.1%	22.4%
小学五六年级	17.0%	30.0%	21.0%	19.0%	13.0%
初中	26.4%	28.3%	20.8%	14.2%	10.4%
总计	18.9%	27.3%	22.4%	15.0%	16.4%

对于家长卷"县城学校与教学点相比哪个更有助于孩子发展"的问卷调查中，295位有效问卷中，认为县城学校更有利的仅占55%，比选择教学点的45%略高。在学生卷中有一道开放性题目："你喜欢在农村读书、乡镇读书还是喜欢在县城读书？为什么？"其回答结果更加详细地反映了这一问题。在369位学生中，选择县城、乡镇和农村的分别占42%、23%和30%，另外有5%左右的学生选择了其他或者没有作答。

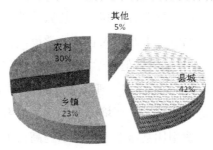

图8.16　喜欢去哪里读书

通过交叉分析发现，不管是县城的孩子还是农村的孩子，选择的结果与总结果都很相似，唯有家在乡镇的孩子选择在家庭所在地的最少，仅占9.1%，而选择无所谓的较多，可以说明乡镇一级的教育教学质量对于本地孩子的吸引力不大。乡镇孩子选择去农村就读的占到36.4%，与选择去县城就读的40.9%，非常接近；县城孩子选择去农村就读的也占到了25%，这都说明农村教育还有不少吸引学生的地方。

表8.3　不同家庭所在地对学校所在地的喜好

	县城	乡镇	农村	其他
县城	43.8%	31.3%	25.0%	0%
乡镇	40.9%	9.1%	36.4%	13.6%
农村	42.4%	22.9%	29.6%	5.2%

至于选择在县城、乡镇或者农村读书的原因，也各不相同。通过整理分析学生对此问题的回答可以发现，选择去县城读书的理由主要有：

"教学质量好"、"课程丰富"、"师资配置好"、"有良好的学习环境"、"教学设施完备"、"人多"、"比较繁华"、"交通比较发达"、"接触到的新鲜事物多"、"在县城读书可以更深层地了解一些事情"、"毕竟是城市"、"饭好吃"、"生活方便"、"不用骑自行车上学"、"可以住宿"、"独立生活"、"能锻炼自己"、"管得严"、"升学率高"、"父母省心"、"因为家在县城",等等。

也有虽然喜欢在县城读书,但是仍有些矛盾的回答,比如:"但县城学校体罚学生厉害"、"但是学费有点高"、"县城的教学质量高,不过也存在一些问题,例如农村的学生很难进入县城的学校,存在明显的教育不公平""虽然不可以每天看见家人,但教学好,不过也喜欢在农村读书",等等。有 23%的同学喜欢在乡镇读书,理由主要包括:"离家近"、"父母放心"、"回家方便"、"比农村好"、"环境好"、"空气好"、"花钱少"、"管得好"、"教的比农村好,费用比县城低"、"可以提高自理能力"、"家庭负担轻"、"教学质量好"、"交通方便"、"老师好"、"可以体验生活"、"喜欢乡镇"、"适合在乡镇读书",等等。

喜欢在农村读书的占 30%,他们的理由主要有:"离家近,可以每天看到父母"、"花钱少"、"能让我们好好学习"、"伙伴多"、"空气清新,花钱少"、"环境美,安静"、"可以家长接送"、"远了不方便"、"老师管得严"、"乡气浓,没有那么多规矩"、"安全"、"农村人很少受现代不良风气的影响"、"教得好"、"不住宿"、"家庭负担轻",等等。另外,还有少部分学生认为在哪里上学都无所谓,他们给出的理由主要是:"在哪都一样"、"只要教好就行"、"只要努力学习在哪里都能成功"、"只要条件好,教学质量好就行",等等。

在历史上,农村学校办学经费也曾经比较充裕,也吸引了一批年轻有为的教师。然而,随着城乡差距的拉大,农村比较低劣的办学条件,既不能留住优秀教师,也不能吸引新教师。通过深入分析,可以发现,尽管目前不少学生及其家长有比较强烈的进城读书的愿望,但其动力主要来自对城市优质教育资源的向往以及对农村教育教学质量的不满。如果中央和地方政府能够给予适当的倾斜,确保农村学校必需的经费和师资,农村教育教学质量应当有一个飞跃，也会有更多的农村子女乐意留在农村。

（二）苏镇小学布局的几种可能

小学和初中在生源、服务人口范围、服务半径、招生规模等方面都存在很大差异，作为基础教育不同阶段的专门机构，其校舍、师资、设备设施等对乡土和城市的依赖程度也各不相同。因此，将小学和初中的布局调整分开来讨论更有助于问题的说明。

SWOT 是研究战略规划的重要工具，最早于 20 世纪 60 年代由美国哈佛商学院安德鲁斯教授提出。传统的 SWOT 主要指的是对企业的优势（Strength）、劣势（Weakness）、机会（Opportunity）和威胁（Threat）进行分析，为企业管理与市场营销战略制定客观而全面的依据。进入 90 年代以后，SWOT 分析逐步拓展到国土资源规划、城市战略发展规划和旅游规划等学科领域或部门。优势和劣势通常反映规划地区自身所存在的长处和不足，一般称之为内部因素。优势既包括客观条件上的特色优势，也包括通过主观努力可以形成的类比优势，还包括外部人为因素所构成的注入因素。劣势既包括客观条件上的限制，也包括实践中尚存在的弱点和需要克服的问题，还包括人为因素构成的制约。机会和威胁指的是规划地区所面临的外界有利因素和不利因素。机会既包括外部条件注入所提供的有利因素，也包括发挥自身优势可以创造的有利因素。威胁，既包括外部可能存在的不利因素，也包括内部处理不当可能产生的不利因素。[①]

农村中小学曾经历了一个从无到有、从少到多，然后又开始从多到少、从分散到集中、从非专业到专业的过程，目前正处于调整的关键期。以苏镇为研究对象，列举苏镇中小学未来布局的若干种可能方案，运用 SWOT分析法对苏镇的内外部环境以及苏镇中小学自身的优势和不足进行比较全面的考量，可以更加详细地呈现布局调整中不同力量的对比，从而为教育决策提供参考和依据，推动农村教育工作的顺利进行。

---

① 袁牧，张晓光，杨明．SWOT 分析在城市战略规划中的应用和创新[J]．城市规划，2007（04）

方案一：8+1+N

这一方案与苏镇小学布局的现状基本吻合，差异主要体现在教学点（N）的数量变化上，属于相对比较保守点的方案。"8"即现有的八所学区小学（含中心小学），"1"即私立万隆学校，二者都是不变的。"N"即教学点的数量，可以在现有 15 个教学点的基础上进行增减，从而对全镇的学校布局作出细微调整。

表 8.4　"8+1+N 模式"的 SWOT 分析

S（优势）	✧	基本符合现状，阻力最小
	✧	家校距离近，无需校车或寄宿，学生有较多时间与父母相处
	✧	就学费用低，不需要支付交通费和伙食费
	✧	班级规模小，便于实施小班化教学或者因材施教
	✧	乡土气息浓，有助于增加学生的乡村体验，增强对农村的感情
W（劣势）	✧	教学点师资素质较低，教学设施简陋，学生集体生活时间较少
	✧	教师接受培训的意愿较低，不喜欢变革
	✧	校点分散，不利于集中资源
	✧	管理复杂，不利于标准化和专业化的提高
O（机会）	✧	近几年来，适龄儿童的增加有可能增加教学点的学生数
	✧	国家远程教育可以弥补地方教育资源的不足，国家转移支付可以增加对教学点及学区小学的支持力度
	✧	特岗计划和教师交流有助于提高教学点和学区小学的教师水平
	✧	因为年龄原因越来越多通过函授获得学历提升的老教师逐步退出教职岗位，增加了吸纳年轻新教师的能力
	✧	越来越多的师范毕业生不能在城市找到如意工作，可能会投身农村教育，有助于提高农村小学师资
T（威胁）	✧	国家转移支付有可能被中间层侵蚀，不能真正惠及教学点或者学区小学，即使能够到达教学点或学区小学，也往往因为"撒胡椒面"而降低使用效率，不能"整合"使用
	✧	城镇化进程的加快可能会进一步缩减本地在校生规模，恢复重建的教学点或已经加大投资的学区小学可能会有闲置危险
	✧	正在进行中的"合村并建改革"[①]一旦推行，一部分教学点或学区小学可能会被撤并，造成资产流失

----

① 开展合村并建工作，是德州市委、市政府加快统筹城乡发展的战略举措。2010 年 5 月 10 日，夏津县举行合村并建社区集中开工奠基仪式，此次首批共有 12 个合村并建社区，涉及村庄 82 个。与此同时，相邻各县都有较大动作，武城县在行政村总数由 393 个减少为 189 个社区的基础上，又将 189 个社区规划为 144 个并居点。平原县已完成 94 个农村社区并居点的规划设计，恩城镇按照"农民向镇驻地集中、居住向社区集中、产业向镇创业园区集中、土地向种地大户和合作组织集中"的合村并建原则，在镇驻地规划了 4 个大型并居点，可容纳 3 万名农民。为此，全镇将 23 个社区整合为 7 个并居点，整合率达到 56.5%。资料来源：新华网-山东频道 [EB/OL]. [2011/3/14]. http://www.sd.xinhuanet.com/wq/2010-06/24/content_20158201.htm。

这一方案的最大特点，就是尽可能保持了现状，在稳定中求发展。平均每2～3个村庄就有一个教学点或学区小学，学生到最近学校的距离一般都不超过1.5公里，极大方便了学生入学。每个学区的平均服务人口为6375人。[①]

就班级规模来说，平均每班约为38人，中心小学和后屯学校班级规模略高，约为50人/班，学区小学在40人左右，教学点一般在一二十人左右。就学校班级数来说，除中心小学、后屯学校为每级双班或三个班以外，其他学校基本上都是单班（范窖村学校六年级为双班），学校规模一般都在300人以下。

方案二：8+1

这是调整幅度较大的一种模式，跟现状相比，各学区小学和私立小学仍然保留，教学点全部撤掉了。教学点的学生全部就近到附近学区小学上课，增加了学区小学在校生规模，资源相对集中，可以更加有效地实施管理。

表8.5　"8+1模式"的SWOT分析

S（优势）	◇ 撤消了教学点，学区小学成为基本的教学单位，管理层级减少有助于政策的贯彻执行
	◇ 资源相对集中，学校规模和班级规模都有了扩充，消除了教学点过小班级学生数量不足的情况
	◇ 容易形成校内彼此竞争与相互合作的氛围，调动教师和学生的积极性；
	◇ 家校距离适中，同学结伴而行，有利于儿童健康快乐地成长
W（劣势）	◇ 学区小学教学条件简陋，设备不完善，管理水平低
	◇ 到外村上学儿童增多，意外交通事故出现概率可能会升高
	◇ 撤并教学点会遇到来自家长和村庄的压力，子女到外村读书，增加了家长的安全顾虑，以及接送孩子的成本
	◇ 学校需要抽调专门教师或者腾出更多精力关心孩子的交通安全和在校生活

---

① 2010年苏镇人口为5.1万人。

O（机会）	✦ 村支书开始视村小学为"包袱"，欲"卖"之而后快
	✦ 村民对教学点的教学质量日益不满，加速了教学点的解体
	✦ 农村交通条件以及生产生活条件的改善，有利于儿童选择距离更远的学校读书
	✦ 被撤并教学点的富余教师可以充当生活教师以更多地照顾儿童，陪同儿童上下学等
T（威胁）	✦ 中心小学或县城有可能创办寄宿制学校，会进一步影响学区小学的生源，个别学区小学将因生源不足而难以为继
	✦ 私立万隆学校"抢走"大量优质生源，合村并建可能会使某些学区小学所在村庄被合并，势必影响学区小学的去留
	✦ 没有教学点，学区小学即为最基层的教学单位，会加快学区小学优秀教师向上流动的倾向，学区小学可能会因为条件和周边环境因素而招聘不到高素质的教师

经过调整，中心小学（无六年级）按照每年级三个班设计，班级规模在 43 人左右；后屯学校按照每级双班设计，班级规模在 48 人左右；范窑村学校按照每级单班设计，班级规模在 50 人左右；各学区小学也按照每级单班设计，班级规模在 30 至 55 人之间。根据 2005 年至 2007 年全县的出生率和出生人口来看，都要明显高于 2004 年以前，2008 年以后，出生率和出生人口再次开始出现下降趋势。因此，对于单班超过 50 人的班级，可以根据情况调整为两个班。

经过这样的调整，每个学区小学的服务人口不变，仍为 6375 人，每个学区小学平均要覆盖 6.75 个村庄，学生距离最近学区的最远距离不超过 2.5 公里，在多数学生可承受范围之内。

方案三：3+1+N

这也是调整幅度比较大的方案，撤销了一些条件较差的学区小学，保留若干教学点，既确保生源向学区小学相对集中，扩大学校和班级规模，又不排除教学点的补充功能。基本思路是：全镇保留 3 所学区小学、1 所私立小学和若干教学点。在镇上保留中心小学，并将其建设成为寄宿制小学，在乡镇北半部和南半部各保留或新建一所学区小学，兼顾办学历史和就近入学原则，其选址如图 8.17 所示。

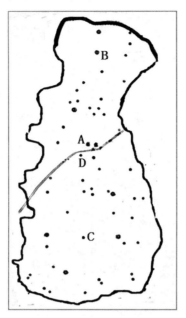

图 8.17 苏镇"3+1+N"模式学校选址示意图

乡镇北半部的 B 点即现在尤王庄小学所在地，该校在 1997 年"普九"时曾经得到扩建，条件较好，并且交通非常便利。尤王庄到镇上的距离为 5.5 公里，基本上能够保证绝大多数村庄到学校的距离在 3 公里以内。

乡镇南半部的 C 点位于温辛庄小学教学点附近，刚好在 4 所学区小学的中心位置，在此地可以建设一所标准化的完全小学。温辛庄村办学历史比较悠久，距离镇上 5.3 公里，附近各村到达这里的距离也多在 3 公里以内。

A 点即现在中心小学所在地，D 点即私立万隆学校所在地，由于二者都在镇上，且教育教学质量相对较好，又可以相互补益，故而这两所学校校址不变，规模可适当扩大。

经过调整，三所公立小学的平均服务人口增加至 17000 人。由于镇上还有私立小学，实际每所小学的服务人口当在 12750 人左右。经过调整，每个学区小学的学校规模应当在 1000 人左右，可以达到 18～25 个班的规模。

表8.6 "3+1+N 模式"的 SWOT 分析

S（优势）	✧ 既减少了学区小学的数量，扩大了学校规模，又保留了教学点，确保了选择教学点就读的权利 ✧ 学生到各学区小学的距离适中，步行或者骑自行车都可 ✧ 有助于集中资源，提高行政效率，发挥办学的规模效应 ✧ 学校规模适中，有助于形成良好的教学氛围，培养学生团队合作与相互竞争的精神
W（劣势）	✧ 学校迁建需要大笔资金，学校撤并又难以避免教育资产流失 ✧ 学校迁建阻力较大，势必会遇到各种阻挠 ✧ 学区小学的管理水平较低，教学点受学区小学和中心小学的双重领导
O（机会）	✧ 家长选择学校的观念从"不出村"向更加注重教育质量的转变 ✧ 良好的交通条件有助于儿童向学区小学或中心小学集中 ✧ 即将进行的"合村并建"改革可能会加快这一进程
T（威胁）	✧ 交通条件的改善以及寄宿制小学的发展，可能会进一步影响学区小学的规模，使得按标准建好的学区小学再次面临生源危机 ✧ 学区小学控制能力的增强，可能会使具有乡村特色的教学模式和教学方式受到威胁或失去发展的土壤

方案四：1+1+N

这是相对比较激进的方案，即原则上所有小学生都向镇上集中，各教学点仅仅作为上学距离较远孩子的一种选择，他们可以根据自己的意愿选择到镇中心小学或私立万隆小学读书，也可以就近在教学点读书。

教学点一般提供一至二年级课程，个别教学点可以延长到三年级甚至四年级，原则上三至六年级学生要到中心小学或万隆学校读书。教学点的数量可以控制在8~15所左右，大约共计30个班，可容纳1000~1500人；中心小学的班级应该在40个左右，人数在1500~2000人之间。

苏镇南北狭长，镇政府所在地基本位于全镇中心的位置，到镇最北端的距离大约为7公里，到最南端的距离大约为9公里。在这种情况下，中心小学要办成寄宿制学校，并开发各种活动课程以丰富学生的课外生活，并且配备专门教师照顾学生日常生活，为希望住宿的学生提供良好的寄宿条件。学生上学可以采用校车接送与步行或骑自行车结伴而行相结合的方式。

表 8.7　"1+1+N 模式"的 SWOT 分析

S（优势）	✧ 资源高度集中，有利于建设高标准的完全小学，积极推广国家远程教育建设 ✧ 可以更好地缩小与城市小学的差距，促进教育均衡发展 ✧ 儿童较早地接受团队生活训练，可以较快地适应未来高度竞争的社会环境 ✧ 教学点从学区小学的管理中解放出来，接受相对规范的镇小学领导，可以有一个相对宽松的发展环境
W（劣势）	✧ 上学距离较远，儿童上学不方便 ✧ 中心小学规模过大，带来管理上的困难 ✧ 容易导致大班额授课，不利于学生身心健康成长
O（机会）	✧ 交通条件的改善以及对校车制度的尝试都将更加方便了儿童来往于城镇之间，可以在更大范围内选择学校 ✧ 国家对寄宿制学校建设大力支持可以解决上学路途较远学生的后顾之忧 ✧ 新式私塾的兴起，为教学点的个性化办学提供了参考与借鉴
T（威胁）	✧ 由于到县城交通条件的改善，可能会加剧本地生源的进一步流失 ✧ 较远的上学距离以及过大的学校规模和班额，可能会导致辍学率反弹 ✧ 村集体对教学点的支持热情降低，不利于教学点的健康发展

（三）苏镇初中布局的几种可能

苏镇目前共有苏镇中学、后屯学校和范窑村学校 3 所初级中学。苏镇中学位于镇政府所在地，占尽地利。后屯中学原为后屯乡的乡办中学，2000 年乡镇合并后，学校也随之归属苏镇管辖，范窑村学校的中学资格一直没有被正式承认，经常处于若有若无的状态，可以看作是苏镇中学的一个教学点。

如果按照人口出生率为 12‰计算，苏镇 5.1 万人口每年应该有 600 人左右出生，假使这些儿童初中都在本地就读，刚好可以维持三所平均规模为 600 人的初中。2010 年的初中适龄人口应该为 1996 年至 1998 年出生的 13～15 岁的青少年，根据人口统计，那三年的出生人口总数为 1399 人。而 2010 年三校的初中生分别为：苏镇中学 236 人，后屯学校 125 人，范窑村学校 114 人，总计 475 人。在当地读书的初中生仅占适龄儿童的三分之一略强，除少数学生辍学外出打工以外，绝大多数学生去了县城各中学或外地学校。即使选择在苏镇本地上初中的学生也很难坚持到毕业，每个学期都会流失不少学生。因此，开学初清点流失学生人数就成了班主任老师的第一项重要任务，笔者 2009 年在苏镇中学访谈时曾拍下一张写在室外宣传板上的通知，可以权作说明。

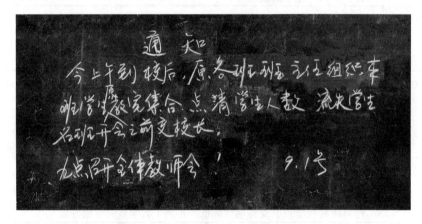

图 8.18 苏镇中学清点流失学生的通知

由于城镇化等因素的影响，留在本地就读的儿童仅占适龄儿童和青少年的三分之一左右，且分散在三所中学，规模明显太小，存在严重的资源浪费现象，以至 2009 年后屯中学竟然出现了 9 位学科教师仅仅 7 名初三年级毕业生的笑谈。苏镇中学的校舍也存在严重荒芜现象，大多处于废弃或闲置状态。

图 8.19 苏镇中学的荒芜景象

方案一：3

这一方案与现状吻合，即苏镇现有 3 所初中学校全部保留，是比较保守的一种方案。苏镇南北狭长，路面平坦，在南北约 15 公里的中线附近，分布着三所中学，每所中学的服务范围为 5 公里左右，学生大多骑自行车上学，几乎没有学生住宿。学生上学时间大多在 30 分钟以内。由于近 5 年来，初中招生遇到了全县出生人口的低谷，初中生源一直严重不足。

表 8.8 三所中学的基本数据比较（2010 年）

	占地面积（平方米）	建筑面积（平方米）	初中生数（人）	小学生数（人）
苏镇中学	40678	4738	236	179
后屯学校	47357	5000	125	583
范窖村学校	8004	1301	114	304

不过从人口发展趋势来看，2011 年后初中适龄人口将会出现增长趋势，此后 10 年将会一直保持比较高的适龄人口数量，如果苏镇各中学的教

育教学质量能够保证，维持运转应该还是可行的。

表 8.9 "3模式"的 SWOT 分析

S（优势）	❖ 就近入学，费用低，几乎不需要支付交通费和伙食费，也不需要安排寄宿 ❖ 班额小，有助于实施小班化教学或者因材施教 ❖ 家校距离近，儿童有较多时间与父母相处，有助于增加学生的乡村体验以及对农村的感情
W（劣势）	❖ 校点分散，不利于集中资源，校舍维护费用高，设施简陋且更新慢，存在浪费和三校之间资源配置不均等现象 ❖ 相互争夺生源，追求短期效应，难以落实国家素质教育政策 ❖ 教师压力小，不喜欢变革，接受培训的意愿较低 ❖ 班级规模小，不利于学生组织协调能力的发展
O（机会）	❖ 国家转移支付加大了对农村中小学的支持力度，农村现代远程教育工程可以弥补地方教育资源的不足 ❖ 绩效工资改革、特岗计划和教师城乡交流有助于提升农村中学的师资水平 ❖ 因为年龄原因越来越多通过函授获得学历提升的老教师逐步退出教职岗位，越来越多的师范毕业生不能在城市找到如意工作，增加了农村中小学教师更新的可能与速度 ❖ 初中适龄人口逐步增加，各中学学生人数出现反弹，减缓了被撤并的压力
T（威胁）	❖ 城镇化进程的加快，使农村人口不断减少，同时维持三所初中学校运转越来越难，教育资产闲置可能性很大 ❖ 以县为主的义务教育管理体制和乡镇财政、人事等权力的上移，将进一步减少学校发展获得地方支持的可能 ❖ 国家转移支付到苏镇的资金有限，难以发挥应有的效益

方案二：1+1

这是调整幅度比较大的一种方案。前面的"1"代表苏镇只有 1 所公立中学——苏镇中学，后面的"1"代表苏镇可以兴办 1 所私立中学，二者皆为初级中学。苏镇中学在全镇范围内招生，私立中学可以由万隆学校兴办，招生范围不受乡镇行政区划限制。

表 8.10 "1+1 模式"的 SWOT 分析

S（优势）	◆ 三校合并，集中了资源，有助于发挥规模效应
	◆ 通过资产置换，可以节约大量校舍维护费用，使苏镇办学条件得以改善
	◆ 公私立学校并存，可以形成相互竞争相互促进的态势，并为学生及家长提供选择多种教育的机会
	◆ 全镇的初中生都到镇上读书，可以确保每个学生都能接受到同样标准的教育，实现乡镇范围内的教育均衡发展
W（劣势）	◆ 同时撤并两所学校面临着较多阻力，集中在乡镇办一所初中还需要完善各种配套措施
	◆ 由于各村的历史和文化因素存在很大差异，如果管理不善，有些偏远村庄的孩子可能还会因为受欺侮而辍学或转学
	◆ 班级规模较大，教师难以照管到所有学生，容易导致厌学情绪升高
O（机会）	◆ "初中相对集中"符合 2001 年《国务院关于基础教育改革与发展的决定》关于学校布局调整的原则
	◆ 乡镇交通条件和生活条件的改善以及乡镇教师工资的提高，有助于吸引优秀毕业生投身乡镇初中教育事业
	◆ 国家对"三农"和新农村建设日益重视，建设好乡镇初中是新农村建设的内在要求
T（威胁）	◆ 随着初中适龄入学人数的增加，撤并后屯、范窖村两所中学的阻力也将增加
	◆ 随着城乡交通条件的改善，离镇上较远村庄的初中适龄青少年流失率会增加
	◆ 随着公办初中办学条件的改善，私立初中的发展环境将变得非常艰难，公私立学校齐头并进的发展态势难以形成

苏镇中学始建于 1988 年，当时即有 1000 多名学生，1997 年"普九"前后更是多达 1200 余名学生。1988 年学校初建时有教室 54 间，最多可以容纳 18 个班，当时班额较大，每班在 60 人左右。1997 年新增教室 27 间，达到了 27 个班的规模。苏镇中学现占地 61 亩，另有生化试验室 12 间，学生宿舍 18 间，教师宿舍 24 间，办公室 36 间，餐厅 12 间，总建筑面积达4738 平方米。目前多处于闲置状态，只要稍加修缮，苏镇中学的容纳能力是不成问题的。

万隆学校创办初中主要受师资和场地两个方面的制约。初中不同于小学，对教师的学历要求比较高，能否聘请到高素质的教师是其能否具有竞争力的一个重要因素。万隆学校的规模在 1200 人左右，现在已接近饱和，如果招初中班需要压缩小学招生规模，或者通过购买、租赁、兴建的方式扩大学校规模。如果万隆学校能够创办初中，一方面迎合了部分家长的需求，另一方面也可以给当地的公立初中一些办学的压力，形成相互竞争、相互促进的态势。

苏镇中学到本镇最南端和最北端的距离在 7 公里左右，除少数较远学生有住宿要求以外，多数同学可以往返于学校和家庭之间，由于路面平坦，骑自行车的时间当在 30 分钟左右。

方案三：1

这也是动作比较大的方案，即苏镇只允许存在 1 所处初级中学。在此之下，还可以有两种不同的方案：其一是保留并发展苏镇中学，与前一种不同的是苏镇中学招生范围不再局限于苏镇内，而是可以服务附近 2～3 个乡镇，这一方案暂可称为"G1"模式；其二是苏镇内不再保留任何公立中学，仅允许兴办万隆私立中学，希望接受公立学校教育的学生需要到县城学校或者邻近乡镇公办中学就读，这一方案暂可称为"S1"模式。

先说"G1"模式，苏镇中学服务 2～3 个乡镇，也就意味着全县 12 个乡镇可以保留并改建 5～6 所农村初级学校，通过县级政府统一管理以及国家转移支付的形式，建设高标准的农村初级学校，从而促进全县范围内的教育均衡发展。

苏镇东边的雷集镇辖 57 个行政村，人口 3.8 万人，在 20 世纪八九十年代，雷集镇的初中教育质量与苏镇相差悬殊，当时就有不少学生到苏镇就读，雷集镇生源占苏镇在校生总数的三分之一左右。从地理位置上来看，雷集镇在夏津县的最东边，到县城的距离最远，苏镇是到达县城的必经之地。尤其值得一提的是，雷集镇最边缘到苏镇中学的距离与苏镇最北端或最南端到达苏镇中学的距离相差无几①。因此，无论从历史发展还是地理位置上来看，两个乡镇合办一所中学并且校址定在苏镇是比较理想的选择。

如果两个乡镇合并办学，学校规模将会扩大一倍左右，达到 2000～3000 人的规模。不仅仅苏镇学校的硬件设施需要改善，还应该提供完善的寄宿或者校车接送服务。为了吸引优秀的生源和教师，苏镇中学有必要拆除部分平房教室，修建占地面积较小的楼房，其远景发展规划或许能够尽快得以落实。

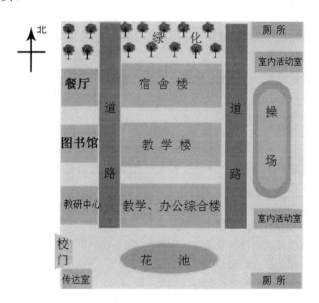

图 8.20　苏镇中学远景规划图

依此设计，全县农村当有五六所初中，县城也可以保留三所左右的初级中学，每校都在两三千人的规模。即使城镇化水平发展到很高的程度，现有农村人口再减少一半，各校的规模仍然可以达到千人左右的水平。如果以后农村学校校舍出现利用率不足，可以考虑将县城初级学校升级为高级中学，用以普及 12 年基础教育。初级中等教育主要在乡镇实施，既可以缓解县城的人口压力，也可以给学生以更加宽松的学习环境。

① 见本书第 128 页，图 4.6。

表 8.11 "G1 模式"的 SWOT 分析

S（优势）	◇ 乡镇合并办学，资源更加集中，有助于提高办学标准，促进城乡教育均衡发展 ◇ 学生在乡镇就可以接受到高标准的教育，既减轻了县城的交通压力，又减轻了县城中学规模过大的压力 ◇ 乡镇环境相对比较简单，办学成本较低，学生上学费用较低，也不像县城对农村孩子有太多诱惑，可以集中精力学习科学文化知识
W（劣势）	◇ 不同背景的学生集中在一起，给学校所在乡镇的治安和交通管理带来较大压力 ◇ 学校规模过大，需要协调不同乡镇的众多学生，管理上百名教师，管理成本也随之增加 ◇ 容易导致大班额授课，不利于因材施教，可能会导致厌学率升高
O（机会）	◇ 以县为主的义务教育管理体制有助于打破乡镇行政区划限制，从而放宽择校的范围，实现跨乡镇办学 ◇ 农村适龄入学人口的减少，使得一个乡镇难以维持高标准的初级中学运转，合并办学可以缩减办学成本，提高资源使用效率 ◇ 交通条件的改善以及农民生活水平的提高，使得初中生跨乡镇入学不再是难以承受的大问题
T（威胁）	◇ 不同乡镇之间为了各自利益，会比较激烈地争夺将初中设在各自所在乡镇，合并办学会遇到强大阻力 ◇ 县城学校从自身利益出发，可能会利用自己所掌握的资源竭力反对在农村兴办较高标准的初级中学 ◇ 农村学校与县城学校在办学规模、投资力度和师资水平上的日益接近，有可能使农村学校成为城市学校在农村的翻版，城乡学校越来越趋于同质而少个性

再看"S1"模式，如果苏镇没有公立初中，可以允许私立万隆学校办初中。万隆学校设在苏镇，但是服务范围却绝不仅仅限于苏镇，至少可以辐射县城东北部的四五个乡镇。如果教学质量能够保证，生源肯定不成问题。关键是要确保有充足稳定的经费投入，并且处理好私立学校与公立学校的办学体制衔接问题，确保私立学校既能够提供优质教育服务又不以营利为目的。

表 8.12 "S1 模式"的 SWOT 分析

S（优势）	✧ 为农村儿童接受初级中等教育提供另一种选择，为公立初中树立竞争的对象 ✧ 可以充分发挥私立学校办学体制灵活的特点，更好地满足学生多元发展的社会需求 ✧ 万隆成为九年一贯制学校，可以在一个较长的办学年限内自主探索更理想的教育教学模式
W（劣势）	✧ 缺少了当地公立学校的竞争，私立学校逐利的本性可能会导致其降低教育服务质量 ✧ 可能会出现大量公办教师难以安置的情况
O（机会）	✧ 新式私塾的兴起以及《民办教育促进法》的颁布实施为私立学校的发展提供了更加宽松的社会环境 ✧ 杜郎口中学的成功为同样身处乡镇的农村学校发展提供了坚定的信心 ✧ 国家财政对私立中小学按照学生人数转移支付在一定程度上减轻了私立学校的办学成本
T（威胁）	✧ 私立学校收费较高，县城公立学校距离较远且学校规模有限，苏镇初中生辍学率可能会出现反弹，不利于九年义务教育成果的巩固 ✧ 公立教育和城市教育是被广泛认可的办学模式，万隆学校可能会照搬城市学校发展模式，使其成为城市教育在农村的翻版，从而使传统的农村教育无迹可寻

方案四：0

这一方案是最为激进的方案。当然如果在邻近乡镇有公办初中的话相对会缓和一点，其情形则跟上一方案中的"G1"模式一致；如果在各个乡镇都没有公立初中，而是所有的初中都集中在县城，那就是"0"模式，跟邻近平原县的初中生全部进城是一致的。

平原县位于夏津县东侧，与雷集镇接壤。由于农村办学条件差，教师待遇低，从 1999 年至 2004 年，各乡镇中学外流教师高达 213 人，农村中学教学质量严重下滑，一半学校不能开设英语、计算机、音乐、美术等课程，向乡镇派遣教师支教的效果也不理想，每年都有一两千名初中学生千方百计离开乡村中学去城里读书。为了把全县 1.8 万名农村初中生"农转非"，平原县决定实施"初中进城工程"，扩大城区中学规模，在城区 3 所初中的基础上，又新建和扩建了 2 所初中，2008 年，农村初中生全部实现了进城读书。[①]

2008 年 9 月，《中国青年报》、新华网、新浪网等媒体对平原县的初中进城的教育改革事迹都有报道，然而在社会上并未引起太大的反响，从另一方面也说明了政策制定部门、学者以及社会公众对这一模式的不确定。在笔者的访谈过程中，对这一模式也多有关注，据说自从被媒体报道以后，省市领导对平原县的做法一直持有比较模糊的态度，既不支持也不反对。平原县"初中进城"实施两年以来，也确实出现了一些问题，比如辍学率反弹、上下学时段交通拥堵、农村教育更加萧条等。

表 8.13 "0 模式"的 SWOT 分析

S（优势）	◇ 初中生全部进城，有助于促进人口从农村向县城流动，大大加快城镇化进程，提升了县城作为地方政治、经济、文化中心的地位
	◇ 集中在县城办初中，可以确保每个学校都能相比在乡镇更加容易地聘请到优秀师资，比较便利地监管各校资源配置及使用情况，从而可以确保在县域范围内教育均衡发展
	◇ 庞大的学生消费群体可以为县城提供大量的就业机会，并刺激学校周边餐饮、商店以及服务摊点的发展
W（劣势）	◇ 上学距离远，多数学生需要乘车或寄宿，增加了农村孩子的上学成本，如果监管不力，可能会导致某些学生沉溺于网吧或者其他娱乐场所
	◇ 学校规模大，需要增加管理幅度或管理层级，行政管理成本增高
	◇ 县城学校难以安置乡镇中学的全部老师，勉强安置可能导致人浮于事
O（机会）	◇ "省管县"体制改革[②]有助于发挥县级政府在地方经济发展和社会管理中的主体职能，有利于政府在县域范围内统筹教育事业发展
	◇ 城镇化进程加快，"碧水绕城"等工程的修建，吸引越来越多的农村青年到县城居住，各乡镇事业单位人员多数都在县城买了房，儿童大多随父

① 胡俊生，司晓宏. 农村教育城镇化的路径选择——"平原模式"与"柯城模式"浅析[J]. 北京大学教育评论，2009（03）

② 2009 年，夏津县成为山东省 20 个省管县财政体制改革试点县（市）之一。

		母来县城就读
	✧	邻近平原县的初中生进城①已经积累了比较丰富的经验，可以为夏津县推进相关改革提供借鉴
T（威胁）	✧	新农村建设即将取得的成就、城市生活的高成本以及激烈的竞争压力可能导致一部分人回流农村
	✧	一部分学生可能难以适应城市学校的学习模式，而农村又不能提供适当的教育，从而形成学校布局的空当，加之目前"新读书无用论"的影响，可能会导致义务教育阶段辍学率增加
	✧	土地征收管理办法及土地补偿标准的提高，使学校建设用地的征收与审批更加困难，势必影响在县城集中建设初中的成本

即使这一模式对于夏津县具有借鉴意义，要实施"初中进城"仍要受到土地和经费等条件的限制。按照正常年份，全县初中学生总数当在 1.8 万名左右，有些年份还要高一些。因此，县城至少应该有五六所初中。就目前来看，实验中学和六中仅 100 个左右的初中班，规模在 5000 人左右，尚有 13000～15000 人缺口，至少需要新建或者扩建三四所初级中学。然而，现实的情况是，夏津县政府缺少足够的经费和可以调拨的土地用于新建或者扩建县城初级中学。第二实验中学自从被人代会通过以后，一直没有得到落实，据说最主要的原因就是经费不足。另外，土地征收管理办法及土地补偿标准的提高，也使学校建设用地的征收与审批更加困难。因此，可以说在县城建设多所初中的困难很大。

二、基于历史和现实的反思

在漫长的封建社会，私塾承担了农村绝大部分的文字启蒙与教化职

---

① 关于平原县的初中生进城，《大众日报》、新浪网、网易新闻中心都有报道，被称赞为推进教育公平的创新举措，并有学者在《教育研究》、《北京大学教育评论》发表文章称其为农村初中县城化、非农化的示范。亦可参见胡俊生. 农村教育城镇化：动因、目标及策略探讨[J]. 教育研究，2010（02）；胡俊生，司晓宏. 农村教育城镇化的路径选择——"平原模式"与"柯城模式"浅析[J]. 北京大学教育评论，2009（03）。

能，培养了大批忧国忧民的士子与乡绅。清末民初以来，私塾被当作导致国弱民贫的根源进行批判，逐渐被西方新式学堂取代，学校的职业培训功能逐渐超越教化功能。经过一番激烈的博弈，私塾逐渐退出城市和乡村。新中国成立以后，作为普及中小学教育的主要机构——公办中小学在农村地区由少到多，几乎遍布各村，随着办学标准的逐步规范与提高，学校布局经过不断调整，逐渐由分散趋于集中，出现了"小学向乡镇集中，初高中向县城集中"的趋势。县、乡、村"三级布点"的农村义务教育学校布局源于以往农村中小学集体办学的性质，以及"地方负责、分级管理"的办学体制。① 2001 年，国家颁布了《基础教育改革与发展的决定》，全国范围的学校布局调整开始由自下而上的自发状态走向政府主导的自觉行为。随着农村学校撤并数量的增加，各种负面影响也纷至沓来。2006 年，国家出台政策限制学校布局调整中的"一刀切"行为。对于今后的学校布局调整工作，仍有不少争议。

（一）村小要不要撤并

村小曾在义务教育的普及中做出了非常突出的贡献，然而，随着农村适龄入学人数的减少，逐渐出现了大量农村校舍荒弃与浪费的现象。对于是否要大规模地撤并村小，其争议主要集中在是否节约了教育成本、是否提高了教育质量、是否促进了教育公平以及如何理解村小在农村社区中的功能等方面。

1. 撤并的逻辑

在 20 世纪的小学和九年义务教育普及阶段，限于当时的经济发展条件以及庞大的人口压力，我国农村基础教育对办学效益的要求不高，中小学分布基本按照村庄人口分布状况简单设置，布局分散，标准不一。进入新世纪以来，随着城镇化进程的加速发展以及适龄入学人口高峰的退去，农村中小学规模迅速缩小。人们对优质教育追求的日益强烈与对村小教育

---

① 黄龙威. 义务教育均衡发展的重点是合理布局学校[J]. 当代教育论坛，2010（5）

质量的日益不满，更是加剧了村小规模缩小的进程。在20世纪80年代，不少农村小学的学生规模多达数百人，现在多降至百人以内，甚至不过一二十人。随着学生的流失，教师越来越少，村小经历了由盛转衰的过程，留下来的教师，教学热情和教学信心也受到了影响。教育教学质量的提高需要一定的教育资源支撑，小规模学校既没有能力获得足够资源，也没有必要跟大规模学校一样按照同等标准配置资源。即使通过国家转移支付的形式配足配齐，也难以发挥效益。相对于城市学校先进的教育教学设施、丰富的师资和课程来说，农村中小学在各方面都相形见绌，显然也不符合教育均衡发展的战略。在这种情况下，撤并一些生源少、教学质量差、办学条件简陋的村小学和教学点，也就成了解决县级政府教育经费不足、提高资源利用效率以及促进教育均衡发展理所当然也是最受欢迎的举措。主张学校撤并者通常把撤并学校作为促进教育均衡发展的手段，认为撤并规模小、条件差的学校，让农村孩子集中在中心小学或城区学校读书，就是享受同样优质的教育，就是促进了教育公平。"发展规模效益"、"提高教育质量"与"促进教育均衡发展"也就成了学校撤并倡导者的主要立场以及获得合法性的来源。①

2. 保留的逻辑

与主张撤并村小者相反，主张保留村小者根据美国一百多年学校合并的历史事实说明美国大举撤并小规模学校并没有带来教育成本的降低和教育教学质量的提高，反而产生了一些新的问题。他们还结合我国学校布局调整中出现的一些新问题，如辍学率反弹、远离父母在大规模学校读书不利于身心健康发展、弱势群体利益受到损害等，试图否定学校合并可以节约资源、提高教育质量和促进教育均衡发展的逻辑。不仅如此，主张保留村小者还以城镇化背景下农村的日益衰败以及文化荒芜现象为抓手，把村小看作乡村的文化中心，认为撤并村小会导致乡村文化的衰弱甚至缺位，加速乡村社会的解组，更有学者把学校当作乡村文化重建的绿洲，试图通

---

① 王海英. 农村学校布局调整的方向选择——兼谈农村学校"撤存"之争[J]. 东北师大学报（哲学社会科学版），2010（05）

过乡村学校建设使乡土社会文化得以复兴。①

　　从殖民初期开始，美国学校数量也经历了一个从少到多的发展过程，19 世纪中期以后，美国城市工业的迅速发展，农村人口大量涌入城市，导致农村生源减少。由于当时学校的运转经费主要来自地方居民缴纳的税费及学费，所以地方经济发展水平与学校的发展水平休戚相关。随着州教育领导体制的逐步完善以及城乡教育经费、教育质量差距的拉大，为了改善各地教育质量低下、发展不均衡的问题，各州相继开展了不同程度的学校（学区）调整运动。经过 100 多年的调整，美国的学校（学区）数量骤减。从 1940 至 1990 年，美国学区的数量从 117108 个减少为 15367 个，减少了 87%。②尽管也有研究表明州政府对教育的投入确保了在全州范围内对教育资源配置的调控，改变了教育发展水平受各地经济发展水平制约的状况，并且在大规模学校可以提供更多的课程和学分。③然而更多的研究却表明，学校规模与课程质量之间没有直接的关系，相反还有研究者得出了完全相反的结论，认为小规模学校的学生学习更为积极，大规模学校的学生更易产生不良行为习惯。凯思琳·科顿（Kathleen Cotton）等人的研究还表明，小规模学校相对于大规模学校来说更能节约成本，鲁瑶琪和卢瑟·特威坦恩（Yao-Chi Lu and Luther Tweeten）的研究则从学习成绩的方面证明了学校合并引发了被合并学校学生学习上的不平等。④1990 年以后，学校规模可以带来学业成绩的改善、教育成本的降低以及促进教育公平的说法受到越来越多的质疑。大量的调查研究表明：与大型学校相比，小型学校更有利于满足学生个性化的学习，更有利于教师的专业发展，家长和社区对小

---

① 刘铁芳. 乡土的逃离与回归[M]. 福州：福建教育出版社，2008：13

② 张源源，邬志辉. 美国乡村学校布局调整的历程及其对我国的启示[J]. 外国中小学教育，2010（07）

③ David Strang. The administrative transformation of American education: school district consolidation 1938-1980 [J]. *Administrative Science Quarterly*. 1987 (3): 352-366.

④ 张源源，邬志辉. 美国乡村学校布局调整的历程及其对我国的启示[J]. 外国中小学教育，2010（07）

型学校的满意度也更高。①目前，中小学"小型化"改革运动已经在美国遍地开花。②日本政府也从 20 世纪 80 年代开始拆分规模过大学校，要求班级人数不要大于 31 人，从 1980 年到 1987 年，规模过大学校的比例从 7%减少到 3.5%，成效显著。③

中国自清末科举被废除以后，**乡间精英不断外流**，农村一时缺少了文化领导人的角色。新中国成立以后，在乡政府以及村委的领导下，农村中小学聘请了当地学历水平或者文化水平较高的担任教师，尽管在"文革"时期也因为政治原因遭到过迫害，但是在绝大多数时间，老师在乡村还是比较受尊重的。村委会也经常利用学校举办一些活动，曾几何时，学校作为乡村社区文化活动中心甚至被赋予了某种象征性的符号意义。乡村学校的存在可能代表了本地适宜居住、具有现代文明特征的标志，是当地居民文化认同的载体。撤并学校不仅冲击了当地村民的心理感受，更是对地方文化结构的破坏。学校撤并后，一些社会地位较高、经济条件较好的村民更倾向于搬离该地区，儿童也远离自己的村庄到别处上学，大批青壮年外出打工，留下来的多是老弱病残，**乡村文化的凋敝**是不言而喻的。

3. 综合的观点

尽管主张撤并与反对撤并者**各执一端**，争辩激烈，仍然可以得出结论，即坚持撤并者尽管也提出促进**教育公平、提高教育质量**的观点，但是更多的是以节约成本、实现规模效益的经济理性为价值取向的。而主张保留者更多的否定学校撤并能够带来教育质量的改善和教育效益的提高，更多的指责撤并农村学校会带来不良后果，除此之外，主张保留者除了呼吁保持现状外，也未能给出改善现状的理想对策。

应该明确的是，在现阶段，**撤并一些小规模学校，适当提高学校规模**既符合农村教育发展的内在需求，与国际农村教育发展路径也是吻合的。

---

① 李钰."越小越好"——透视美国小型学校运动[J]. 全球教育展望，2003（04）
② 毛明东. 当前美国中小学"小型化"改革综述[J]. 浙江教育学院学报，2010（02）
③ 万明钢，白亮."规模效益"抑或"公平正义"——农村学校布局调整中"巨型学校"现象思考[J]. 教育研究，2010（04）

然而，近十年来，我国学校布局调整的速度和数量都是惊人的，存在"简单化"、"一刀切"和"急推冒进"现象，不仅学校撤并导致的负面效应来不及消解，还有可能迅速走向规模效应的反面——规模不经济。

追求教育平等一直是努力追求社会正义的目标，应该作为教育的基本原则进行遵循。然而，在实际生活中总是存在一些变异，客观的说，社会地位不同受到的教育是不可能相同的。那些家庭条件好的孩子有更多的机会和能力去选择教育教学质量较好的学校，家庭条件差而又不能通过优异的学习成绩获得"免费"或者"优待"（奖学金）资格进入优质学校的学生，只能留在师资老化、设施落后、教学质量较差的学校读书，最终难免出现"好的更好，差的更差"的结果。教育平等不是追求简单意义上的整齐划一，不是消除差异，而应该是在照顾到学生、家长及其社会多样性需求基础上的教育需求的满足，应该建立在公平择校基础上对人的发展的充分尊重。学校布局调整是否促进了教育公平，不是看学校之间是否消除了差异，而应该考虑是否满足了学生及家长的教育需求。

在古代社会承担乡村文化传承功能的主要有民谣、歇后语、民间故事、历史传说、趣闻逸事、祭祀礼仪、乡村建筑、私塾等。乡绅作为乡村文化的领导人，在乡村文化活动中起着关键作用，各种民间文化活动如婚丧嫁娶、祭祀礼仪等都离不开乡绅的参与。当时的私塾也多是在乡绅的资助下创办的，地方乡绅在聘请私塾先生等方面都负有重要影响力。清末民初以后，随着城市工业的兴起，乡间精英不断流向城市，农村乡绅逐渐劣化，私塾及私塾先生逐步承担起以往由民间乡绅承担的文化领导人的角色，在民间社会生活中发挥了重要作用。新中国建立以后，经过社会主义改造，私塾基本上不复存在。在国家领导下由地方政府和当地村民建立的新式学校，虽然带有很强的集体性质，却与民间传统文化存在很大分歧。这些学校并非是作为地方文化的传承者与保护者而存在的，在更多情况下是作为地方文化的批判者和改造者而存在的。乡村自身的价值在学校教育中很少得以体现，在城市话语和城市文明的映衬下，乡村文化不仅黯然失色，并且也逐渐失去了继续存在的空间与勇气。学校教育在时间上和空间上越来越多的占据学生的乡村生活，在学校习得的城市话语和城市文明不断地改变着农村青少年的价值观念和生活方式，"现行小学课程一个重要内容就是培养对工业、城市与现代生活的向往与羡慕"。①随着大量青壮年的进城，乡村文化发展停滞且后继无人，在外来强势文化的影响下，逐步消解。

　　由于长期以来对现代性的误解，乡村被当成愚昧、落后的代名词，乡村学校也就成了反对传统的工具，人们似乎已经发狂般地认为越是摆脱传统，越是远离乡土，就越现代化。传统社会人们对乡土的感情和依赖正在远离我们，如今农村的现实情况是：人们争相"逃离乡土"，把自我存在之根从乡土社会拔离。②由于从清末以来，农村优秀的人才不断撤离农村，融入城市，既缺少了"衣锦还乡"、"荣归故里"的冲动，也缺少了"叶落归根"的夙愿，基于城市生活模式的现代学校设计更是加剧了这一进程，在农村土地上培养出的不是农村自己需要的人才，而是脱离农村、厌恶农村、逃离农村的城市浮华生活的追随者。自清末以来，以现代化为导向的学校教育把不同地域的学生聚集在一起，传授统一的价值理念，随着课程的增加以及在校时间的延长，学生与家长的沟通少了，对生养、培育自己的那块儿土地的了解少了，对地方文化以及生长在当地的人们逐渐产生了疏离感和陌生感，心灵上的孤寂使越来越多的年轻人钻入远方的城市，让自己淹没在城市的喧嚣之中。曾几何时，农村的价值观念与城市的奢侈浮华格格不入，即便是脱离农村生活方式的农村基础教育设计所培养出的学生仍然带有浓厚的农村气息。然而20世纪末，随着交通和通信技术的发展，在市场经济和城市化进程的疯狂进攻下，农村传统的价值体系几近崩溃，整个农村除了老弱病残行动不便以外，都爆发出强烈的向城市转移的冲动。不仅农村成为愚昧、落后的代名词，就是以往农村勤奋、淳朴的传统文化也失去了昔日的关照，继之而起的是带有明显城市印痕的金钱文化和投机文化。

　　可以说整个20世纪社会和教育发展的总体基调是变革，是对中国传

---

① 李书磊. 村落中的"国家"[M]. 杭州：浙江人民出版社，1999：105～106
② 刘铁芳. 乡土的逃离与回归[M]. 福州：福建教育出版社，2008：4

统乡土意识和乡土价值的批判与抛弃。在长达 100 多年的改革与批判中，在大量移植西方理念及其制度建构的过程中，我国的教育陷入了一种缺少根基和自我的精神贫乏之中，乡土社会生态环境和人文环境的恶化更是严重削弱了教育精神得以丰富的根基。为此，重新回到 20 世纪初，研究新旧学校教育相互博弈的历程，可以帮助我们找到学校教育中本应坚守的根基。乡村学校不应该简单地成为城市教育改造的对象，而应该成为城市教育进一步发展的基础。

　　不少从农村走出的优秀人才一再表明，乡村文化自有其丰富的文化资源，有了农村成长的经历更容易在保持农民质朴品性的同时接应外界社会的丰富，更容易养成一种成长的自信，以及对生活的自足，从而保持一种更加积极健康的心态面对社会。为了乡村儿童能有一个值得回忆的美好童年，能够在激烈竞争的社会中保持一种积极的心态，需要通过本土资源而非仅仅通过考试来培养学生特有的自信，本土资源所具有的多样性可以弥补外来文化的单调性，让农村少年在成长中找到快乐与自信。现代乡村教育的使命，不在于掌握高深的知识与技能，关键是能够让乡村少年找到生命之根，找回应有的自信以活出生命的意义。对此，刘铁芳认为："我们需要积极引导沉迷于现代性狂欢中的年轻一代，去关心、认识脚下的土地。"[①]钱理群先生更是把之详细阐述为："去发现、认识其中深厚的地理文化与历史文化，去与祖祖辈辈耕耘于这块土地上的父老乡亲们对话，共同感受生命的快乐和痛苦，从中领悟人的生命意义与价值，并将这一切融入自己的灵魂与血肉中，成为自我生命的底蕴与存在之根：这就能为以后一生的发展，奠定一个坚实而丰厚的精神底子。"[②]

　　接下来的问题就应该是：乡村学校是否有资格成为激活乡土价值、传承乡土文化的机构，能否再度担负起农村复兴的重任？在农村打破传统观念，输送农村人才进城的过程中，学校曾经起了非常重要的作用。如果我们还承认农村自有一套系统的价值体系可以成为城市文化有益的补充，再

---

① 刘铁芳. 乡土的逃离与回归[M]. 福州：福建教育出版社，2008：9
② 钱理群. 追寻生存之根——我的退思路[M]. 南宁：广西师范大学出版社，2005：152

假设这种有益的文化传统正在面临崩溃的危险，那么，如果要拯救农村文化，学校是否还有这个资格、这个能力？在农民普遍倾向于追求城市生活，对乡土社会越来越失望，乡村学校本身也日益衰弱的今天，是否有足够的信心和能力重构并传承乡村价值体系，对于乡村学校来说，无疑是一个前所未有的挑战。第一个挑战是在学校规模日益缩小的今天，乡村学校在农村能否继续存在下去？第二个挑战是对于继续存在的乡村学校能否产生可以激活并传承乡土价值的师资？

从目前来看，这两点都是很难做到的。所幸的是，现在有越来越多的学者认识到了乡土社会的价值，我在访谈中也发现有些教育行政领导也看到了农村发展教育所特有的优势，甚至提出了"农村人在农村成长将会成为今后生存的优势"、"农村的孩子没有在农村接受教育的经历，将会是一种悲哀"、"牺牲了农村所导致的恶果，最终会让城市人来品尝"等观点，更是以实践者的睿智给农村教育以不容忽视的定位。就目前来看，有两部分人可以成为乡村文化传承的潜在主体。第一类是改革开放初期从农村走出的优秀人才，现在仍然活跃在社会各界的重要岗位，这一部分人在进入城市之前的少年时代都深受传统乡土文化的浸润，内心深处依然有着浓厚的乡土情怀，如果这些人退休后不再贪恋城市生活的安逸，而乐意回归故里安享晚年的话，所带来的文化效益应该不可估量，至少作为文化精英可以弥补乡村文化亏空的状态。第二类人是新世纪以来从农村走出的大学生，这一部分大学生掌握了较高的科学文化知识，视野开阔，然而由于全国整体学历素质的提高，以及城市生活成本的提高，他们在城市发展的前景并不是非常乐观。如果其中一部分人能够回到农村，将会成为农村社会发展的主要人力资源。如果第一类群体能够与第二类群体相互结合，产生的效益会更高。在农村基础设施得以改善以及国家政策导向之下，这两类群体是可以成为乡村文化重建依靠的主要力量的，他们的回归也有利于乡村恢复其应有的文化自信。

20世纪中后期，农村学校按村布点的格局是与当时的经济发展和交通条件一致的，也是与在国家财力短缺情况下普及小学教育和九年义务教育的国家战略相适应的。进入新世纪以来，无论农村形势还是中央政府的财政能力都有了翻天覆地的变化，几近不可同日而语。国家不失时机地提出学校布局调整战略只不过是在城镇化背景下，符合人口流动趋势和学校变革内在要求，推动农村教育转型的顺势应时之举。就目前来看，现有的农村学校系统，无论从提供人民群众满意的优质教育，还是提供与新农村建设相适应的建设者方面来看，都是难堪重任的。

就目前情形来看，不失时机地撤并一些小规模学校不仅是城市化的主要内容，也是学校自身发展的客观要求。[①]重新调整学校布局，不仅有助于盘活教育资产，也有助于给多年以来相对沉静的农村教育改革注入活力与契机。因此，农村学校布局调整的原则应该定位在：既能通过布局调整优化资源配置，提供农村学校基本的办学条件，又要保证一定数量农村学校的存在，以有效传承乡村文化，让乡村少年获得本土文化的滋养。

（二）初中要不要进城

20 世纪末，国家"两基"目标基本实现，农村中小学大多都通过了"普九"验收。然而，时隔不久，那些通过社会捐款、农民摊派以及政府借贷筹资兴建的大量学校便处于闲置状态。在目前城乡初中教育差距悬殊以及国家教育均衡发展的政策引导下，是撤销农村初级中学，让初中生全部进城，还是在农村集中资源建设高标准的初级中学，对此，不同的人有不同的观点。

1. 赞成进城

农村中学生源锐减，优秀师资外流，资产闲置，修复费用高且社会效益低，是一些人主张初中进城的主要理由。在他们看来，城乡之间存在着难以逾越的差距，人口向城镇转移是不可逆转的趋势，让初中生进城是农村教育城镇化的应有之意，"农村教育的希望，不在乡村在县城"。[②]"在农村办学，无论投入多大，前景实在不容乐观。""改变教育投资思路，集

---

① 张洪华. 城镇化进程中的农村中小学布局调整问题及反思[J]. 教育理论与实践，2010（08）
② 胡俊生. 农村教育城镇化：动因、目标及策略探讨[J]. 教育研究，2010（02）

中投资修建教育园区"则是顺乎民心的事情，扩大了城镇优质教育资源，满足了入城孩子的就读需要。"每县拥有一片颇具规模的教育园区或'中学城'，既是城市建设科学布局的一部分，也有利于吸纳更多的常住人口，拉动城市消费，促进城市的发育与繁荣。""把中学建在城里，有望使大学本科以上的毕业生最终成为教师的主体，从而使长久以来占主导地位的学历和能力均不达标的乡村教师逐步退出现有教师岗位。"[1]在他们眼中，城市化的浪潮过于强大，其中裹挟了包括农村教育在内的大量要素，一厢情愿地发展农村教育是徒劳无益的，依村救村的单向思维模式"已经不能适应形势发展的需求，也不能给农村教育带来真正的转机与希望"。[2]

支持初中进城者不仅提出了推行这一建议的各种理由，还推出了一些实践中的初中进城案例作为佐证。2008 年，山东省平原县 1.8 万名初中生全部进城，实现了"农转非"，在农村教育资源短缺的情况下，走出了一条欠发达地区提高教育水平、实现教育公平的新路。胡俊生认为"平原模式"具有开创意义和示范价值。[3]不仅如此，全国还有不少地区开始了类似的探索性实验，经媒体报道的主要有成都龙泉驿区的"金凤凰"工程、海南贫困县的"教育移民"工程、北京房山区"教育移民"工程等，另外山西省昔阳县、山东省烟台市福山区、宁夏回族自治区灵武市等都在进行初中进城、小学集中到乡镇的实验。[4]这些改革多是在城乡差距悬殊，农村或者山区学校教育质量难以保障的情况下实施的，通常被宣传为促进教育公平、实现教育均衡发展、让山里娃或农村孩子同城里孩子一样享受优质教育的典范。

---

① 李期，吕达. 关于农村教育城镇化的可行性探讨[J]. 延安大学学报（社会科学版），2010（1）：114～118

② 胡俊生. 农村教育城镇化：动因、目标及策略探讨[J]. 教育研究，2010（02）

③ 胡俊生. 农村教育城镇化：动因、目标及策略探讨[J]. 教育研究，2010（02）

④ 张泽科. 一个教育均衡发展的政府创新模型[J]. 四川教育，2007（4）；记者郑玮娜. 海南在 8 个贫困县实施"教育移民"[N]. 中国教育报，2008-2-21（1）；走出大山去读书：北京房山区"教育移民"工程纪实[EB/OL]. http://news.xinhuanet.com/politics/2006-09/08/content_5065502.htm；苗武军，任秀萍，张海峰. 昔阳县政府资助农村初中生进城读书[EB/OL]. http://news.sina.com.cn/c/2009-10-26/074216500110s.shtml

2. 反对进城

反对初中进城者与支持初中进城者针锋相对，也提出了振聋发聩的理由。其主要观点如：将农村中小学撤并集中到城区建设"巨型学校"的做法，是以城市教育取代农村教育的做法；真正的教育公平应该给农村提供更好的条件，撤并农村学校的做法是不明智的；有规模不一定经济，在城里建设几所中学可以节约资源的说法是伪说法；平原县的初中生进城是一种冒进；城镇化不一定全部进城，城镇化不能放弃农村，农村孩子进城读书与城市孩子共享优质教育是一种伪均衡，等等。

对于实践中把农村学校数量减少和城区学校规模扩大作为经验推广的做法，有学者认为"这种想法过于简单，实践中也缺乏可操作性。"将某一地区的农村中小学全部撤并集中到城区"是一种以城市教育替代农村教育的做法"，"这种做法会导致国家多年以来对农村教育的投资付诸东流，出现城区教育资源紧张和农村教育资源短缺并存的结构性浪费"。[①]教育不公平是民众最难以接受的问题之一，也是建设和谐社会的主要障碍。近年来，随着国家宏观调控重点向农村义务教育的转移，农村学校却在以不可阻挡之势锐减，如果在广大的农村地区连一所中学都没有，于情于理都让人有些难以接受。撤并农村初中，让孩子集中到县城读书不是解决教育公平问题的最好办法，还可能导致家庭经济条件差、社会关系少、儿童学习成绩不良的儿童选择辍学。在访谈中，有教育行政领导认为，"农村的孩子，在农村读书，给他们提供好的学习条件，这就是教育公平，而不是把农村的孩子弄到城里读书。"

通过学校布局调整整合农村优质教育资源、改变原先过于分散的不合理状态，以提高农村的教育教学质量，本应是一条切实有效的途径，然而，一旦把这种行为推向极端，撤并农村初中学校，让农村孩子全部进城读书，就会出现规模过大而导致的不经济问题，比如规模过大造成学校管理压力增大、存在安全隐患、协调成本增高、教学难度增加、学生心理健康问题

---

① 万明钢，白亮. "规模效益"抑或"公平正义"——农村学校布局调整中"巨型学校"现象思考[J]. 教育研究，2010（04）

凸显等。有规模不一定经济，在城里集中建学校可以省钱、可以节约资源的说法是伪说法。在访谈过程中，有教育行政部门领导透露，在城里建学校比在农村改造老学校成本要高得多，"在城里建 1 所学校，在农村可以建 10 所"。在农村，不仅建设成本低，还可以节省不少交通费。"一个孩子一个月要回两次家，一次 10 块钱交通费，两次就是 20，一万个孩子就是二十万，一年是二百多万。可以建很多农村学校。""孩子进城有利于刺激县城的消费，在城里喝杯水都要花钱。"在城里集中建学校主要考虑的是官员的政绩，"在城里集中建几所学校，漂亮；在农村分散建几十所学校，显不出政绩"。

被主张初中进城者奉为典型的"平原县模式"在实践中也并非完全顺应民意无可指摘，在当地百姓中，对于初中生进城的做法也颇有微词。在调研中，笔者接触到的观点主要有："这次初中生进城不亚于 1957 年、1958 年时候的大跃进。""他们的进城是强制的，如果在县城中学不适应，回去只能辍学。""他们的做法可以说不成功，学生辍学、厌学情况严重。""国家没有初中生进城的政策，平原县是冒进！"与主张初中进城更有助于教育质量的提高，可以举出一些示范学校一样，主张在农村同样可以办高质量的教育，也有不少成功的例子，国外如前苏联乌克兰共和国的帕夫雷什中学曾经是一所偏僻的乡村学校，在苏霍姆林斯基的领导下成了国际闻名的实验学校；在我国先有洋思中学、后有杜郎口中学，都是偏僻农村成功办学的典范。

3. 综合来看

通过分析可以发现，主张初中学校进城者主要从农村学龄人口减少、办学条件差、教育教学质量不高的现象出发，认为投资农村学校效益低，不如集中在县城能够产生规模效益，让初中进城不仅符合城市化人口流动的趋势以及群众自发进城的意愿，也是促进城市化的重要手段。而反对者主要从初中进城导致规模过大后出现的辍学率升高、学生身心健康以及农村的衰落等现象出发，抨击初中生进城是以城市教育取代农村教育的做法。究竟应不应该赞同初中生进城，还需要考虑学生和家长的真正需求、国家和地方政府的实际能力以及我国基础教育在现代化进程中的位序。

对于学生和家长的需求，无论是赞成初中进城者还是反对初中进城者都倾向于选择对自己所持观点有利的证据。比如主张初中进城者根据众多家长托关系让孩子进入县城学校、县城各个学校全都爆满、县城周围大量的家长陪读等推测学生及家长具有强烈的进城读书的意愿。对于校园内的欺侮现象、因家庭负担而导致的辍学现象以及农村的衰败景象则视而不见听而不闻。反对学校进城者则刚好相反，看不到进城带来的好处，一味指责进城带来的危害。

无论是我们的办学历史还是国外的办学实践都在证明，农村特有的自然条件和人文环境，对于培养淳朴、友善、积极向上的人格具有潜移默化的作用。20世纪六七十年代，分配到乡镇任教的教师比同期分到城市的要多一两级工资。在此鼓励之下，有很大一批优秀师范毕业生积极申请到老少边穷地区去任教。在相对恶劣的环境下，农村学校也曾经培养了不计其数的优秀人才。即使是民办教师，尽管在体制待遇上与公办教师存在一定差距，仍然能够兢兢业业的坚守讲台，在比较简陋的条件下，支撑了广大农村基础教育的发展。时至今日，仍有不少农村学校，在师资力量和办学经费都很紧缺的情况下，维系着几乎可与重点扶持的城镇学校相媲美的办学质量。

早在2000年，"三农"问题专家温铁军就曾指出："城市化固然重要，但城市化并不是目的，发展小城镇的目的是解决'三农问题'。"①当前城乡教育资源配置不均，农村教育水平薄弱，迫切需要把优质教育资源送下乡，而不是把农村生源接进城。城镇化不能放弃农村，农村孩子进城读书与城市孩子共享优质教育是一种伪均衡。优质教育资源进城，会加剧农村文化的衰败。在城市现代文明的吸引下，即使在城乡学校同等待遇的情况下，农村学校仍旧难以留住优秀师资。若要提高农村学校教师整体水平，只有国家提供适当的倾斜政策，让农村教师可以比较方便地享受农村文明

---

① 温铁军. 中国的城镇化道路与相关制度问题[J]. 开放导报，2000（05）

与城市文明的双重体验，让农村学校教师成为令人艳羡的职位。非但如此，农村教育才能以其灵活、多样的特点，担当起化解中国城市教育僵化、繁难、缺乏个性、急功近利的弊端。如果任由城市学校兼并农村学校，则城市学校的弊端必将难以找到化解、缓和之策。从目前情况来看，如果只是个别地区农村初中全部进城，尚可以理解，也不至于造成不可挽回的损失；如果在全国范围内大面积地推广，既不可行，也无必要，倘若真的实行，必会使广大农村陷入更加尴尬的境地。

农村初中进城受到了城市化理论、农民工进城、农村生源流失以及政府绩效评估等几大力量的挟持，逐渐失去了自身发展的基础。21世纪以来，受多种因素影响，乡镇中学与县城中学的办学差距越来越大，生源迅速减少。在整合教育资源、调整学校布局政策引导下，推动农村初中进城，让农村孩子与城里孩子享受同样优质的教育便顺理成章地成为解决教育均衡发展问题的一个对策，农村初级中学的办学地位与办学前景却日益陷入岌岌可危的境地。

农村子女通过读书上大学改变命运的传统观念以及城市化的各种观点，使农村的各种要素纷纷向城市集中，农村初中的生源日益萎缩。其一，城市优于农村的观念。在很多人的心目中，农村是落后愚昧的代名词，城市才是文明先进的代表，城市集中了优质资源，以城市教育模式取代农村教育模式或者让农村孩子进城读书，符合历史发展的潮流，是一种进步。其二，极端城市化的观点。在一些人眼中，城市化的浪潮过于强大，其中裹挟了包括农村教育在内的大量要素，城乡之间存在着难以逾越的差距，"农村教育的希望，不在乡村在县城"，一厢情愿地发展农村教育与城市化的潮流相悖，也不能给农村教育带来真正的转机。①其三，"文字上移"说的推动。有学者归纳了乡村教育发展的三个阶段，首先是与古代社会与"乡土中国"相适应的"学在官府"阶段，然后是清末民初以来与追求现代化相适应的"文字下乡"阶段，20世纪末逐渐发展为与"离土中国"相适应

---

① 胡俊生.农村教育城镇化：动因、目标及策略探讨[J].教育研究，2010（02）

的"文字上移"阶段。[①]"文字上移"说符合"否定之否定"的著名论断，结合当前"离土中国"的国情特点说明农村学校向城市集中具有很强的说服力。

农村初中进城还受到城市化潮流与农民进城运动的影响。从新中国成立之初到 20 世纪 80 年代，农业在国民经济中一直占有很高的比重，农村人口占多数且相对稳定地被固着在土地上，农村学校生源充足，群众支持办学的积极性高，与城市学校的差距还不是特别明显。这一时期，不仅城乡流动受到政策限制，也受交通和通信条件的限制，青少年儿童离乡背井进入县城读书的情况并不多见。然而，到了 20 世纪 90 年代以后，随着经济社会生活水平的提高以及工业化进程的加快，国家户籍政策开始放开，交通通信条件也迅速改善，城市化进入高速发展阶段。以苏镇为例，本世纪之初实现了"村村通"，不仅马路修到家门口，电话通信也得以普及，往返于农村和县城之间成了非常容易、非常普遍的事情，送子女进城读书对于多数农民家庭来说，已经不是多么困难的问题。更有甚者，在县城买房的农民家庭越来越多，农民子女在县城读书与城里孩子共享优质教育资源也就成了顺理成章的选择。由于城乡之间、城市学校与农村学校之间的差距日益明显，在推力与拉力的共同作用下，乡镇中学生源迅速减少，优秀教师纷纷进城，同时城市中学规模越来越大，积聚了全县最优质的教育资源。农民群众对乡镇初中的教育教学越来越不满意，日益表现出对县城中学优质教育的向往，在这种推拉力以及良好交通通信条件的作用下，越来越多的农村中小学生选择了进城读书。为此，赞成初中进城者认为，扩大县城教育规模，满足农村孩子进城读书的愿望，是顺乎民心和加快城市化的英明举措。

地方政府在推动初中进城工程中起到了主导作用。20 世纪中后期，为了确保国家九年义务教育目标的实现，农村初中在吸纳适龄人口入学方面受到了各级政府的重视，义务教育普及率成为考核地方政府教育工作绩效

---

① 熊春文."文字上移"：20 世纪 90 年代末以来中国乡村教育的新趋向[J]. 社会学研究，2009（5）：110～140，244～245

的重要指标,严防本区域适龄入学儿童外流成为地方政府的一项重要任务。进入 21 世纪,在国家"两基"目标基本得以实现以后,对基础教育办学质量的追求逐渐凸显,集中教育资源创办人民满意的教育成为各级政府竞相追逐的目标。由于农村初中办学基础差且过于分散,投资农村教育短期内难以见到成效。相比来说,扩大城市教育规模,吸引农村孩子到城里读书,不仅可以迅速见到成效,还能带动城市消费,加快城市化进程。

(三)目标定位要不要"为农"

进入 21 世纪以来,农村经济、文化凋敝的景象以及舆论媒体和专家学者对农村教育的指责,令人不禁想起 20 世纪早期我国的乡村教育运动。由于抗日战争爆发以及其他各种原因的影响,陶行知等人领导的乡村教育改造运动最终都失败了。尽管 1949 年以前在革命根据地我党也进行了一些贴近农村实际的教育实验,但是新中国成立以后在学习苏联模式的影响下,农村教育很快陷入城市化的模式。20 世纪 80 年代,为了改变脱离农村实际的现状,我国政府和教育行政部门曾经推行"三教统筹"以及"农科教相结合"的农村教育综合改革实验,最终难以推广,也以失败告终。近年来,农村教育的弊端日益凸显,在国家倡导新农村建设的号召下,农村教育的目标定位再次成为争议的焦点。

1. 赞成"为农"

持这种观点的大多从农村人才逐渐外流、农村文化逐渐被城市同化的现实出发,站在整体或者全局的立场,推崇农村及多元文化对社会发展的重要性,希望通过学校教育改变、农村人才素质偏低的状况和农村文化衰败的景象,以确保农村和城市能够相互补益,协调发展。然而,近代以来,国内外几项赞成"为农"的教育改革项目几乎全都失败了。

19 世纪 90 年代以来,美国康奈尔大学的贝利教授,撰写了大量的专著、短论、文章和小册子,希望通过教育改革的方式,改变美国城市和农村相互对立的状态。贝利是一位坚定的农村生活倡导者,他认为:"城市决不能独自建立一种持久的文明社会,因为它们要依赖强大的和健康的农村提供人、物质以及精神食粮。"① 1903 年，贝利开始了一项雄心勃勃的尝试，呼吁彻底改变农村教育的方向，贝利所设想的"未来学校"是为农村开设的，最终将是把各方面力量协调起来的中心。在贝利的带动下，全国各地迅速开展了相关实验，创办了一种新的学校类型——农业少年之家，其宗旨是"避免我们农村青少年生活的狭隘，使未来的农村生活尊贵和高尚"。② 1908 年，西奥多·罗斯福总统任命了一个以贝利任主席的农村生活委员会，负责搜集情况并提出减轻农村苦难的建议，这个委员会工作热情高涨，很快就提出了庞大的全国推广教育计划。然而，随着罗斯福总统任期的结束，这个雄心勃勃的计划还是"流产"了，农村生活委员会所提交的简短报告也成了形式上的东西。

陶行知是我国乡村教育运动的重要代表人物，他提出的"乡村学校"与贝利的"未来学校"有着异曲同工之处。他曾经多次强调："乡村教育的生路就是建设适合乡村实际生活的活教育"、"乡村教育改造旨在改造乡村社会生活"、"使学生、老师都有着科学的头脑，农夫的身手和改造社会的精神"、"乡村学校，是今日中国改造乡村生活之唯一可能的中心！"③尽管这一运动带有强烈的乌托邦色彩，但是不可否认陶行知的教育目的观具有突出的"为农"特征，他所倡导的教育是为了农村、为了农民的教育。

20 世纪 80 年代，我国在农村教育综合改革中提出了"三教统筹"与"农科教相结合"的概念，要求政府对农村的基础教育、职业教育和成人教育进行协调统筹以更好地为经济建设服务。在"农科教"相结合中，"科技"和"教育"附属于"农业"，为农业发展服务。④然而，由于我国长期实行的是自上而下的计划经济体制，农业、科技和教育分属于不同的部门，有些地区建立的农科教中心也多有名无实，三者的结合力度很小，加之经费

---

① 〔美〕劳伦斯·阿瑟·克雷明著. 单中惠，马晓斌译. 学校的变革[M]. 济南：山东教育出版社，2009：67

② 〔美〕劳伦斯·阿瑟·克雷明著. 单中惠，马晓斌译. 学校的变革[M]. 济南：山东教育出版社，2009：70

③ 陶行知. 中国教育改造[M]. 北京：人民出版社，2008：69～70

④ 郭福昌. 农科教结合的阶段、层次、基础和关键[J]. 教育研究，1994（05）

不足、人员不定，随着时间的推移，"农科教相结合"逐渐变成了空洞的口号。"三教统筹"本是在国家"城市优先发展"、农村教育资源不足的情况下提高农村教育自身资源使用效率的举措，尽管在短期内起到了一定的效应，然而进入20世纪90年代以后，随着城乡差距以及农民实际收入的相对减少，农村教育经费日益紧张。相反，城市学校却在国家经费的支持下迅速发展，大搞"应试教育"。在这种情况下，要求农村教育为经济发展服务，要求从本已不多的普通教育资源中拿出一部分用于发展当地的职业教育和成人教育，对于农村孩子的发展来说显然是不公平的。

2. 反对"为农"

如果因为农村的优秀青年通过掌握城市阶层所需的强势文化而远离了农村，使得农村人才匮乏，不利于农村社会经济的发展，以此为理由要求农村孩子面向农村、安于农村，学习农业生产知识和农业生产技术，未免有些不近人情。众所周知，我国城乡收入差距之大在全世界是非常有名的，考上大学走出农村或者进城打工几乎成了几十年来所有农村青少年都为之奋斗的目标。

张济洲认为，"为农"教育让农村孩子参加农业生产劳动，追求为农村服务，"那么农村孩子就永远进不了城市主流文化，实际上剥夺了他们参与城市生活和国家生活的权利，不利于社会阶层公平流动"。[1] 谭春芳等人也认为：提倡教育"为农服务"会产生诸多负面影响：在义务教育阶段提倡"为农服务"，将很难发挥提升人的素质的基本功能，对学生的个人发展以及经济的长远发展都不利；农村义务教育"为农服务"还会"加大城乡间的教育不公平，减少农村居民向上流动的机会"。[2] 除了不利于学生个体的发展以外，邬志辉等学者认为，在义务教育阶段，要求农村孩子面向农村可能会使农村基础教育成为一种打折的教育或者片面的教育，不仅会损害教育的公平性，也可能导致农村成为低水平文化人的聚居地，甚至最

---

① 张济洲."离农"？"为农"？——农村教育发展中的悖论[J]. 当代教育科学，2005（19）
② 谭春芳，徐湘荷. 理性地看待农村教育"为农服务"[J]. 上海教育科研，2004（10）

有才能的农村年轻人都不能享受到高等教育。[①]另外，也有不少学者从城乡差距的合理性出发，认为一定的城乡差距有助于城乡流动，消除城乡教育差别不利于农村劳动力的转移，可能会延缓国家的城镇化进程。

如果说农民的负担是沉重、痛苦、没有保障的，并且他们几乎没有改变这种状况的希望，那么我们又凭什么一定要求他们和他们的子女要安于农村，不能有其他的选择呢？

3. 综合来看

目前，提倡农村教育"为农"服务，令人最担心的恐怕就是会导致教育的不公平，这很容易让人联想到教育中的双轨制，认为要求农村孩子面向农村、掌握农业生产技术知识就是剥夺他们走向城市、走向社会上层的机会。可以说这种担忧不无道理，不过更应该放在一个发展的社会环境中来分析。

在历史上，为了尽快建立比较完善的国家工业体系，曾经大量地从农村汲取资源，工农业剪刀差造成农村的发展滞后，农村学校培养的人才也都是脱离农村适合城市工业和服务业发展的人才，在以往的社会背景下，让农村的孩子安于农村既不符合国家发展战略，对农村孩子也不公平。然而，现如今国家发展战略发生了重大转变，已经从农村支持城市、农业支持工业转向了"城市支持农村"、"工业反哺农业"的新农村建设阶段。就全球来看，以传统农业为主的农村社区正在向多样化的现代农村社区转型，参加农业生产劳动、掌握农业生产技术已经不是以往没有知识和技术含量的苦力活，而是推动农业现代化、农产品市场化、国际化的脑力劳动。为了实现农村生产方式机械化、自动化、商品化的转型，须有热爱农村、了解农村并且掌握现代科学技术和管理才能的新型大学生方能担此重任。这种新型大学生如果没有从农村成长的经历、没有从农村接受基础教育、没有对农村的深厚感情，即使帮助农村建立了比较完备的现代化体系，也会使其进一步演变为盘剥农村剩余价值的工具。

---

① 邬志辉，杨卫安. "离农"抑或"为农"——农村教育价值选择的悖论及消解[J]. 教育发展研究，2008（Z1）

"为农"的教育未必一定导致双轨的教育，在工农业生产实行差别对待的年代，在城乡差距悬殊的时期，让农村孩子安心农村、接受农业教育确实有双轨之嫌。然而，如果能够实现工农业生产只是地域上的差别，而无高低贵贱之分，也就无所谓单轨还是双轨，如果从事农业工作被认为是高收入并且体面的工作，那么也会吸引一部分优秀城市少年主动学习农业知识和生产技术。如果向社会上层流动的渠道没有从事工农业生产上的差异，无论在农村接受教育还是在城市接受教育都有同样的机会，也就没有限制农村孩子向上流动的说法。如果在农业现代化中作出突出贡献的公民更有利于进入社会上层，还会产生仅仅提供城市教育模式的孩子被剥夺向社会上层流动机会的说法。

如果说要求农村教育面向农村会进一步拉大农村孩子与城市孩子的差距，更加不利于农村孩子在高考的选拔性考试中胜出，只有农村学校城市化，以城市教育取代农村教育，让农村孩子跟城市孩子一样学习，才能确保教育公平。这种方式是以城市教育改造农村教育的方式，是不仅增加了农村孩子的负担，对于农村孩子更加不平等，是削足适履的办法，不是解决教育公平问题的好方式。如果现有的选拔考试倾向于选拔城市孩子，而对农村孩子不利，完全可以通过改革不合理的选拔考试制度。是选拔考试制度在考试内容和考试方式的设计上倾向于对城市孩子有利，才导致的不公平。在学科日益分化的今天，国家公务员考试可以通过135道题目尽可能兼顾到理、工、史、哲、农、法、医、教等不同的学科门类，在高考招生中兼顾城乡学校之间的差异，也应该并非难以做到的事情。如果说高考几乎是农村孩子实现社会升迁性流动的唯一机会，那么从目前的现实来看，这一条路已经越来越窄。不仅仅农村孩子在大学中的比例越来越低，即使大学毕业后，农村孩子选择在城市中就业也面临着越来越多的挑战，很多毕业生蜕变为城市的蚁族，艰难地挣扎在城市的边缘，社会地位的升迁实在渺茫。如果能够改变就业观念，转向农村，或许会是一片广阔的空间。

在新农村建设以及城乡一体化的发展理念下，农村基础教育的"为农"

不能简单地理解为要求农村基础教育面向农村，更不是要改变农村基础教育的课程设置，让农村的孩子学习有别于城市基础教育的课程内容，而应该是培养农村儿童的一种基于农村乡土的自信，在掌握基础文化知识的基础上，正确的认识城市与农村在自我和社会发展中的作用，能够自由地选择进城还是在农村工作，其所掌握的基础文化知识能够确保他可以快速地适应城市工作也可以快速地适应农村工作。同理，在城市接受基础教育的青年，也应该能够在二者之间做出自由的选择，而不仅仅只适合于在城市工作。在这种情况下，工作只是地域上的差别，而无高低贵贱之分。基础教育目标定位的"为农"与"为城"变得不是那么明显，作为一种基础性、全面性、普及性的义务教育，不应该有城市和农村的区别，而应该给不同区域的学生提供同样的可能机会。对于为了农村社会经济发展而需要的专门人才，应该由义务教育阶段之后的职业教育或高等教育提供，农村的职业院校既应该由农业知识、农业技术的培养，也应该有城市工业知识、工业技术的培养。可以考虑将一部分位于城市的职业院校迁入农村地区，打破城市工业人才多由城市培养、多从城市选拔人才的不合理现象，一旦农村青年和城市青年都能公平且自由地选择"为农"或者"为城"，城乡一体的教育设计也就水到渠成了。

（四）城市与农村：孰优孰劣

尽管在古代，城乡文化具有很强的一致性，不存在都市优于乡村的概念，"不是城市，而是乡村成分规定了中国的生活方式"[①]，乡村还经常是学术文化中心，书院、藏书楼常在乡间。然而到了现代，在城乡二元体制的影响下，各种优质教育资源迅速向城市集中，城乡之间的教育差距迅速拉大，以致在社会上到处充斥着城市教育优于农村教育的论断。农村初中生源减少，优秀师资纷纷进城，大学生、新教师不愿意到乡镇任教，农民群众对当地教育现状的不满以及对城市教育资源的向往，促使越来越多的

① 〔美〕牟复礼. 元末明初时期南京的变迁[A]. 〔美〕施坚雅. 中华帝国晚期的城市[C]. 北京：中华书局，2000：117

农村学生离开故土，选择资源配置更好的城市学校。主张农村初中全部进城就是这一论点的集中体现。在以往的工业社会以及农业社会，城市人是少数，各种资源集中于城市，在交通通信并不发达的社会条件下，农村人很难享受社会文明的优秀成果，城市人相对于农村人具有优越感。当城市化率达到 70%以后，尤其是伴随着现代交通通信技术的发展，城市生活的弊病日益凸显，农村生活的便捷逐步显现，城市人将成为大多数，农村人成为少数，具有在农村成长与受教育的经历，将会成为今后生存与发展的优势。因此，逆城市化是一个不容忽视的因素。仅仅被当前滚滚的城市化潮流所裹挟，看不到潜流，一味鼓吹城市教育取代农村教育的做法，无疑是急功近利的表现。

城市与农村由于地域、工作方式、生活方式的不同，在文化上也存在着差异，两种文化本身并无优劣之分，城市文明在引领农村文明的同时，更需要获得农村文明的滋养，二者之间是共生共荣的关系，同质则同灭，差异则互补。在教育方面，农村相对艰苦的条件更有利于培养儿童坚韧的意志、刻苦拼搏的精神、较强的独立生活能力等优秀的精神与品质；城市儿童则相对来说更加开放、兴趣广、外向、自信，等等。教育上的差异有助于教育者不断地反观自我，在相互启发中改进教育教学方式；教育上的同质不仅容易滋生系统的浮躁或冷漠，更缺乏自我修复的功能。

三、抉择：基于发展的视角

由于国家、地方以及群众等不同主体的价值取向、对政策的认识和现实的把握都各不相同，存在较大差异，对于什么是合理的学校布局也难有定论。目前，农村中小学布局调整已经进入关键阶段，实践中既存在盲目撤销农村学校的激进行为，也存在试图恢复农村学校的保守行为，究竟应该调整到什么程度，需要在综合各方利益的基础上，站在全局和历史的高度做出抉择。

（一）让农村的孩子看到希望

看不到希望是导致大量农村儿童和青少年厌学、辍学的主要原因，也是导致农村教师职业倦怠的重要因素，更是决定农民能否支持子女完成学业的重要支柱。

1. 自信是农村孩子健康成长和顺利完成学业的保证

到目前为止，没有任何一项研究可以确凿地证明农村儿童的智力水平低于城市儿童，更多的差异来自文化和生活环境方面。尽管受生活环境束缚和传统文化影响，农村孩子表现出更多的审慎、内向、缺乏竞争精神等特征，但是相对艰苦的条件也使农村孩子具备了比城市孩子更加优秀的品质，比如：坚韧的意志、刻苦拼搏的精神、较强的独立生活能力、与世无争随遇而安的性格，等等。

无论心理学研究还是教育教学实践也都一再表明，农村学生成绩的优劣虽然与智力存在一定相关，非智力因素对学生成绩影响也相当大。实践中经常有一些智力水平较好的同学，由于忽视了非智力因素对学习的作用，导致学业成绩不好。而一些智力水平不佳的同学，由于充分发挥了自信、自律、有恒、乐群等人格特征的积极作用，从而弥补了智力因素的不足，取得了优异的成绩。

心理学研究表明：高社会经济阶层的儿童自我概念高于低社会经济阶层。[①]由于城乡之间在经济、文化、教育、生活环境和生活方式方面存在很大差异，城市孩子一般比农村孩子拥有更好的物质条件、家庭环境和学习条件，信息接受渠道广，文化生活相对丰富，表现在性格特征上也往往比农村孩子更加开放、兴趣广、外向、自信，等等。农村孩子家庭经济条件普遍较低，信息渠道窄，生活、学习条件艰苦，在文化相对落后且比较单一的环境中长大，相对于城市孩子来说，在性格特征中表现出更多的自卑和焦虑。

---

① 钞秋玲，汪萍. 城市与农村中学生自我概念的比较研究[J]. 健康心理学杂志，2001（04）

非智力因素不仅与学生的学业成绩存在着较高程度的相关，还关系到农村孩子能否顺利完成学业。有调查研究发现，辍学的主动权掌握在学生而非家长的手中。几乎所有被调查学生的家长都认为："只要孩子愿意上学，不要说有这个经济条件，没有条件想方设法也得保证他上学的费用，花多少钱都无所谓。"① 选择辍学多是学生自我概念水平低、自我否定的结果。"认为自己天生不是学习的料，所以学习成绩才差；他们把自己失败的原因归于自己缺乏能力，因此就采取自暴自弃、旷课的方式逃避学校生活，最终走向辍学。"②近年来，我国农村地区的高辍学率已经到了非常惊人的程度，严重制约着我国教育普及和现代化发展的进程。让农村的孩子看到读书的希望，在学校生活中感到竞争与合作的乐趣，合理确定学校和班级规模，是从学生角度出发"防辍控流"的根本措施。

2. 学校布局影响师生和当地村民的信心

在科举盛行的封建社会，人们普遍相信通过读书可以改变命运。由于私塾教育的普遍设立，农民子女也都有着"朝为田舍郎，暮登天子堂"的希望，哪怕条件艰苦，也寄希望于通过自身的努力让自己或者子女跻身上流社会。如果这种通过正常途径晋升的希望被打破，人们要么自暴自弃，要么转向非法手段，从而引发社会混乱。新中国成立后，国家政府积极倡导群众办学，直到20世纪末的"普九"时期，各个乡村还都竞相支持学校建设。20世纪八九十年代，"知识改变命运"曾经作为教育宣传口号被粉刷在校园和村庄的墙壁，也曾经作为众多学子的座右铭支撑完成繁重的学业。在当时，砸锅卖铁送子女读书成为农民近乎疯狂的悲壮景象。而到如今，在高校扩招、学历贬值的背景下，即使出身农村寒窗苦读将近20年的硕士研究生，想以一张文凭找到一份能在城市生存与发展的工作已属不易，更不敢奢望能够给辛辛苦苦供他读书的农民父母以回报和荣耀。为了能够

---

① 杨润勇，王颖. 农村初中学生辍学的现状调查和规律研究——小康农村地区初中学生辍学现象研究之一[J]. 教育理论与实践，2004（01）

② 杨润勇，王颖. 农村初中学生辍学的现状调查和规律研究——小康农村地区初中学生辍学现象研究之一[J]. 教育理论与实践，2004（01）

在城市找到一份工作，越来越多的大学生拿着与农民工相差无几的工资，"蜗居"甚至蜕变成"蚁族"，挣扎于城市的底层。种种社会现象，不仅使农民及其子女动摇了"知识改变命运"的信心，也迫使专家学者和政策制定人员反思当下的教育走向，应该提供什么样的知识，应该给生活在社会底层的农民以什么样的希望？

伴随着农村中小学教育衰弱的，不仅仅是农村儿童实现社会晋升自信心的消退，还有农村教师和农村村民自信心的消退。在20世纪90年代以前，农村儿童能够考上中专就可以改变农民的身份，从事农村村民都很艳羡的工作。中师毕业生大多来自农村，毕业后回到原来的中小学大多数都能成为教学骨干，甚至许多初高中毕业生都能在微薄的待遇、简陋的条件下，全身心地投入到教育教学中。农村儿童的质朴、家长的期望和村民的敬仰，支撑着他们投身教育的责任与积极探索的信心。然而，90年代以后，随着所教学生数量的减少，教师的自信心和责任感也逐渐消退。随着一所所学校的撤并，在村中消失的不仅仅是孩子们活泼的身影，也带走了村民对当地经济社会发展的希望。孩子不在身边，村民更加无所顾虑，迷信、赌博、好逸恶劳等不良习气迅速蔓延。这些村子的儿童，在家难有积极健康的环境，在外地学校又时而自惭形秽，身心发展也受到了诸多不良影响。

（二）让农村的孩子热爱农村

在城乡教育差距、生活水平、劳动报偿、社会保障等相差悬殊的情况下，如果不是在政治的号召下去奉献农村或者在进城无望的情况下被迫重返农村，谁愿意回到农村？让农村的孩子热爱农村，绝不排斥让城市的孩子也热爱农村；让农村的孩子热爱农村，绝不意味着农村孩子应该奉献农村；让农村的孩子回到农村，是一种希望，是一种期许，更是一种人文关怀下的引导。如果有人乐意在农村接受教育、在农村工作、在农村创业或者在农村养老，也就意味着我们的教育均衡发展和城乡一体化达到了令人满意的效果。

1. 农村具备适宜个体成长的天然条件

大自然是维系人类社会和人类文明发展的生命之舟，为人们的物质和精神生活提供必不可少的资源、环境条件以及生态服务。在广阔的自然环境里，人们既可以如姜太公、诸葛亮那样胸怀天下，志向高远，也可以如陶渊明、文徵明一般淡泊明志，享受安宁。刘铁芳教授认为乡村是"我们的生命得以退守的永远的家园"，钱理群先生则认为乡村是可以"让心平静下来的地方"。[①]两位学者对乡村的描写与南朝文学家吴均《与朱元思书》中所描写的山水之美，可以令"鸢飞戾天者，望峰息心；经纶世务者，窥谷忘返"，有着异曲同工之处。农村的孩子成长于山水之间，乡间的花鸟虫鱼、弱肉强食、优胜劣汰等给了农村孩子非常丰富的感性认知，如果能够结合现代科学文化知识的学习，可以形成比较完整的价值观和世界观，无论对自然界还是人类社会的运行法则都会认识得更深刻一些。

在以往的工业社会和更远的农业社会，城市人是少数，相对于农村人具有一种优越感。当城市化水平达到70%以后，农村人可以便捷地享受到城市文明的一切成果，城市人将成为大多数，农村人成为少数，具有在农村成长的经历，将会成为今后生存的优势。为此，夏津县教育局王副局长认为："农村的孩子，假如没有在农村接受义务教育的经历，将是一种悲哀。"[②]

2. 农村缺乏适合本土儿童成长的师资

乡村学校应该增进儿童对当地社会的认同感，提升当地儿童对本土文化应有的自信，这不仅给那些不能走出农村的孩子以生存的自信，也给那些以后能够走出农村的孩子一种独特的经历去融会外来文化。那些不能走出农村和那些走出农村接受了外来文化熏陶又重新回到农村的人将会是未来新农村建设的主体，如果这些人缺乏对本土社会的认知与情感，必将导致农村建设主体的劣化。即使那些走出农村的人如果缺乏对本土社会的认知与情感，也会因为缺少精神的根基而飘摇不定，不仅在外发展不好，回

---

① 刘铁芳. 乡土的逃离与回归[M]. 福州：福建教育出版社，2008：2～3
② 2010年6月10日，访谈记录

乡也会水土不服。

乡村需要的教师不一定非要有很高的学历和精深的知识。就知识传授来说，接受过专科以上教育的教师基本都能胜任。农村需要亲近乡村社会、喜欢大自然、喜欢与农民交往的教师，需要脚踏实地地跟农民、跟农村儿童打成一片而非仅仅知道说教的教师，需要能够真正理解农村、理解农村儿童、对乡村充满感情并能激发乡土资源在个体成长中应有价值的教师，需要能够让学生热爱本土、从本土找到成长自信的教师，需要给学生以生活意义的教师，然而这样的教师在农村仍然非常缺乏。乡村教师应该有一种乡村情感以及对乡村儿童的爱，能够安心教育。政府应该为农村老师创造较好的条件，留住现有优秀教师，吸引外来教师，并保证农村学校有充足的师资来源。

3. 尽人事：让农村更美好的应有之意

"尽人事以听天命"，城镇化有其自身发展的规律。在当前城乡差距较为悬殊的情况下，于情于理都不应该坐视农村文化和农村教育的日益凋敝现象而不管，而应该从以人为本的角度，为农村、农民、农村儿童和农村教育的发展创造有利条件，积极推进城乡一体化和基本公共教育服务均等化，让农村儿童也能平等地享受社会发展与教育改革的成果，像城市儿童一样满怀信心地积极拥抱未来。

在当前情况下，要改变农村文化和农村教育日益凋敝的现状，有以下几点可资参考。其一，积极扭转城乡基础教育不均衡的局面，让一部分农村孩子自愿回到农村学校接受教育。对于儿童在哪里接受基础教育，本不应该有区域上的限制，更不应该有城乡之间在教育质量和课程设置上的厚此薄彼；其二，扭转教育教学中远离"三农"的价值倾向，在基础教育阶段不必强求学生掌握农业知识和农业技术，但是无论城市还是农村的中小学生，都应该有一颗"爱农"、"支农"之心，扭转厌农、弃农、离农的社会倾向；其三，在义务教育后阶段，开设既面向城市又面向农村的职业技术教育，为不能升学者提供可选择的职业培训，对于愿意服务当地经济的毕业生进行一定的物质和精神奖励；其四，对于接受了高等教育、在外打工多年、具有丰富经验的人才，如果他们能够重返农村，可以成为农村社会经济、文化复兴的主力，将会是未来新农村建设的依靠力量，政府应该对他们给予优惠待遇；其五，对于因年龄等原因愿意回家养老者，应该提供尽可能的方便，适合养老的地方也是适合人生活的地方，年老者的经验会给当地文化以无形的影响，有助于扭转乡村文化荒芜的景象。

（三）农村初中急需正确定位

尽管苏镇所在的夏津县没有明确表示要借鉴平原县初中进城的经验，让农村初中全部进城，但是县城各中学教育规模的不断扩张与乡镇中学规模的日益缩小却是不争的事实。苏镇教育发展的历史基本吻合了我国农村教育发展的状况。全国各地大量的乡镇中学也都处于跟苏镇中学相似的境地，日益纠结于要不要进城，越来越难以廓清乡镇初中的定位。为此，从农村初中产生与发展的历史入手，结合当前形势，正确认识其历史地位与时代使命，应该成为解决农村初中发展问题的当务之急。

1. 在国家缺乏充分办学条件的历史时期，农村初中在普及九年义务教育的过程中起到了至关重要的作用

农村初中多是在"文革"期间联办中学的基础上发展起来的，具有很强的集体办学性质，受地方经济条件和适龄儿童的影响非常大。20世纪80年代中期，国家提出了普及九年义务教育的发展目标。尽管这一时期农村经济体制改革已经取得了可喜成果，国家财政收入却仍然非常有限，中央政府继续采用了依靠地方政府和人民群众发展教育的策略。各级地方政府一方面竭力维护自身经济利益，另一方面又设法将上级政府的各项考核指标转移给下级政府。

在改革开放初期，由于家庭联产责任制的实施，农民收入和生活水平都得到了较大幅度的改善，加之乡镇企业异军突起，乡镇政府的收入也相应增加，可以拿出部分资金发展地方教育事业，乡镇政府也表现出了支持教育发展的强烈热情，可以说是"八仙过海，各显神通"，农村基础教育办学条件得到了极大改善。

2. 城乡差距越来越大，农村初中发展日益窘迫

20 世纪 80 年代末至 90 年代初，初级中学的城乡差距还不明显。90 年代中后期以后，随着国民经济体系的调整以及"分税制"改革的实施，乡镇财政逐渐吃紧，农民增产不增收，难以承受子女教育费用，大量农村子女被迫辍学。与国家普及九年义务教育、提高人口素质和地方集资办示范性学校的初衷不同，农民支持子女接受初中教育的动力主要来自两个方面：其一，考大学，脱离农村。越来越多的农民感受到了农村与城市的差距，考上大学在城里找份工作成了这一时期农村子女接受基础教育最为功利的目标。然而，在高校扩招之前，能够考上大学的毕竟是少数，仅仅班里特别优秀的才有机会。在多数家长看来，如果升学无望，多接受一年初中教育还是少接受一年，没有太多区别。因此，初中成为这一时期农村学生辍学率最高的阶段。其二，拿文凭，进城打工。由于城市发展需要大量没有较高学历的劳动力，农民在城里找份临时工作的机会还是比较多。城市比较容易的挣钱方式和相对不高的就业门槛吸引了大批升学无望的农村学生提前离开学校，加入了打工者的队伍。

3. 在国家财政支付能力日益提高的情况下，农村初中仍将成为基础教育中必不可少的重要形式

21 世纪以来，我国综合国力迅速增强，中央财政支付能力得以提高，国家开始着力解决城乡发展中的不平衡问题。在农村教育发展方面，国家一方面增加了中央转移支付的力度，另一方面也制定并出台了农村中小学布局调整的相关政策。地方政府则在执行落实中央政府相关政策的过程中，撤并了一批薄弱学校，农村中小学出现了非常明显的向县镇集中的倾向。需要明确指出的是：将农村初中撤并集中到县城的做法，是以城市教育取代农村教育的做法，是不明智的。

农村具有适宜儿童成长的天然条件，农村学校在新农村建设中具有非常重要的意义。大自然为人们的物质和精神生活提供必不可少的资源，滋养了人类文明的不断发展。在农业社会和以往的工业社会，城市人是少数，相对于农村人具有一种优越感。当城市化水平超过 70% 以后，城市人成为

多数，农村人成为少数，农村人可以非常便捷地享受城市文明的一切成果。为此，儿童具有在农村成长的接受教育的经历将会是今后生存发展的优势。农村初中需要根据国家教育发展规划的要求，结合农村的环境特点，满足青少年儿童的教育需求，培养他们对生活的信心以及未来生存发展的希望。

4. 反对两种错误倾向

初中教育是义务教育实施和基础教育发展的关键阶段，是学生逐步接受社会的价值标准与行为规范，树立正确的世界观、人生观和价值观的重要阶段，是养成良好学习生活习惯、奠定良好身心素质的关键时期。"农村初中进城"是地方政府在城乡二元格局背景下改进农村地区儿童初中教育状况的一种尝试，其中还夹杂着强烈的效率主义以及通过集约化办学彰显政府政绩的思维倾向。主张"农村初中进城"者通常以提高办学效益或者"满足农村子女进城读书"的表面愿望为导向，掩盖了农民子女就近接受较高质量教育的实质。盲目扩充城市学校规模或者任农村学校日渐萧条都不利于儿童身心的健康成长，充分利用城市与农村的自然和文化资源，而不是偏执一端，才更有利于儿童心性的健康发展，也更有利于初中教育目标的更好实现。

在农村初中要不要进城的问题上，最容易出现两种简单化或"一刀切"的错误倾向。

一种可称之为进城主义，突出表现在：只看到进城的好处，看不到或者忽略进城的问题；只看到规模扩大带来的效率问题，看不到规模扩大带来的教育问题；只看到农村适龄入学儿童减少、农村办学条件差、教育教学质量不高的问题，看不到农村特有的自然条件和人文环境在培养儿童淳朴、友善、勤劳、勇敢等优秀品质方面的作用；只看到家长托关系送子女进入城市读书的现象，看不到农村孩子在城市学校文化不适应、受欺侮、负担不起而辍学的现象，等等。

另一种可称之为保守主义，突出表现在：只看到农村初中作为农村社区文化机构的存在意义，看不到城市化带来的重大变化；只看到农村初中进城带来的规模不经济问题，看不到规模化产生的教育效果；只看到撤并农村学校给当地造成的不方便，看不到合理学校布局带来的效益，等等。

5. 教育均衡：应该有更高层次的追求

教育是一种复杂的社会行为。教育均衡作为一种理想的追求，其内涵也随着时代的发展发生了相应的变化，由最初的强调"机会平等"，到日益重视的"过程平等"，以及更高追求的"结果平等"，分别处在不同的理想层次上。主张初中进城者认为将农村孩子接到城里与城市儿童享受同样优质的教育就是促进教育均衡发展的集中表现，这还停留在机会均等的层面。而反对者的理由则更多地建立在过程平等或者更高的基础之上，认为让农村孩子与城市孩子挤在一起，并不能保证农村孩子能够享受到同等的教育。

反对初中进城者认为，撤销农村学校会使农村地区文化结构予以破坏，进而导致农村文化的荒芜，这种观点未免有些危言耸听。众所周知，在漫长的封建时代，"乡村精英"、民谣、戏曲与民间私塾共同构成农村文化传承的主体，学校仅是农村地区传承文化的主体之一，更何况现代学校嵌入农村是近代以来才出现的事情，是现代教育普及的结果。随着现代教育体系尤其是垂直系统的构建，农村学校更多的是完成国家课程所规定的内容，与乡村之间的联系越来越松散，甚至在很大程度上脱离了当地人民的生活，更难以起到文化引领的作用。农村文化衰弱的原因涉及社会政治、经济生活的诸多方面，将农村文化复兴的重任仅仅建立在保留农村学校的基础上是不现实的。

学校应该有适度的规模。规模太小，资源不能够充分使用，不仅造成浪费，也不利于学生某些品质的培养，比如集体荣誉感、团结与协作的精神、竞争的品质，等等。规模太大，又会导致管理成本的升高，出现规模不经济的现象。除了经济上的考虑以外，规模过大也不利于教育质量的提升。目前，许多城市出现的巨型学校，班级规模严重超标，势必影响到教师的"教育观照度"[1]，进而影响课堂教学和教育效果。赞成初中进城者看到了提高学校规模带来的经济效益，却很少考虑规模过大造成的负面影

---

① 和学新. 班级规模与学校规模对学校教育成效的影响——关于我国中小学布局调整问题的思考 [J]. 教育发展研究，2001（01）：18~22

响。反对初中进城者能够看到规模不经济的问题，并能从提高教育实际效果的角度出发，具有积极意义，但是以此阻止小规模学校的撤销、妨碍学校布局的合理调整则是错误的。

（四）构建城乡和谐的学校生态系统

学校的生态分布，主要指不同类型、不同层次的学校能够依据自然选择的原则交错分布，是一种大小交织、彼此依存、共生共荣的关系。中小学校在城乡之间的分布具有一定的规律，并受区域经济、社会、人口、地理、交通以及历史文化等因素的影响，"在社会生态系统中，作为生态主体的学校在一定生态环境中的合理分布，不仅关系到学校自身的生态变化，同时也会给社会生态系统带来诸多影响"。[①] 城乡一体追求的是城市和乡村的融合，是一种城中有乡、乡中有城的状态，而非城是城、乡是乡、城乡截然分开的状态。城乡和谐的学校生态分布，既不会导致城市学校的畸形扩张，也不会导致农村学校的荒芜；既不会有学生因为交通不便而辍学，也不会有学生因为学校规模太大而受到忽视；儿童和青少年既可以选择走读，也可选择寄宿；既可以就近选择大规模学校，也可以就近选择小规模学校；既可以选择大班制，也可以选择小班制。在交通便利、各部门相互配合的情况下，农村学校的学生可以充分享用城市教育资源，城市孩子也可以同农村孩子一样尽享大自然的风光和地方性知识的熏陶。

目前，我国在城镇化的强烈势头下，不仅农村的自然生态遭到前所未有的破坏，人口结构、价值观念等社会生态也受到了严重影响。在入学高峰、师资外流、经费短缺等因素的影响下，学校生态系统的生存与发展也受到了严重威胁。城市中小学具有强大的吸纳经费、生源和优秀师资等外部资源的能力，农村中小学不仅难以获取应得的资源，既有的资源也经常陷入了流失的漩涡之中。学校系统内部城乡之间的巨大差异，使得基础教育学校的城乡分布严重失衡，一边是城市中小学的无限膨胀与爆满，另一

---

① 范国睿. 教育生态学[M]. 北京：人民教育出版社，2000：32

边是农村中小学的日益凋敝与衰败，城乡差距悬殊的学校分布必将有碍学校系统整体功能的发挥。

2009 年 11 月，教育部袁贵仁部长就职伊始即召开全国推进义务教育均衡发展现场经验交流会，将义务教育作为教育改革与发展的重中之重，均衡发展则是义务教育的重中之重。自此以后，全国范围掀起了一股禁止择校、推进教育均衡发展的运动，并涌现出了山西阳泉、河北邯郸、山东寿光、安徽铜陵等一批典型。然而，"树欲静而风不止"，这些所谓的典型在区域差距悬殊、择校之风盛行的社会背景下，犹如大海中之孤舟，显得格外孤单，面对惊涛骇浪，需要智慧，更需要勇气。颁布择校禁令如同扬汤止沸，不能从根本上制止择校，还会催生潜规则。均衡资源配置，积极构建城乡和谐的学校生态体系，才是釜底抽薪、遏制择校根源的治本之策。为此，有如下几条建议可资参考。

1. 适时酌情撤并小规模学校

对学校布局进行调整不仅是城市化的主要内容，也是学校自身发展的客观要求。农村学校经历了 21 世纪初近十年的布局调整，已经取得了一些可喜成果，不少农村小学实现了"校校通"，并配置了电脑、多媒体以及远程教育设备设施等。顺应城镇化的潮流以及农村子女对城镇优质教育的向往，目前撤销农村小规模学校所遇阻力也最小，可以说农村中小学布局调整正在面临着前所未有的机遇。[①]

20 世纪中后期，农村学校按村布点的格局是与当时的经济发展和交通条件一致的，也是与在国家财力短缺情况下普及小学教育和九年义务教育的国家战略相适应的。进入新世纪以来，无论农村形势还是中央政府的财政能力都有了翻天覆地的变化，几乎不可同日而语。随着入学人口高峰的退去，农村中小学出现了大量校舍闲置现象，师资队伍老化现象也非常严重，在许多地区村办小学已经难以为继。在这种情况下，不失时机地撤并一些小规模学校，重新调整学校布局，优化资源配置，可以说顺理成章，

---

① 张洪华. 城镇化进程中的农村中小学布局调整问题及反思[J]. 教育理论与实践，2010（08）

不仅有助于盘活教育资产，也有助于给多年以来相对沉寂的农村教育改革注入活力与契机。

在今后的学校布局调整中，应该充分考虑未来城镇发展规模、发展方向和功能定位，既要避免教学点过于分散导致的资源浪费现象，也要避免班额过大导致的教学资源和教学条件紧张问题。原则上，小学应该向乡镇和学区集中；教学点灵活设置，但一般只包含两三个年级。

2. 明令禁止超大规模学校

目前，一些城市中小学规模不断扩大，逐渐演变成"超大规模学校"。据《齐鲁晚报》报道，新泰一中曾经号称"全亚洲最大的中学"，七年前，投资 3.6 亿，占地 1000 亩，设计规模 360 个教学班，可容纳 2 万学生就读。其规模比许多大学都大，设备先进的科技馆、标准的体育场馆以及 8 人间带卫生间的学生公寓，令许多大学汗颜。然而，尽管如此，它仍然"规模不如潍坊一中，学生数量不如菏泽一中"，各地"大"中学的建设规模迅速将其赶超，淄博临淄投资 4.5 亿建"大高中"，东营垦利投资 4 亿建"大一中"，潍坊新建桥学校总投资 4.1 亿元……①这种大规模的学校动辄被冠以"满足家长对优质教育资源的渴求"、"改变教育不均衡状况"的理由，然而，仔细分析却发现，这种做法更多的是从行政管理和经济的角度考虑，并不符合学生的根本利益。学校规模扩大不仅仅稀释了原先的优质教育资源，导致生均优质教育教学资源和教学条件紧张，学生可以享受到的来自教师的关照降低。在超大规模学校，不同程度地出现了学生厌学情况增加、教师职业倦怠增高以及管理难度增大等负面现象，"校中校"、"仅关照少部分学生"等不公平现象也趁机抬头，并未真正解决教育均衡发展问题。

3. 积极鼓励农村优质学校建设

城市学校不应该是优质资源的集中地，农村学校也不应该是劣质教育的代名词。在城乡一体的状态下，农村学校也可以提供优质的教育，也可以有较大规模的学校，也会吸引城里孩子到农村读书，在城市中也不应该

---

① 龚海. "大"中学之困[N]. 齐鲁晚报，2010-09-25（B01）；http://sjb. qlwb. com. cn/images/2010-09/25/B01/qb0125. pdf

全是大规模的学校，也应该有以特色见长的小型学校。为了改善城乡发展不均的状态，除了限制城市大规模学校发展以外，更应该积极改善农村中小学办学条件。

首先，需要积极推进农村中小学标准化建设，大力提高农村中小学硬件建设水平。在湖南张家界武陵源区一个偏僻的乡镇中胡乡坐落着一所被众网友称为"最美乡村学校"的中学，据说建校投资 4500 万元，全部为政府财政拨款，真正做到了"当地最好的建筑是学校"。学校不仅外观漂亮，功能设施齐全，宿舍装了热水器，教室配有饮水机，一些细节也考虑很周到，黑板表面都是弧形的，有助于保护学生视力。据武陵源区教育局局长柳新华说：中胡乡十分偏僻，离教育优势资源相对集中的武陵源城很远，考虑到教育公平和资源的优化配置，在政府财力紧张的情况下，武陵源区撤并了三所学校，集中财力建设了现在这所比较高水平的学校。①尽管有网友批评地方政府有作秀成分，建这么一所学校过于奢侈。然而，在偏远的乡村能够矗立这么一所学校，至少也凸显了一种对农村教育的义务和责任，对于改变农村学校破败不堪的面貌是一种启迪。

其次，应该积极推进农村中小学师资建设，着力提升农村中小学师资水平。在城镇化大潮以及城镇中小学对农村优质教育资源的强力吸纳下，农村中小学师资出现了明显劣化趋势，无论学历水平还是综合素质与城镇学校都难以匹敌，与农村学校发展所需师资的标准要求也相去甚远。在当前的师资水平下，不仅各种教育教学改革难有进展，农村中小学最基本的教育教学质量都难以保证。学校布局调整不仅使学校形态和分布发生了变化，也触及了农村中小学教师的工作内容，冲击着他们的教学习惯，也形塑着他们新的教学方式。教育行政部门应该抓住农村教师素质提升这一机会，最大限度地增进学校布局调整对于提升教师素质的改革动力，为农村中小学教师素质的提升提供充足的资源，不断更新农村中小学教师观念，提升教育教学业务水平。在新教师引进方面，应该优先充实农村学校师资

---

① 王伟健. 三问"最美乡村学校"[N]. 人民日报，2010-04-13（12）

力量。农村教师在工资待遇、福利保障等方面略高于城市教师平均水平，如果农村教师居住在城里，还要提供相应的交通补贴，在农村寄宿应该有比之更高的工作环境补贴。为了尽快缩小城乡教育差距，需要为农村学校师资发展创设更加舒适、完备的条件，让农村中小学成为多数教师喜欢的学校，吸引优秀师资到农村地区任教，确保优质教育资源也可以惠及农村地区。

4. 积极鼓励城乡教育交流

城市与农村并不存在孰优孰劣的问题，在发展取向上也不应该有所偏向。信心膨胀的现代人在灿烂的城市文明面前过于自负，看不到农村文明正是孕育城市文明的根基，反而一再嘲笑农村的落后、愚昧，以为城市化就是用城市取代农村。其实，许多人并不了解农村的真相和逻辑，而是仅仅看到了农村凋敝的一个方面。农业文明经历了比工业和商业文明更悠久的历史，看似斤斤计较的小农在几千年的历史中已经锤炼出一种能够在任何复杂环境下谋求生存的智慧；在时间的长河中，农村已经形成了一套看似笨拙，却很完善且富有自然智慧的自我组织方式，即使在看似混乱的转型期，农村也能像草根一样保存实力，一旦环境合适仍能爆发出勃勃生机。如果认为城市化就是用城市替代农村，以城市文明取代农村文明，以城市的规则和运行逻辑取代农村的规则和运行逻辑就会丧失人类文明可以退守的家园，城市文明也会失去发展的不竭动力和有益补充。

目前，农村学校正在凋敝，农村教育处在危险之中。如果用城市学校发展的模式去改变农村学校发展的模式，即使是善意的拯救，也会遭到两败俱伤的结局；如果站在对方的立场，相互学习，彼此借鉴，则可形成双赢局面，可以相互补益。2010 年初，江苏省公布了《实施〈义务教育法〉办法意见稿》，其中规定教师在同所学校任职不能超 6 年，尚处于试点阶段的义务教育教师"流动制"有望在全省展开。在当前的背景下，教师流动制度或许不是解决教育均衡发展的最好办法，但可能是最恰当的方式。①据

① 扬子晚报　石小磊. 江苏拟规定教师在同所学校任职不能超 6 年[EB/OL]. 人民网教育频道 (2010-02-23)[2011/3/15]. http://edu.people.com.cn/GB/11004842.html.

中国教育报报道，山东省滨州市滨城教育局在 10 多年"城乡结对"的基础上，精心打造"城乡教研联合体"，通过城乡互动、优势互补，不仅解决了城乡教育发展不均衡的问题，还实现了整体推进、教育高位均衡的发展目标。①

①　梁杰. 滨州市滨城区城乡学校"捆绑"结盟[N]. 中国教育报，2009-08-31（01）

附　录

附录1. 调查问卷

学生卷

亲爱的同学:

　　你好!

　　因论文写作的需要,特向你了解有关农村中小学布局调整方面的一些情况。你的回答将有助于我们了解农村教育的客观实际,对学术研究及政府的决策都有重要的价值。请你在符合的选项上打"√"或者把选号写在前面的括号里,谢谢你的支持与合作!

调查人:张洪华博士　敬上

(　　)1、你的性别: ❶ 男　❷女

(　　)2、所在年级: ❶ 小学一二年级　❷ 小学三四年级　❸小学五六年级　❹初中　❺高中

(　　)3、你父亲的身份或者职业是:

　　　　❶务农　❷做生意　❸国家干部　❹教师　❺医生　❻打工　❼其他＿＿＿＿＿＿＿

(　　)4、你母亲的身份或者职业是:

❶务农　❷做生意　❸国家干部　❹教师　❺医生　❻打工　❼其他_____

(　) 5、你的家庭所在地：

❶农村　❷乡镇　❸县城　❹外地

(　) 6、你是住校还是走读？

❶住校　❷走读

(　) 7、你家离学校有几里路？

❶1里以内　❷1～2里　❸3～4里　❹4～5里　❺5～6里　❻7～8里　❼8～10里　❽10～20里　❾20里以上

(　) 8、你认为从家到学校远不远：

❶远，难以承受　❷远，可以承受　❸刚好　❹不远

(　) 9、平常你上学都是：

❶家长接送　❷学校班车接送　❸跟同学一起坐公共汽车　❹跟同学一起骑自行车　❺步行

(　) 10、你最喜欢的上学方式是：

❶家长接送　❷学校班车接送　❸跟同学一起坐公共汽车　❹跟同学一起骑自行车　❺步行

(　) 11、你喜欢住校吗？

❶喜欢　❷不喜欢　❸跟在家差不多

(　) 12、你喜欢现在的学校还是以前的学校？

❶我没有换过学校　❷喜欢现在的学校　❸喜欢以前的学校

(　) 13、去一所新的学校你最担心的是什么？

❶学习成绩下降　❷交通及人身安全　❸加重家庭经济负担　❹受人欺负　❺生活不能自理　❻其他_____

(　) 14、你喜欢大班上课，还是小班上课？

❶大班　❷小班　❸无所谓

(　) 15、你喜欢所有的课由一个老师上，还是分开由多个老师上？

❶一个老师上　❷多个老师上　❸无所谓

（　　）16、你认为小学一至二年级学生可以承受的最远上学距离是：

　　　　❶1里　❷2里　❸3里　❹4里　❺5里　❻6里　❼7里及以上

（　　）17、你认为小学三年级至六年级学生可以承受的最远上学距离是：

　　　　❶2里　❷4里　❸6里　❹8里　❺10里　❻12里及以上

（　　）18、你认为初中年级学生可以承受的最远上学距离是：

　　　　❶4里　❷8里　❸15里　❹30里　❺45里　❻60里及更远

（　　）19、你认为高中年级学生可以承受的最远上学距离是：

　　　　❶10里　❷20里　❸30里　❹40里　❺60里　❻60里及更远

（　　）20、如果要撤销你现在就读的学校，让你到离家稍远但教学质量更好的学校读书，你的态度是：

　　　　❶非常愿意　❷比较愿意　❸无所谓　❹比较不愿意　❺非常不愿意

　　注：以下是填空题

　　21、你每个学期的住宿费是 ＿＿＿＿＿＿＿＿ 元（不住宿的不填，或者写0元）？你每个星期的零花钱是 ＿＿＿＿＿＿＿＿ 元？

　　22、你每次上学要花 ＿＿＿＿＿＿ 分钟时间？

　　23、现在你们班有＿＿＿＿＿＿个同学？

　　注：以下是问答题

　　24、你喜欢在农村读书、在乡镇读书，还是喜欢在县城读书？为什么？

　　25、你希望你们班里有多少个同学最好？为什么？

再次感谢你的支持！

家长卷

尊敬的家长：

您好！

因论文写作的需要，特向您了解有关农村中小学布局调整方面的一些情况。您的回答将有助于我们了解农村教育的客观实际，本次调查采用不记名方式填答，所有信息仅供研究使用，请在符合的选项上打"√"或者把选号写在前面的括号里，谢谢您的支持与合作！

调查人：张洪华博士　敬上

（　　）1、您的性别：　❶ 男　❷女

（　　）2、您的文化程度：　❶ 初中及以下　❷ 高中或中专　❸大专或大学本科　❹研究生及以上

（　　）3、您的年龄：❶21～30 岁　❷31～40 岁　❸41～50 岁　❹51～60 岁　❺61 岁及以上

（　　）4、您的身份或者职业是：

　　　　❶务农　❷做生意　❸国家干部　❹教师　❺医生　❻打工　❼其他_____

（　　）5、您家庭的年收入大约是：

　　　　❶5000 元以下　❷5000～10000 元　❸10001～20000 元

　　　　❹20001～30000 元　❺30001～40000 元　❻40001～50000 元

　　　　❼50001～100000 元　❽10 万元以上

（　　）6、您家有几个孩子：

　　　　❶只有 1 个　❷2 个　❸3 个及以上

（　　）7、您家孩子现在哪里上学：

　　　　❶本村小学　❷邻村小学　❸中心小学　❹县城小学　❺镇中学

　　　　❻范窑中学　❼后屯中学　❽县城初中中学　❾高中　❿大学

（ ）8、您家孩子上学要走几里路？

❶1里以内 ❷1~2里 ❸3~4里 ❹4~5里 ❺5~6里 ❻7~8里 ❼8~10里 ❽10~20里 ❾20里以上

（ ）9、您认为孩子的上学距离远不远：

❶远，难以承受 ❷远，可以承受 ❸刚好 ❹不远

（ ）10、您认为解决孩子上学远比较好的办法是：

❶家长接送 ❷学校班车接送 ❸学生住校 ❹学生结伴而行 ❺其他_____

（ ）11、您家孩子读书的学校是否发生过撤并、缩小规模、迁建等变化？

❶是 ❷否

（ ）12、您认为现在孩子上学是否方便？

❶是 ❷否 ❸不知道

（ ）13、孩子上学您最担心的是什么问题？

❶学习成绩下降 ❷交通及人身安全 ❸加重家庭经济负担 ❹受人欺负 ❺生活不能自理 ❻其他_____

（ ）14、您是否了解当地有关农村中小学合并的政策？

❶是 ❷否

（ ）15、您对当地农村中小学合并的态度是：

❶支持 ❷不支持 ❸无所谓

（ ）16、您对当地农村中小学合并的总体看法是：

❶好 ❷不好 ❸不知道

（ ）17、您认为如果您就布局调整问题发表了自己的观点，会受到有关领导的重视或被采纳吗？

❶一定会 ❷也许会 ❸也许不会 ❹肯定不会

（ ）18、如果要撤销您孩子现在就读的学校，让您的孩子到离家稍远但教学质量较好的学校读书，您的态度是：

❶非常愿意 ❷比较愿意 ❸无所谓 ❹比较不愿意 ❺非常不愿意

（　　）19、您认为小学一至二年级学生可以承受的最远上学距离是：

          ❶1里　❷2里　❸3里　❹4里　❺5里　❻6里　❼7里及以上

（　　）20、您认为小学三年级至六年级学生可以承受的最远上学距离是：

          ❶2里　❷4里　❸6里　❹8里　❺10里　❻12里及以上

（　　）21、您认为初中年级学生可以承受的最远上学距离是：

          ❶4里　❷8里　❸15里　❹30里　❺45里　❻60里及更远

（　　）22、您认为高中年级学生可以承受的最远上学距离是：

          ❶10里　❷20里　❸30里　❹40里　❺60里　❻60里及更远

（　　）23、您希望孩子通过学校的教育，主要是为了满足孩子将来：

          ❶考大学的需求　　❷全面发展的需求　　❸有一技之长　　❹终身发展的需求

（　　）24、您认为农村小规模的教学点与县城大班额的学校，哪个更有助于孩子的发展？

          ❶教学点　❷县城学校

（　　）25、您认为农村小学实施布局调整对于"普及九年制义务教育"工作的作用是：

          ❶大大促进　❷有所促进　❸影响不大　❹有所阻碍　❺大大阻碍

（　　）26、您认为农村实施中小学布局调整对于提高农村基础教育质量的作用是：

          ❶大大促进　❷有所促进　❸影响不大　❹有所阻碍　❺大大阻碍

（　　）27、您对已经实施的农村中小学布局调整的总体评价是：

          ❶有利无弊　❷利大于弊　❸利弊均衡　❹弊大于利　❺有弊无利　❻无所谓利弊

再次感谢您的支持！

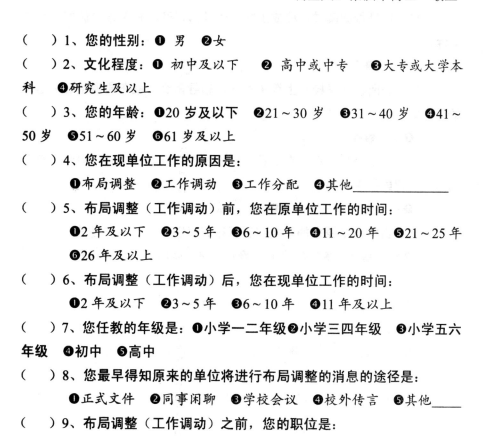

教师卷

尊敬的老师:

  您好!

  因论文写作的需要,特向您了解有关农村中小学布局调整方面的一些情况。您的回答将有助于我们了解农村教育的客观实际,本次调查采用匿名方式填答,所有信息仅供研究使用,请在符合的选项上打"√"或者把选号写在前面的括号里,谢谢您的支持与合作!

调查人:张洪华博士 敬上

( )1、您的性别:❶ 男 ❷女

( )2、文化程度:❶ 初中及以下 ❷ 高中或中专 ❸大专或大学本科 ❹研究生及以上

( )3、您的年龄:❶20 岁及以下 ❷21～30 岁 ❸31～40 岁 ❹41～50 岁 ❺51～60 岁 ❻61 岁及以上

( )4、您在现单位工作的原因是:

    ❶布局调整 ❷工作调动 ❸工作分配 ❹其他＿＿＿＿＿＿

( )5、布局调整(工作调动)前,您在原单位工作的时间:

    ❶2 年及以下 ❷3～5 年 ❸6～10 年 ❹11～20 年 ❺21～25 年 ❻26 年及以上

( )6、布局调整(工作调动)后,您在现单位工作的时间:

    ❶2 年及以下 ❷3～5 年 ❸6～10 年 ❹11 年及以上

( )7、您任教的年级是:❶小学一二年级❷小学三四年级 ❸小学五六年级 ❹初中 ❺高中

( )8、您最早得知原来的单位将进行布局调整的消息的途径是:

    ❶正式文件 ❷同事闲聊 ❸学校会议 ❹校外传言 ❺其他＿＿＿

( )9、布局调整(工作调动)之前,您的职位是:

❶正校长　❷中层领导　❸副校长　❹教研组长　❺普通教师　❻其他

（　　）10、布局调整（工作调动）之后，您的职位是：

❶正校长　❷中层领导　❸副校长　❹教研组长　❺普通教师　❻其他

（　　）11、您任现职的时间：

❶2 年及以下　❷3～5 年　❸6～10 年　❹11 年及以上

（　　）12、您是否参加过学校或上级主管部门召开的有关布局调整的正式会议？

❶是　❷否

（　　）13、您是否阅读过学校或上级主管部门召开的有关布局调整的正式文件？

❶是　❷否

（　　）14、您所在的学校或上级主管部门领导是否曾就布局调整征求过您的意见？

❶是　❷否

（　　）15、您认为如果您就布局调整问题发表了自己的观点，会受到有关领导的重视或被采纳吗？

❶一定会　❷也许会　❸也许不会　❹肯定不会

（　　）16、当您得知原来的学校将进行布局调整时，您的态度是：

❶非常愿意　❷比较愿意　❸无所谓　❹比较不愿意　❺非常不愿意

（　　）17、您认为您所在的学校实施布局调整的主要原因是：

❶执行上级指令　❷乡镇中小学分布密集　❸政府教育投入不足

❹学校规模太小　❺师资数量过剩　❻提高教育教学质量的需要

❼其他

（　　）18、与布局调整前相比，您对现单位工作状况的评价是

❶非常满意　❷比较满意　❸一般　❹比较不满意　❺非常不满意

（　　）19、布局调整后，您对教育教学工作的态度与调整前相比：

❶更加积极　❷比较积极　❸变化不大　❹比较消极　❺更加消极

（　　）20、您认为学校管理工作中受布局调整影响最大的是：

❶教学管理　❷行政管理　❸学生管理　❹财务（后勤）管理　❺教师管理　❻其他

（　　）21、您认为实施布局调整后，所在学校的学生管理工作较之以前：

❶更加容易　❷比较容易　❸变化不大　❹比较困难　❺更加困难

（　　）22、您认为实施布局调整后，所在学校的教师管理工作较之以前：

❶更加容易　❷比较容易　❸变化不大　❹比较困难　❺更加困难

（　　）23、您认为实施布局调整后，所在学校的教学质量较之以前：

❶明显提高　❷有所提高　❸变化不大　❹有所下降　❺明显下降

（　　）24、您认为实施布局调整后，所在学校的资源配置情况较之以前：

❶明显优化　❷有所优化　❸变化不大　❹有所下降　❺明显下降

（　　）25、您认为实施布局调整后，村民承受子女义务教育的经济负担较之以前：

❶明显加重　❷有所加重　❸变化不大　❹有所减轻　❸明显减轻

（　　）26、您认为布局调整后农村小学的发展与调整前的目标一致吗？

❶完全一致　❷比较一致　❸没有变化　❹比较不一致　❺非常不一致　❻完全相反

（　　）27、您认为现行的农村小学布局调整是否符合农村实际？

❶完全符合　❷比较符合　❸符合　❹比较不符合　❺非常不符合

（　　）28、您认为一所小学纳入布局调整规划主要应由何种因素决定？

❶上级教育部门的文件　❷该小学自身发展状况　❸所在乡镇的经济发展水平　❹该小学服务人口的数量　❺学生及家长的现实需求　❻其他

（　　）29、您认为农村小学实施布局调整对于"普及九年制义务教育"工作的作用是：

❶大大促进　❷有所促进　❸影响不大　❹有所阻碍　❺大大阻碍

（　　）30、您认为农村实施中小学布局调整对于提高农村基础教育质量的作用是：

　　　　　❶大大促进　❷有所促进　❸影响不大　❹有所阻碍　❺大大阻碍

（　　）31、您对已经实施的农村中小学布局调整的总体评价是：

　　　　　❶有利无弊　❷利大于弊　❸利弊均衡　❹弊大于利　❺有弊无利

　　　　　❻无所谓利弊

（　　）32、根据"九五""十五"农村中小学布局调整实施情况，您认为在我国农村是否需要继续推行此项工作？

　　　　　❶需要　❷不需要　❸酌情而定　❹不知道

（　　）33、根据我镇中小学布局调整实施情况，您认为今后是否需要继续推行此项工作？

　　　　　❶需要　❷不需要　❸酌情而定　❹不知道

（　　）34、布局调整前，您对自己在原单位工作的满意程度最高的是

　　　　　❶工作顺利　❷关系融洽　❸专业对口　❹晋升顺利　❺领导民主

　　　　　❻薪酬合理　❼家属安置妥当　❽其他

（　　）35、布局调整后，您对自己在现单位工作的满意度最高的是

　　　　　❶工作顺利　❷关系融洽　❸专业对口　❹晋升顺利　❺领导民主

　　　　　❻薪酬合理　❼家属安置妥当　❽其他

（　　）36、您认为在布局调整中，受益程度最大的是

　　　　　❶学生　❷学生家长　❸教师　❹校长　❺学校　❻乡镇村领导

　　　　　❼教育行政领导　❽地方政府　❾国家

（　　）37、您认为农村中小学实施布局调整最主要的目标是

　　　　　❶节约政府教育支出　❷改善教育教学条件　❸提高基础教育教学质量　❹减轻农民经济负担　❺解决教师过剩问题　❻优化资源统一管理　❼满足学生发展需求　❽其他

再次感谢您的支持！

附录 2. 相关图表

表 9.1 夏津县户数、人口统计表（明初至 1950 年前）

公元	朝代年号	户数	人口数
1391	明洪武二十四年	687	4279
1412	明永乐十年	3683	21597
1461	明天顺五年	3300	26379
1515	明正德十年	3676	37431
1522	明嘉靖元年	3679	39287
1531	明嘉靖十年	3697	39155
1644	清顺治元年	2480	15376
1655	清顺治十二年	2715	16833
1662	清康熙元年	3414	21166
1667	清康熙六年	3802	23572
1672	清康熙十一年	3811	23628
1740	清乾隆五年	12422	46517
1929	民国十八年	39734	204051
1941	民国三十年	45563	218219
1948	民国三十七年		220915
1949	民国三十八年	70755	226757

资料来源：山东省夏津县志编纂委员会编. 夏津县志[M]. 济南：山东人民出版社，1990：107～108

表 9.2 夏津县人口自然变动情况表(1949～2008 年)

年 度	全县总人口	出 生		死 亡		自然增长		出生性别比%
		人 数	比率‰	人 数	比率‰	人 数	比率‰	
1949	279193							
1950	283447							
1951	288260							
1952	293020							
1953	297314	8616	34.88	2850	11.54	5766	23.34	
1954	303341	7713	30.47	2530	9.99	5183	20.48	
1955	309679	8418	27.54	3464	11.33	4954	16.21	
1956	312974	5774	18.55	2133	6.85	3641	11.70	
1957	318460	8645	28.25	2226	7.27	6419	20.98	
1958	312514	10773	33.58	5246	16.40	5527	17.18	
1959	318494	5129	15.88	4146	12.85	965	3.03	
1960	313499	3414	10.89	9023	28.78	-5609	-17.89	
1961	308504	3867	12.53	8462	27.43	-4595	-14.90	
1962	307895	5204	16.88	3978	12.91	1226	3.97	
1963	311747	11710	37.80	3442	11.11	8268	26.69	
1964	312632	10693	34.35	3689	11.85	7004	22.50	
1965	318537	10085	31.96	3122	9.89	6963	22.07	
1966	326510	10774	33.41	3172	9.83	7602	23.58	
1967	331709	9650	29.32	3184	9.67	6466	19.65	
1968	338998	11217	33.45	3094	9.23	8123	24.22	
1969	345495	8658	25.29	2702	7.89	5956	17.40	
1970	354678	11654	32.86	2606	7.44	8898	25.42	
1971	361817	10425	29.10	2816	7.86	7609	21.24	
1972	368034	10819	29.65	3294	9.03	7525	20.62	
1973	373767	9753	26.30	2965	7.99	6788	18.30	
1974	379748	9976	26.48	3083	8.18	6893	18.30	
1975	386884	10665	27.82	3411	8.90	7254	18.92	
1976	393471	10411	26.68	3560	9.12	6851	17.56	
1977	399053	9379	23.67	3507	8.85	5872	14.82	
1978	402956	8433	21.03	3154	7.87	5279	13.16	

年度	全县总人口	出生		死亡		自然增长		出生性别比%
		人数	比率‰	人数	比率‰	人数	比率‰	
1979	407426	8415	20.77	3124	7.71	5291	13.06	
1980	412216	7647	18.66	3331	8.13	4316	10.53	
1981	418849	9041	21.77	3335	8.03	5706	13.74	
1982	425633	8718	20.65	3037	7.19	5681	13.46	
1983	432582	8780	20.46	2934	6.84	5846	13.62	
1984	437921	7518	17.27	2842	6.53	4676	10.74	
1985	441344	6073	13.81	2982	6.78	3091	7.03	
1986	443749	5866	13.25	3197	7.22	2669	6.03	
1987	446296	5661	12.72	3031	6.81	2630	5.91	
1988	451068	5848	13.03	3464	7.72	2384	5.31	
1989	453729	5734	12.67	3205	7.08	2529	5.59	
1990	476142	6325	13.33	3434	7.24	2891	6.09	
1991	478609	5575	11.68	3086	6.47	2489	5.21	106.4
1992	479080	5035	10.51	3368	7.03	1667	3.48	111.4
1993	476839	3068	6.42	3354	7.02	-286	-0.60	111.1
1994	472679	1769	3.73	3108	6.53	-1339	-2.80	111.1
1995	472220	2427	5.14	3063	6.49	-636	-1.35	112.5
1996	472779	3278	6.94	3399	7.19	-121	-0.25	107.7
1997	475471	4310	9.09	3147	6.64	1163	2.45	106.7
1998	479685	4830	10.11	3123	6.50	1707	3.61	107.7
1999	483458	5307	11.02	3082	6.40	2225	4.62	115.3
2000	484527	6439	13.30	3009	6.22	3430	7.08	111.0
2001	488109	5952	12.24	2948	6.06	3004	6.18	113.1
2002	491960	5715	11.66	2881	5.88	2834	5.78	122.4
2003	494342	5188	10.52	2966	6.01	2222	4.51	109.8
2004	496788	6624	13.37	2776	5.60	3848	7.77	116.3
2005	499293	9219	18.51	2707	5.44	6512	13.08	119.1
2006	501799	8573	17.13	2749	5.49	5824	11.64	116.9
2007	504533	7665	15.23	2816	5.60	4843	9.64	123.6
2008	508130	6413	12.67	3624	7.16	2789	5.51	117.0

资料来源：夏津县教育志编辑组．夏津县教育志（1985～2008）[Z]．（内部资料）

表 9.3　夏津县中小学教师数量变化情况(1949~1985 年)

年度	合计	中学教师			小学教师		
		小计	公办	民办	小计	公办	民办
1949	632	10	10		622	622	
1950	659	14	14		645	645	
1951	767	29	29		733	733	
1952	989	32	32		957	957	
1953	976	32	32		944	944	
1954	931	43	43		888	888	
1955	895	49	49		846	846	
1956	973	56	56		917	917	
1957	1015	48	48		967	967	
1958	1314	78	78		1236	1013	223
1959	1588	157	157		1435	1130	301
1960	1487	217	217		1270	1046	224
1961	1376	220	220		1156	1037	117
1962	1057	159	159		898	778	120
1963	1292	188	188		1104	932	182
1964	1717	213	195	18	1504	988	561
1965	1630	254	193	61	1676	1121	555
1966	2237	274	208	66	1963	1039	924
1967	2222	287	226	61	1935	990	945
1968	2371	407	211	196	2084	954	1130
1969	2882	709	213	496	2173	929	1244
1970	2608	754	400	354	1854	624	1230
1971	3202	592	371	221	2610	904	1706
1972	2920	1193	712	481	1727	491	1236
1973	2951	1043	646	397	1908	569	1339
1974	2839	739	408	331	2100	710	1390
1975	2990	1000	634	366	1990	592	1398
1976	3302	1328	715	613	1974	491	1483
1977	3509	1470	761	709	2039	422	1617
1978	3517	1535	771	764	1982	379	1603

年度	合计	中学教师			小学教师		
		小计	公办	民办	小计	公办	民办
1979	3760	1681	920	761	2079	450	1629
1980	3928	1789	866	923	2139	567	1572
1981	4060	1723	1069	654	2337	540	1797
1982	4144	1561	964	597	2583	665	1918
1983	3855	1370	902	468	2485	739	1746
1984	3789	1246	858	388	2543	729	1814
1985	3763	1261	911	350	2502	859	1643

资料来源：夏津县教育志编辑组. 夏津县教育志（1840~1985）[Z].（内部资料）：97

表9.4 山东省小学教育发展情况表（1978~2007年）

年份	学校数（所）	招生人数（万人）	毕业生数（万人）	在校学生数（万人）	学龄儿童入学率（%）	教职工人数	
						合计	其中专任教师
1978	79375	234.57	181.42	1041.84	96.57	395247	384540
1979	78828	219.38	164.83	1040.06	95.80	407704	393271
1980	78796	211.68	155.64	1041.70	95.84	418828	402739
1981	78829	197.06	154.84	1017.62	95.61	417223	400449
1982	77893	190.23	159.74	978.73	96.00	414849	395455
1983	76610	184.50	160.87	946.26	96.63	414753	393013
1984	74314	176.38	160.80	927.50	97.38	410443	387448
1985	71062	167.67	164.07	894.06	97.41	405550	379751
1986	65447	161.76	158.81	870.41	97.86	412879	384564
1987	64095	152.42	158.86	844.87	98.30	421864	394296
1988	63006	156.57	154.47	830.01	98.40	432249	404509
1989	62321	162.45	149.77	823.19	98.33	439419	408468
1990	61845	158.09	144.84	818.21	98.60	446395	414653
1991	59976	156.99	143.85	815.15	98.44	447368	414924
1992	56885	163.94	141.97	826.21	98.62	450396	416662
1993	54009	185.75	145.75	853.57	98.65	448575	415928
1994	50824	206.15	153.03	895.54	98.89	448601	414912
1995	47068	205.33	154.07	940.36	99.51	456568	422989
1996	40458	194.37	152.29	971.86	99.48	463651	429345

年份	学校数（所）	招生人数（万人）	毕业生数（万人）	在校学生数（万人）	学龄儿童入学率（%）	教职工人数	
						合计	其中专任教师
1997	37377	183.70	155.59	990.19	99.62	468548	434671
1998	34480	146.34	173.92	951.34	99.60	467987	435156
1999	29453	116.04	191.4	870.72	99.61	451063	418828
2000	26017	104.48	195.12	774.88	99.78	440161	408200
2001	21343	101.36	176.17	699.19	99.73	422905	390374
2002	19590	107.26	144.10	662.59	99.82	414600	383816
2003	18303	107.86	128.24	642.78	99.83	410968	380066
2004	16943	110.17	124.69	627.80	99.93	410264	378793
2005	15871	104.27	113.31	615.37	99.86	410394	377729
2006	14611	107.18	101.69	623.02	99.93	415117	381673
2007	14064	111.50	103.90	634.01	99.93	420353	386641

资料来源：山东省教育厅．山东教育改革发展三十年（1978～2008）[M]．北京：教育科学出版社，2008：788

表9.5　山东省初中教育发展情况表（1978～2007 年）

年份	学校数（所）	招生数（万人）	毕业生数（万人）	在校学生数（万人）	专任教师数
1978	13970	160.43	168.68	365.47	
1979	13443	133.75	141.02	329.99	
1980	12572	117.79	68.19	340.11	
1981	11469	107.53	83.52	316.24	101025
1982	10070	104.73	85.28	291.58	185340
1983	9068	101.07	74.82	278.3	
1984	8355	103.62	75.55	291.21	
1985	8213	109.56	83	307.98	179735
1986	7441	110.24	89.81	325.77	188383
1987	7076	109.73	99.82	328.93	198457
1988	6713	110.11	102.9	324.51	205945
1989	6260	108.31	101.78	316.48	208653
1990	6006	109.88	98.95	319.96	211967
1991	5660	112.77	99.9	324.75	214733

年份	学校数（所）	招生数（万人）	毕业生数（万人）	在校学生数（万人）	专任教师数
1992	5265	116.16	100.13	333.53	219052
1993	5028	120.29	99.92	344.27	221133
1994	4797	133.46	101.05	370.93	227894
1995	4430	144.05	101.86	407.87	236887
1996	4161	145.65	104.35	444.36	
1997	4206	150.14	120.99	466.56	262011
1998	3966+211	169.46	137.1	488.28	269360
1999	3892+206	187.45	141.21	526.49	275687
2000	3861	191.62	140.32	569.96	286381
2001	3078+255	173.17	156.76	578.07	288627
2002	3838	143.7		542.23	289291
2003	3761	129.14	181.45	485.27	283182
2004	3707	124.27	166.12	439.24	276822
2005	3185	112.49		395.91	269057
2006	3383	102.32	134.48	360.87	260512
2007	3287	105.41	126.47	336.83	257628

注：1.“+”后为教学点数量。

2. 资料来源：山东省教育厅. 山东教育改革发展三十年（1978～2008）[M]. 北京：教育科学出版

社，2008：788

表 9.6　德州地区小学概况统计表（1949～1985 年）

年度	学校数	在校生数	教职工	
			总数	专职教师
1949	3521	199568	5907	
1950	4555	240430	7665	
1951	5001	286824	8657	
1952	5426	370800	13277	12389
1953	5607	34248	11162	
1954	5483	361196	11325	
1955	5525	369135	11439	10336
1956	5865	469252	13128	

续表 9.6

年度	学校数	在校生数	教职工	
			总数	专职教师
1957	5760	468794	12984	
1958	6210	532756	14955	
1959	6091	567427	15432	
1960	6420	516847	15580	
1961	6230	374176	13437	
1962	5459	252505	10888	
1963	6318	336031	13280	12896
1964	11561	559181	19989	18508
1965	15949	500394	24777	24253
1966	8458	575399	21556	20616
1967	8400	602206	22426	21433
1968	8391	624975	22008	21891
1969	8914	649023	24365	23251
1970	9449	601322	26334	25915
1971	9791	618483	30343	25615
1972	9123	635341	23600	22972
1973	9378	677513	25735	25478
1974	9355	734204	27217	28521
1975	9518	774270	28304	27951
1976	6569	781521	29211	28615
1977	9530	777098	29106	28601
1978	9516	799400	29959	29467
1979	9413	812379	30893	30223
1980	9279	805599	33324	32651
1981	9595	793454	33258	32575
1982	9195	773595	33053	32201
1983	9187	771355	33295	32145
1984	9223	759290	33867	32666
1985	9122	758700	33481	32312

资料来源：德州地区教育志编纂办公室编写. 德州地区教育志[M]. 天津：南开大学出版社，1996：

表 9.7　德州地区普通中学概况统计表（1949～1985 年）

年度	学校数	在校生数	教职工		年度	学校数	在校生数	教职工	
			总数	专职教师				总数	专职教师
1949	3	618	69		1968	483	36459	4094	2770
1950	3	825	91		1969	872	86161	5925	4380
1951	7	2018	170		1970	741	83470	6637	5418
1952	10	4225	307		1971	775	204306	6050	5560
1953	11	6348	369		1972	1081	207537	13096	10899
1954	13	9553	585		1973	1193	172594	12134	9932
1955	14	10985	669		1974	1242	150354	11874	9521
1956	23	14882	1000		1975	1348	172401	12698	10042
1957	41	17913	1186		1976	1676	251296	15959	13403
1958	70	26703	1704		1977	1805	309023	19208	16226
1959	84	34506	2369		1978	1653	293571	19325	16498
1960	101	46703	2857		1979	1463	287404	19750	15831
1961	78	38122	3043		1980	1447	273104	20158	16145
1962	50	22412	2220		1981	1197	240297	19026	14927
1963	66	22559	2361	1355	1982	984	215521	17695	13931
1964	68	24815	2422	1408	1983	792	198114	15982	12332
1965	71	26952	2412	1388	1984	720	198398	15587	12150
1966	168	28793	2591	1572	1985	704	219595	16557	12970
1967	202	27382	2706	1681					

资料来源：德州地区教育志编纂办公室编写．德州地区教育志[M]．天津：南开大学出版社，1996：
63～64

表 9.8　德州地区各级各类学校专职教师数（1977～1985 年）

	高中	初中	小学
1977	3119	13107	28601
1978	3003	13490	29467
1979	2335	13447	30223
1980	2175	13970	32651
1981	1800	13127	32575
1982	1736	12195	32201

续表 9.8

	高中	初中	小学
1983	1568	10764	32145
1984	1508	10642	32666
1985	1520	11450	32313

资料来源：德州地区教育志编纂办公室编写. 德州地区教育志[M]. 天津：南开大学出版社，1996：144

表 9.9　历年夏津县小学发展概况（1985~2007 年）

年份	处数	班数	在校生数	教师数
1985	464	2033	60430	2502
1986	406	2000	61160	2528
1987	434	2016	64458	2684
1988	441	2060	63205	2731
1989	444	2056	62872	2831
1990	444	2051	62110	2924
1991	444	2061	62499	3002
1992	439	2052	61843	3057
1993	437	2029	61346	3121
1994	434	2180	61528	2928
1995	416	1962	61764	2999
1996	386	1893	59530	3065
1997	328	1648	58456	2963
1998	306（22）	1585	56183	2950
1999	284（102）	1532	51625	2898
2000	165（64）	1410	45546	2917
2001	111	1210	38502	2891
2002	103（64）	1102	33532	2641
2003	99	1057	27794	2663
2004	99	985	25678	2612
2005	99（49）	963	24462	2557
2006	93（55）	988	28820	2539
2007	100（16）	988	32653	2629

资料来源：夏津县教育志编辑组. 夏津县教育志（1985~2008）[Z].（内部资料）

表 9.10　历年夏津县初中发展概况（1985～2007 年）

年度	处数	班数	在校生数	专任教师数
1985	56	246	13220	901
1986	59	261	13552	979
1987	55	283	14827	1063
1988	53	341	16492	1139
1989	51	352	18060	1256
1990	47	357	19349	1194
1991	39	325	19270	1209
1992	37	314	18878	1276
1993	36	326	19215	1295
1994	34	368	19393	1252
1995	29	342	20379	1317
1996	22	307	22879	1360
1997	20	377	24330	1328
1998	22	386	25447	1369
1999	24	388	26645	1453
2000	20	397	27580	1448
2001	20	403	26925	1501
2002	20	403	26295	1501
2003	21	385	24056	1491
2004	21	367	22741	1526
2005	19	329	19428	1561
2006	19	373	16511	1465
2007	19	235	13559	1393

资料来源：夏津县教育志编辑组. 夏津县教育志（1985～2008）[Z].（内部资料）

表 9.11　历年夏津县高中发展概况（1985～2007 年）

年度	处数	班数	在校生数	专任教师数
1985	4	32	1714	121
1986	4	33	1950	125
1987	4	31	1943	132
1988	4	33	1944	140
1989	4	30	1721	167
1990	4	29	1459	118

年度	处数	班数	在校生数	专任教师数
1991	1	29	1661	110
1992	2	33	1885	123
1993	2	37	2154	124
1994	2	37	2198	133
1995	2	36	2310	156
1996	2	36	2340	159
1997	2	38	2430	174
1998	2	40	2450	181
1999	2	46	2541	179
2000	2	50	3190	204
2001	3	61	3876	238
2002	3	61	3876	238
2003	2	73	4759	308
2004	2	82	5428	347
2005	2	92	6117	381
2006	2	111	6573	500
2007	2	104	6320	534

资料来源：夏津县教育志编辑组. 夏津县教育志（1985～2008）[Z].（内部资料）

表 9.12　苏镇各村户数、人口及土地面积（2004 年）

村名	户数	人口	耕地面积	村名	户数	人口	耕地面积
苏镇	561	4842	2738	仁育官庄	235	735	1329
后屯	682	1986	3155	北徐庄	191	731	2260
范窑村	545	1979	4538	盛庄	204	726	1058
大兴庄	521	1840	3749	谢庄	262	721	1696
温辛庄	560	1832	2552	于庄	191	708	1092
尤王庄村	529	1810	4629	西闫	206	678	820
前屯	426	1386	1931	小石堂	191	644	1078
北铺店	390	1345	2455	大郭庄	173	632	1454
三十里铺	349	1334	2037	管庄	171	602	1217
毛王庄村	385	1278	3165	义合庄	170	589	660
侯官屯	310	1147	1878	东杨	155	568	992
封庄	296	1026	1469	郭堤口	127	522	1045
后籽粒屯	277	1021	1326	蔡庄	128	489	985

村名	户数	人口	耕地面积	村名	户数	人口	耕地面积
刘曹庄	276	985	2425	北双庙	115	467	1099
后周	289	985	1898	石庄	125	427	632
报效屯村	265	968	2685	郭寨	119	399	1195
于家仓	249	954	1747	刘堤	141	394	630
肖里官屯	352	952	2140	东闫	115	392	801
前周	248	946	1884	小辛庄	101	378	600
西杨	261	907	2099	东韩村	116	372	705
大石堂	287	897	1960	西韩庄	86	361	782
孙贺拐	236	845	1974	左堤	106	355	565
大王庄	247	839	1018	霍庄	104	340	855
前杏	269	818	2142	小王庄	86	246	303
后杏	226	813	1933	新金庄	76	237	859
南双庙	264	807	1044	任庄	66	195	525
梁吴庄	239	805	1806	小官庄	36	127	475

注：根据 2004 年夏津统计年鉴整理而成。

表 9.13　3 苏镇人口出生情况（1990～2010 年）

年份	出生人口	总人口
1990	819	
1991	582	
1992	530	
1993	354	
1994	235	
1995	267	
1996	342	
1997	460	
1998	597	
1999	578	
2000	748	
2001	784	
2002	909	
2003	695	50588

续表 9.13

年份	出生人口	总人口
2004	1066	50788
2005	924	51005
2006	971	51270
2007	888	51454
2008	776	51595
2009	764	52114
2010	571	52357

资料来源：根据苏镇计生资料整理而成。

参考文献

著作类

1. 〔爱尔兰〕瑞雪·莫非著. 黄涛, 王静译. 农民工改变中国农村[M]. 杭州: 浙江人民出版社, 2009

2. 〔德〕黑格尔著. 王造时译. 历史哲学[M]. 北京: 商务印书馆, 1963

3. 〔法〕H. 孟德拉斯著. 李培林译. 农民的终结[M]. 北京: 社会科学出版社, 2010

4. 〔加〕迈克·富兰著. 赵中建等译. 教育变革新意义[M]. 北京: 教育科学出版社, 2005

5. 〔加〕迈克·富兰著. 中央教育科学研究所译, 加拿大多伦多国际学院译. 变革的力量——深度变革[M]. 北京: 教育科学出版社, 2004

6. 〔美〕《教育周刊》编. 范国睿主译. 奥巴马的教育蓝图[M]. 北京: 教育科学出版社, 2010

7. 〔美〕H. 钱纳里, 〔以〕M. 赛尔昆著. 李新华等译. 发展的型式: 1950~1970[M]. 北京: 经济科学出版社, 1988

8. 〔美〕阿瑟·奥肯. 王奔洲等译. 平等与效率[M]. 成都: 四川人民出版社, 1999

9. 〔美〕艾尔·巴比著. 邱泽奇译. 社会研究方法基础[M]. 北京: 华夏

出版社，2002

10. 〔美〕戴维·B.秦亚克著．赵立玮译．一种最佳体制：美国城市教育史[M]．上海：上海人民出版社，2010

11. 〔美〕加布里埃尔·A.阿尔蒙德等著．曹沛霖等译．比较政治学：体系、过程和政策[M]．北京：东方出版社，2007

12. 〔美〕凯瑟琳·麦克德莫特著．周玲等译．掌控公立学校教育：地方主义与公平[M]．北京：教育科学出版社，2007

13. 〔美〕劳伦斯·阿瑟·克雷明著．周玉军，苑龙，陈少英译．美国教育史(2)——建国初期的历程(1783～1876)[M]．北京：北京师范大学出版社，2002

14. 〔美〕劳伦斯·阿瑟·克雷明著．单中惠，马晓斌译．学校的变革[M]．济南：山东教育出版社，2009

15. 〔美〕罗伯特·K.殷著，周海涛译．案例研究：设计与方法[M]．重庆：重庆大学出版社，2004

16. 〔美〕罗杰·B.迈尔森著．于寅、费剑平译．博弈论：矛盾冲突分析[M]．北京：中国经济出版社，2001

17. 〔美〕施坚雅著．史建云，徐秀丽译．中国农村的市场和社会结构[M]．北京：中国社会科学出版社，1998

18. 〔美〕苏黛瑞著．王春光，单丽卿译．在中国城市中争取公民权[M]．杭州：浙江人民出版社，2009

19. 〔美〕许烺光著．王芃徐，隆德译．祖荫下：中国乡村的亲属人格与社会流动[M]．台北：南天书局，2001

20. 〔美〕杨懋春著．张雄等译．一个中大郭庄庄：山东台头[M]．南京：江苏人民出版社，2001

21. 〔美〕约翰·罗尔斯著．何怀宏，何包钢，廖申白译．正义论[M]．北京：中国社会科学出版社，1988

22. 〔美〕詹姆斯·C.斯科特著．王晓毅译．国家的视角[M]．北京：社科文献出版社，2004

23. 〔美〕周锡瑞著．张俊义，王栋等译．义和团运动的起源[M]．南京：江苏人民出版社，1998：10

24. 〔挪威〕波·达林著．范国睿主译．理论与战略：国际视野中的学校发展[M]．北京：教育科学出版社，2002

25. 〔英〕戴维·布莱克莱吉著．王波等译．当代教育社会学流派——对教育社会学的解释[M]．北京：春秋出版社，1989

26. 《义务教育法释义》编写组．中华人民共和国义务教育法释义[M]．北京：中国法制出版社，2006

27. 曹锦清．如何研究中国[M]．上海：上海人民出版社，2010

28. 陈辉．古村不古——浙江衢州古村调查[M]．济南：山东人民出版社，2009

29. 陈庆云．公共政策概论[M]．北京：中央广播电视大学出版社，2003

30. 陈元晖．老解放区教育史[M]．北京：教育科学出版社，1982

31. 德州地区教育志编纂办公室编写．德州地区教育志[M]．天津：南开大学出版社，1996

32. 董海军．塘镇：乡镇社会的利益博弈与协调[M]．北京：社会文献出版社，2008

33. 范国睿．多元与融合：多维视野中的学校发展[M]．北京：教育科学出版社，2002

34. 范国睿．教育生态学[M]．北京：人民教育出版社，2000

35. 范国睿．学校管理的理论与实务[M]．上海：华东师范大学出版社，2003

36. 范先佐等．中国中西部地区农村中小学合理布局结构研究[M]．北京：中国社会科学出版社，2009

37. 费孝通．行行重行行[M]．银川：宁夏人民出版社，1992

38. 费孝通．江村经济[M]．北京：商务印书馆，1997

39. 龚孝华．变：学校教育评价观探索之旅[M]．北京：教育科学出版社，2007

40. 国家教育发展研究中心. 2002 中国教育绿皮书——中国教育政策年度分析报告[M]. 北京：教育科学出版社

41. 郝锦花. 新旧学制更易与乡村社会变迁[M]. 北京：人民出版社. 2009

42. 贺雪峰. 新乡土中国：转型期乡村社会调查笔记[M]. 桂林：广西师范大学出版社，2003

43. 贺雪峰. 什么农村，什么问题[M]. 北京：法律出版社，2008

44. 江铭主编. 中国教育督导史[M]. 北京：人民教育出版社，2003

45. 金一鸣，唐玉光. 中国素质教育政策研究[M]. 济南：山东教育出版社，2004

46. 劳凯声. 教育法论[M]. 南京：江苏教育出版社，1993

47. 李家成. 关怀生命：当代中国学校教育价值取向探[M]. 北京：教育科学出版社，2006

48. 李书磊. 村落中的"国家"[M]. 杭州：浙江人民出版社，1999

49. 李向平，魏杨波. 口述史研究方法[M]. 上海：上海人民出版社，2010

50. 李允杰，邱昌泰. 政策执行与评估[M]. 北京：北京大学出版社，2008

51. 联合国教科文组织著. 陶凤娟、何立婴编译. 教育计划和管理[M]. 杭州：浙江教育出版社，1985

52. 廉思. 蚁族：大学毕业生聚居村实录[M]. 桂林：广西师范大学出版社，2010

53. 廖泰初. 动变中的中国农村教育：山东汶上县教育研究[M]. 汶上县个人刊.

54. 刘铁芳. 乡土的逃离与回归[M]. 福州：福建教育出版社，2008

55. 刘欣. 基础教育政策与公平问题研究[M]. 武汉：华中师范大学出版社，2008

56. 刘英杰. 中国教育大事典（1949～1990）[M]. 杭州：浙江教育出版社，1993

57. 钱理群. 追寻生存之根——我的退思路[M]. 南宁：广西师范大学出版社，2005

58. 孟昭贵主编．夏津县志（古本集注）[M]．天津：天津人民出版社，2001

59. 桑兵．晚清学堂学生与社会变迁[M]．上海：学林出版社，1995

60. 山东省教育厅著．山东教育改革发展三十年（1978～2008）[M]．北京：教育科学出版社，2008

61. 山东省夏津县志编纂委员会编．夏津县志[M]．济南：山东人民出版社，1990

62. 石人炳．人口变动对教育的影响[M]．北京：中国经济出版社，2005

63. 孙立平．博弈：断裂社会的利益冲突与和谐[M]．北京：社会科学文献出版社，2006

64. 孙培青．中国教育管理史[M]．北京：人民教育出版社，1996

65. 陶行知．陶行知全集（第2卷）[M]．长沙：湖南教育出版社，1985

66. 陶行知．中国教育改造[M]．北京：人民出版社，2008

67. 王绍光，胡鞍钢．中国国家能力报告[M]．沈阳：辽宁人民出版社，1993

68. 王伟光．利益论[M]．北京：人民出版社，2001

69. 王献玲．中国民办教师始末[M]．北京：知识产权出版社，2008

70. 翁乃群．村落视野下的农村教育——以西南四村为例[M]．北京：社会科学文献出版社，2009

71. 吴毅．村治变迁中的权威与秩序[M]．北京：中国社会科学出版社，2002

72. 吴遵民．基础教育决策论[M]．上海：华东师范大学出版社，2006

73. 谢维和，李乐夫，孙风等．中国的教育公平与教育发展（1990～2005）[M]．北京：教育科学出版社，2008

74. 谢维和等著．中国的教育公平与教育发展（1990～2005）[M]．北京：教育科学出版社，2008

75. 熊易寒．城市化的孩子：农民工子女的身份生产与政治社会化[M]．上海：上海人民出版社，2010

76.　徐勇．中国农村村民自治[M]．武汉：华中师范大学出版社，1997

77.　袁振国．教育政策学[M]．南京：江苏教育出版社，2001

78.　张鸣．乡村社会权利和文化结构的变迁[M]．西安：陕西人民出版社，2008

79.　张强等．农村义务教育——税费改革下的政策执行[M]．北京：中国社会科学出版社，2004

80.　张新平等著．教育管理实践个案研究：实地研究方式[M]．上海：上海教育出版社，2007

81.　赵承福主编．山东教育通史：近现代卷[M]．济南：山东人民出版社，2000

82.　中共中央办公厅．中国共产党第八次全国代表人会文献[M]．北京：人民出版社，1957

83.　周彬．决策与执行：制度视野下的学校变革[M]．北京：教育科学出版社，2005

84.　朱奎保．利益论[M]．上海：华东师范人学出版社，1991

85.　转型期中国重大教育政策案例研究课题组．缩小差距：中国教育政策的重大命题[M]．北京：人民教育出版社，2005

中文期刊类

1.　埃格尔斯顿，范国睿．教育生态学研究的对象[J]．现代外国哲学社会科学文摘，1995（11）

2.　鲍传友．中国城乡义务教育差距的政策审视[J]．北京师范大学学报，2005（3）

3.　昌泽斌．超前性合理性效益性有序性——关于农村中小学布局调整的实践与思考[J]．教育科学，1995（1）

4.　钞秋玲，汪萍．城市与农村中学生自我概念的比较研究[J]．健康心理学杂志，2001（04）

5. 陈惠慈．日本小规模学校的复式教学[J]．教育导刊，1994（Z2）

6. 陈坚，陈阳．我国城乡教师流动失衡的制度分析[J]．教育发展研究，2008（Z1）

7. 陈建华．"为教育招兵，为民主募马"——论抗战胜利前后陶行知的民主教育思想[J]．大学教育科学，2010（05）

8. 陈建华．英国、澳大利亚、丹麦中小学学校发展规划项目的比较研究[J]．全球教育展望，2010（07）

9. 陈静漪，袁桂林．农村中小学布局调整与资源优化配置的个案研究[J]．教育学术月刊，2008（7）

10. 陈平水，刘惠瑾．山西省中小学布局结构调整问题研究[J]．教育理论与实践，2008（4）

11. 陈颖．中国农民社会资本的耗损表现、原因及启示——以 20 世纪 50 年代中期至 70 年代末期的状况为例[J]．华中科技大学学报（社会科学版），2006（06）

12. 谌启标．尼尔·波兹曼学校批判与学校重构理论[J]．比较教育研究，2005（04）

13. 褚宏启．历史上英国教育现代化进程的渐进式特征[J]．比较教育研究，2000（3）

14. 狄金华．中国农村田野研究单位的选择[J]．中国农村观察，2009（6）

15. 杜屏，赵汝英．美国农村小规模学校政策变化分析[J]．教育发展研究，2010（3）

16. 范国睿．"教育竞争"理论研究透视[J]．教育理论与实践，1995（06）

17. 范国睿．"文化生态与教育发展"论纲[J]．教育探索，2001（04）

18. 范国睿．当代国际基础教育改革：理论与实践的双向建构[J]．教育发展研究，2008（Z1）

19. 范国睿．多维视野中的学校及其变革[J]．教育发展研究，2004（10）

20. 范国睿．教育公平与和谐社会[J]．教育研究，2005（05）

21. 范国睿．教育生态系统发展的哲学思考[J]．教育评论，1997（06）

22. 范国睿. 教育资源分布研究[J]. 上海高教研究，1998（03）

23. 范国睿. 试论教育资源浪费及其对教育生态系统发展的影响[J]. 江西教育科研，1998（02）

24. 范国睿. 多维视野中的学校及其变革[J]. 教育发展研究，2004（10）

25. 范国睿. 复杂科学与教育组织管理研究[J]. 教育研究，2004（2）

26. 范国睿. 校本管理与学校发展计划[J]. 教育科学研究，2005（2）

27. 范先佐，郭清扬. 我国农村中小学布局调整的成效、问题及对策[J]. 教育研究，2009（1）

28. 范先佐. 农村学校布局调整与教育的均衡发展[J]. 教育发展研究，2008（7）

29. 范先佐. 农村中小学布局调整的原因、动力及方式选择[J]. 教育与经济，2006（1）

30. 方展画. 农村教育发展亟待三大突破[J]. 中国农村教育，2010（03）

31. 冯建军. 走向优质均衡：基础教育发展主题的转换[J]. 江苏教育研究，2010（22）

32. 高如峰. 对农村义务教育各级政府财政责任分工的建议方案[J]. 教育研究，2005（3）

33. 高如峰. 中国农村义务教育财政体制的实证分析[J]. 教育研究，2004（5）

34. 葛敬义. 实现规模办学　提高办学效益——关于农村一般小学布局调整和学校建设问题的思考[J]. 教育理论与实践，1992（05）

35. 郭建如. 国家—社会视角下的农村基础教育发展：教育政治学分析[J]. 北京大学教育评论，2005（3）

36. 郭福昌. 农科教结合的阶段、层次、基础和关键[J]. 教育研究，1994（05）

37. 郭清扬，王远伟. 我国农村中小学布局调整的总体评价[J]. 河北师范大学学报（教育科学版），2008（3）

38. 郭清扬. 农村学校布局调整与教育资源合理配置[J]. 教育发展研究，

2008（7）

39. 郭清扬. 我国农村中小学布局调整问题、原因及对策[J]. 华中师范大学学报（人文社会科学版）， 2008（1）

40. 郭于华. "弱者的武器"与"隐藏的文本"——研究农民反抗的底层视角[J]. 读书，2002（07）

41. 杭永宝，王荣. 农村教育：矛盾与对策[J]. 教育研究，2005（6）

42. 何卓. 对我国农村中小学布局调整的思考[J]. 教育发展研究，2008（1）

43. 和学新. 班级规模与学校规模对学校教育成效的影响——关于我国中小学布局调整问题的思考[J]. 教育发展研究，2001（01）

44. 胡俊生，李期. 农村教育城镇化：城乡一体化的助推器[J]. 甘肃社会科学，2010（02）

45. 胡俊生，司晓宏. 农村教育城镇化的路径选择——"平原模式"与"柯城模式"浅析[J]. 北京大学教育评论，2009（03）

46. 胡俊生. 农村教育城镇化：动因、目标及策略探讨[J]. 教育研究，2010（02）

47. 胡咏梅，杨素红. 学生学业成绩与教育期望关系研究——基于西部五省区农村小学的实证分析[J]. 天中学刊，2010（06）

48. 黄龙威. 义务教育均衡发展的重点是合理布局学校[J]. 当代教育论坛，2010（5）

49. 霍震，赵文嘉. 农村小学布局调整对家庭教育投资的影响[J]. 教育理论与实践，2008（4）

50. 贾勇宏. 教育政策执行中的村民与地方政府利益博弈[J]. 教育科学，2008（4）

51. 贾勇宏. 农村中小学布局调整的预期和动力[J]. 教育发展研究. 2007（11A）

52. 贾勇宏. 农村中小学布局调整的障碍与方式选择[J]. 华中师大学报（人文社会科学版），2008（2）

53. 课题组. 在税费改革中前行的农村教育——安徽省农村教育专题调研

报告[J]. 教育研究，2005（6）

54. 劳凯声. 重新界定学校的功能[J]. 教育研究，2000（08）

55. 李期，吕达. 关于农村教育城镇化的可行性探讨[J]. 延安大学学报（社会科学版），2010（1）

56. 李涛. 到底需要什么样的教育公平治理：农民视角下的统筹城乡教育综合改革——以全国统筹城乡综合配套改革试验区重庆和成都若干乡镇调研为例[J]. 河北师范大学学报（教育科学版），2009（5）

57. 李祥云. 农村中小学布局调整与"两免一补"政策实施情况分析[J]. 教育发展研究，2008（21）

58. 李祥云. 税费改革后农村中小学布局调整问题研究[J]. 教育发展研究，2008（21）

59. 李钰. "越小越好"——透视美国小型学校运动[J]. 全球教育展望，2003（04）

60. 李芝兰，吴理财. "倒逼"还是"反倒逼"——农村税费改革前后中央与地方之间的互动[J]. 社会学研究，2005（04）

61. 林岚. 一所农村薄弱初中的崛起——"洋思奇迹"的诞生之路[J]. 教育发展研究，2006（03）

62. 林天伦，陈国香. 基于博弈论的师生冲突分析[J]. 教育科学研究，. 2010（4）

63. 刘凤桐，王旭，李海南. 财教联手全面推进天津农村中小学布局调整[J]. 财政，1996（6）

64. 刘金玉，曹伟林，吴长华，等. 洋思：一个朴素的教育奇迹[J]. 上海教育科研，2008（01）

65. 刘乐山. 取消农业税后的农村义务教育经费分担问题研究[J]. 中国教育学刊，2005（1）

66. 刘荣勤，秦庆武. 农村教育与农村现代化——山东莱芜农科教协调发展的启示[J]. 中国社会科学，1994（02）

67. 刘世清. 论城镇化进程中农村基础教育的问题与政策建议[J]. 教育科

学，2005（3）

68. 鲁风. 山东省制订中小学布局调整总体规划[J]. 山东教育，2001（23）

69. 罗刚，范国睿. 新加坡的校际均衡与质量保障[J]. 全球教育展望，2009（05）

70. 罗兴才，伍稠. 优化农村中小学布局的几点思考[J]. 人民教育，2001（10）

71. 马佳宏，王贤. 城市中小学布局结构调整问题探讨——以桂林市为例[J]. 教育发展研究，2008（21）

72. 毛明东. 当前美国中小学"小型化"改革综述[J]. 浙江教育学院学报，2010（02）

73. 牟芳华. 山东省经济区域划分及区域经济差距的测度分析[J]. 山东社会科学，2006（7）

74. 庞丽娟，韩小雨. 农村中小学布局调整的问题、原因及对策[J]. 教育学报，2005（4）

75. 庞丽娟. 当前我国农村中小学布局调整的问题、原因及对策[J]. 教育发展研究，2006（2B）

76. 冉芸芳，王一涛. 教学点：何去何从——关于农村学校布局调整的一项质的研究[J]. 当代教育科学，2007（9）

77. 申美云，张秀琴. 教育成本、规模效益与中小学布局结构调整研究[J]. 教育发展研究，2004（12）

78. 石人炳. 国外关于学校布局调整的研究及启示[J]. 比较教育研究，2004（12）

79. 石人炳. 用科学发展观指导中小学校布局调整[J]. 中国教育学刊，2004（7）

80. 苏力. 当代中国的中央与地方分权——重读毛泽东《论十大关系》第五节[J]. 中国社会科学，2004（02）

81. 孙家振. 调整学校布局优化资源配置——关于农村义务教育阶段学校布局调整的实践与思考[J]. 山东教育科研，1997（1）

82. 孙绵涛. 关于教育政策分析若干理论问题的探讨[J]. 教育研究与实验，2002（02）

83. 孙艳霞. 农村中小学布局调整的得失[J]. 人民教育，2004（22）

84. 谭春芳，徐湘荷. 理性地看待农村教育"为农服务"[J]. 上海教育科研，2004（10）

85. 田正平，叶哲铭. 现代新式学校与乡村民众生活——以佳村震东小学为个案[J]. 华中师范大学学报（人文社会科学版），2009（5）

86. 田正平，于潇. 第一次全国教育会议与国民政府初期教育改革[J]. 高等教育研究，2010（10）

87. 涂艳国. 促进教育公平建设和谐社会——新世纪中国教育政策的重要转向[J]. 教育研究与实验，2008（04）

88. 万明钢，白亮. 教育公平、教育资源整合的路径反思——对农村地区寄宿制学校的重新解读[J]. 教育理论与实践，2009（25）

89. 万明钢，白亮. "规模效益"抑或"公平正义"——农村学校布局调整中"巨型学校"现象思考[J]. 教育研究，2010（04）

90. 王海英. 农村学校布局调整的方向选择——兼谈农村学校"撤存"之争[J]. 东北师大学报（哲学社会科学版），2010（05）

91. 王加强，范国睿. 教育生态分析：教育生态研究方式初探[J]. 教育理论与实践，2008（19）

92. 王坤庆. 当代教育研究的主要内容和发展趋势[J]. 湖北大学学报（哲学社会科学版），2001（6）

93. 王培刚. 当前农地征用中的利益主体博弈路径分析[J]. 农业经济问题，2007（10）

94. 王星. 经典小城镇理论的现实困境——重读费孝通先生的《小城镇四记》[J]. 社会科学评论，2006（2）

95. 王续坤. 环境文化与环境文化学[J]. 自然辩证法研究，2000（11）

96. 王逸群. 帕夫雷什中学：农科教结合的光辉典范[J]. 中国农村教育，2005（3）

97. 王莹，黄亚武．农村中小学布局调整中的教学点问题研究[J]．江西教育科研，2007（2）

98. 王颖，杨润勇．新一轮农村中小学布局调整后的负面效应：调查反思与对策分析[J]．教育理论与实践．2008（12）

99. 王永红，黄志鹏．基础教育改革的利益主体及其利益分析[J]．当代教育科学，2006（4）

100. 王勇鹏．我们需要怎样的城乡教育公平？——兼谈对当前我国"城乡教育均衡发展"公平性的一点思考[J]．湖南师范大学教育科学学报，2007（05）

101. 王玉明．转型时期中央与地方关系论纲[J]．南京社会科学，1999（7）

102. 王玉琼．利益集团与政策决策[J]．探索，2001（02）

103. 魏峰，张乐天．新时期我国教育政策的价值取向[J]．教育理论与实践，2010（13）

104. 魏向赤．税费改革对农村义务教育的影响[J]．教育研究，2005（3）

105. 温铁军．中国的城镇化道路与相关制度问题[J]．开放导报，2000（05）

106. 文新华，王红．2004 年全国教育经费分析[J]．教育发展研究，2007（07）

107. 文新华，鲁莉，张洪华，李锐利．关于"教育券"的分析[J]．教育发展研究，2003（01）

108. 邬志辉．中国百年教育现代化演进的线索与命题[J]．中国地质大学学报，2002（12）

109. 邬志辉，杨卫安．"离农"抑或"为农"——农村教育价值选择的悖论及消解[J]．教育发展研究，2008（Z1）

110. 吴洪超．农村中小学布局调整的困境与出路[J]．华中师大学报（人文社会科学版），2007（2）

111. 吴康宁．学校的社会角色：期待、现实及选择——基于社会学的审视[J]．教育研究与实验，2005（04）

112. 熊春文．"文字上移"：20 世纪 90 年代末以来中国乡村教育的新趋向

[J]. 社会学研究，2009（5）

113. 熊向明. 对当前农村中小学布局调整的反思——河南中原地区农村中小学布局调整调查分析[J]. 教育与经济，2007（2）

114. 许林. 农民教育观念的变化与更新——基于四川、山东、甘肃、内蒙古部分农村地区的调查[J]. 教育发展研究，2007（7）

115. 阎颖，徐鼎亚. 新时期农村城镇化的制约因素及对策[J]. 理论界，2007（02）

116. 杨平. 调整学校网点布局提高资源利用效率——关于黑龙江省农村中小学教育资源配置问题的调查与分析[J]. 教育与经济，1998（4）

117. 杨启亮. 薄弱学校：义务教育发展中的弱势群体[J]. 教育发展研究，2010（Z2）

118. 杨启亮. 底线均衡：义务教育优质均衡发展的解释[J]. 教育理论与实践，2010（01）

119. 杨润勇，王颖. 农村初中学生辍学的现状调查和规律研究——小康农村地区初中学生辍学现象研究之一[J]. 教育理论与实践，2004（01）

120. 杨小云. 近期中国中央与地方关系研究的若干理论问题[J]. 湖南师范大学社会科学学报，2002（01）

121. 杨兆山等. 加拿大学校布局调整研究及其启示[J]. 外国教育研究，2007（12）

122. 姚继军，张新平. 新中国教育均衡发展的测度[J]. 华东师范大学学报（教育科学版），2010（02）

123. 叶平. 人与自然：西方生态伦理学研究概述[J]. 自然辩证法研究，1991（11）

124. 尹宏玲，詹水芳. 浅谈乡镇合并[J]. 小城镇建设，2003（03）

125. 于海波. 农村学校布局调整要警惕辍学率反弹[J]. 求是，2009（16）

126. 余艳琴. 黄尚海. 关于农村义务教育师资问题的实证研究[J]. 教育理论与实践，2005（9）

127. 袁牧，张晓光，杨明. SWOT分析在城市战略规划中的应用和创新[J]. 城

市规划，2007（04）

128. 张伯承．农村义务教育阶段学校布局调整的思考[J]．当代教育论坛(学科教育研究)，2007（6）

129. 张国．中国城乡居民可支配收入相对差距及市场合理性研究[J]．中国农村观察，2000（05）

130. 张洪华．城镇化进程中的农村中小学布局调整问题及反思[J]．教育理论与实践，2010（08）

131. 张济洲．"离农"？"为农"？——农村教育发展中的悖论[J]．当代教育科学，2005（19）

132. 张乐天．对新中国"前十七年"农村教育发展的政策考察[J]．社会科学战线，2010（03）

133. 张新平．关于基础教育阶段学校办学标准的若干思考[J]．教育研究，2010（06）

134. 张源源，邬志辉．美国乡村学校布局调整的历程及其对我国的启示[J]．外国中小学教育，2010（07）

135. 张泽科．一个教育均衡发展的政府创新模型[J]．四川教育，2007（4）

136. 张志勇．教育的区域差距与政策选择[J]．北京师范大学学报，2005（3）

137. 赵丹，王一涛．教学点在农村学校布局中的地位探析[J]．教育科学，2008（2）

138. 赵瑞情，范国睿．多元文化价值导引健康教育生态[J]．教育科学研究，2008（06）

139. 郅庭瑾．论定量方法在教育研究中的有限性[J]．河南大学学报（社会科学版），2001（03）

140. 郅庭瑾．论科学主义对教育研究的影响[J]．教育科学，2000（04）

141. 周芬芬．地方政府在农村中小学布局调整中的执行策略[J]．教育与经济，2006（3）

142. 周芬芬．农村中小学布局调整对教育公平的损伤及补偿策略[J]．教育理论与实践，2008（19）

143. 周国雄. 论公共政策执行中的地方政府利益[J]. 华东师范大学学报（哲学社会科学版），2007（03）

144. 周加来. 城市化·城镇化·农村城市化·城乡一体化——城市化概念辨析[J]. 中国农村经济，2001（05）

145. 周怡. 社会结构：由"形构"到"解构"——结构功能主义、结构主义和后结构主义理论之走向[J]. 社会学研究，2000（03）

146. 周长岭. 论政策与实践的关系[J]. 理论探讨，1992（5）

147. 朱庆芳. 城乡差别与农村社会问题[J]. 社会学研究，1989（02）

148. 朱涛. 生存逻辑：城市农民工的利益表达机制[J]. 社科纵横，2009（2）

学位论文类

1. 郭清扬. 农村中小学布局调整的实证研究与理论探讨[D]：博士学位论文. 武汉：华中师范大学，2008

2. 黄丽平. 农村中小学布局调整问题研究[D]：硕士学位论文. 西安：陕西师范大学，2008

3. 亢霞. 中国农业生产结构调整的动力机制研究[D]：博士学位论文. 北京：中国农业大学，2005

4. 祈型雨. 利益表达与利益整合——关于教育政策的决策模式研究[D]：博士学位论文. 武汉：华中师范大学，2003

5. 谢炜. 中国公共政策执行过程中的利益博弈[D]：博士学位论文. 上海：华东师范大学，2007

6. 于伟敏. 南京国民政府时期义务教育研究（1927～1945 年）[D]：硕士学位论文. 长春：东北师范大学，2008

7. 张忠福. 农村中小学布局调整问题研究[D]：硕士学位论文. 上海：华东师范大学. 2003

政策文件类

1. 清政府. 钦定学堂章程. 1902-8-15

2. 清政府. 奏定学堂章程. 1903-1-13

3. 中华民国教育部. 整理教育方案草案. 1914-12

4. 南京国民政府. 小学法. 1932-12

5. 南京国民政府. 改良私塾办法. 1937-6-1

6. 教育部. 小学暂行规程（草案）. 1952-3-18

7. 政务院. 政务院关于整顿和改进小学教育的指示. 1953-11-26

8. 中共中央国务院. 关于普及小学教育若干问题的决定. 1980-12-3

9. 教育部. 关于普及初等教育基本要求的暂行规定. 1983-8-16

10. 山东省政府. 山东省农村中小学校舍改造六配套暂行标准. 1985

11. 中共中央. 中共中央关于教育体制改革的决定（中发〔1985〕12号）. 1985-5-27

12. 国务院. 征收教育费附加的暂行规定（国发〔1986〕50号）. 1986-4-28

13. 全国人民代表大会. 中华人民共和国义务教育法. 1986-7-1，2006-6-29

14. 山东省九年义务教育学校设置暂行规定（试行）. 1988-3-26

15. 夏津县教育局. 1992年教育工作计划要点. 1992-1

16. 中共中央、国务院. 中国教育改革和发展纲要（中发〔1993〕3号）. 1993-2-31

17. 德州地区教育局. 关于印发《普及九年义务教育评估验收暂行标准及说明》的通知（德地教字〔1995〕7号）. 1995

18. 全国人民代表大会. 中华人民共和国教育法. 1995-3-18

19. 建设部、国家计委、国家教委. 农村中小学建设标准（试行）（建标〔1996〕640号）. 1996-12-20

20. 中共中央、国务院. 关于进行农村税费改革试点工作的通知（中发〔2000〕7号）. 2000-6-24

21. 国务院办公厅. 国务院办公厅转发教育部等部门关于实施中小学危房改造工程意见的通知（国办发〔2001〕13 号）. 2001-2-27

22. 国务院. 关于基础教育改革与发展的决定（国发〔2001〕21 号）. 2001-5-29

23. 国务院办公厅. 国务院办公厅转发体改办等部门关于降低中小学教材价格深化教材管理体制改革意见的通知（国办发〔2001〕34 号）. 2001-6-4

24. 国务院办公厅. 国务院办公厅转发中央编办、教育部、财政部关于制定中小学教职工编制标准意见的通知（国办发〔2001〕74 号）. 2001-10-11

25. 教育部, 财政部. 关于报送中小学布局结构调整规划的通知. 2001-3-20

26. 财政部. 中小学布局调整专项资金及项目管理暂行办法（财教〔2001〕39 号）. 2001-6-19

27. 山东省政府办公室. 山东省人民政府办公室转发省教育厅等三部门关于坚决治理农村中小学乱收费问题的意见的通知（鲁政办发〔2001〕31 号）. 2001-4-20

28. 山东省政府办公室. 省府办转发省教育厅等部门关于坚决治理农村中小学乱收费问题的意见的通知（省府办〔2001〕31 号）. 2001-4-23

29. 山东省政府办公室. 省政府关于贯彻国发〔2001〕6 号文件积极推进小城镇户籍管理制度改革的通知（省政府〔2001〕43 号）. 2001-6-1

30. 山东省政府办公室. 省府办转发省教育厅等部门关于实施中小学危房改造工程的意见的通知（省府办〔2001〕63 号）. 2001-7-9

31. 山东省人民政府. 关于贯彻国发〔2001〕21 号文件精神推动基础教育改革与发展的意见（鲁政发〔2001〕86 号）. 2001-8-28

32. 德州市人民政府. 德州市人民政府关于积极推进小城镇户籍管理制度改革的意见（德政发〔2001〕44 号）. 2001-7-6

33. 德州市人民政府. 德州市人民政府关于印发《德州市"十五"教育发展规划纲要》的通知（德政发〔2001〕65 号）. 2001-9-26

34. 德州市人民政府办公室. 德州市人民政府办公室关于印发《德州市教育局职能配置内设机构和人员编制规定》的通知（德政办发〔2001〕33 号）. 2001-5-26

35. 德州市人民政府办公室. 德州市人民政府办公室关于印发关于加快基础教育改革与发展的意见的通知（德政办发〔2001〕112 号）. 2001-9-26

36. 德州市人民政府办公室. 德州市人民政府办公室关于转发市教育局关于进一步深化教育人事制度改革的意见的通知（德政办发〔2001〕113 号）. 2001-9-26

37. 国务院办公厅. 国务院办公厅关于暂停撤乡设镇工作的通知（国办发〔2002〕40 号）. 2002-8-11

38. 山东省人民政府. 山东省人民政府关于印发《山东省人才柔性流动若干规定》的通知（鲁政发〔2002〕60 号）. 2002-8-30

39. 山东省人民政府办公厅. 山东省人民政府办公厅转发省编委办公室等第三部门关于调整中小学教职工编制标准的建议（鲁政办发〔2002〕44 号）. 2002-8-13

40. 德州市人民政府办公室. 德州市人民政府办公室关于鼓励社会资金参与学校布局调整危房改造项目建设若干政策规定的通知（德政办发〔2002〕30 号）. 2002-11-19

41. 国务院办公厅. 国务院办公厅转发教育部等部门关于 2003 年治理教育乱收费工作实施意见的通知（国办发〔2003〕59 号）. 2003-6-24

42. 国务院办公厅. 国务院办公厅转发教育部等部门关于进一步做好进城务工就业农民子女义务教育工作意见的通知（国办发〔2003〕78 号）. 2003-9-17

43. 国务院办公厅. 国务院办公厅关于进一步加强农村税费改革试点工作的通知（国办发〔2003〕85 号）. 2003-10-8

44. 山东省人民政府. 山东省人民政府关于贯彻国办发〔2003〕1 号文件进一步做好农民进城务工就业管理和服务的通知（鲁政办发〔2003〕24 号）. 2003-5-9

45. 山东省人民政府办公厅. 山东省人民政府办公厅转发省教育厅关于加强 2003 年度教育综合督导工作的实施意见的通知（鲁政办发〔2003〕72 号）. 2003-8-19

46. 山东省人民政府办公厅. 山东省人民政府办公厅关于继续实施农村中小学危房改造工程的通知（鲁政办发〔2003〕95 号）. 2003-11-4

47. 山东省人民政府办公厅. 山东省人民政府办公厅转发省教育厅等部门关于进一步做好城市外来务工就业子女基础教育工作的意见的通知（鲁政办发〔2003〕96 号）. 2003-11-4

48. 国务院. 国务院关于做好 2004 年深化农村税费改革试点工作的通知（国发〔2004〕21 号）. 2004-7-21

49. 国务院办公厅. 国务院办公厅转发教育部关于建立对县级人民政府教育工作进行督导评估制度意见的通知（国办发〔2004〕8 号）. 2004-1-17

50. 国务院办公厅. 国务院办公厅关于妥善解决国有企业中小学退休教师待遇问题的通知（国办发〔2004〕9 号）. 2004-1-20

51. 山东省人民政府. 山东省人民政府关于夏津县 2003 年第十批次城镇建设用地的批复（鲁政字〔2004〕219 号）. 2004-3-30

52. 山东省人民政府. 山东省人民政府关于批转省教育厅山东省实施 2003——2007 年教育振兴行动计划的通知（鲁政发〔2004〕43 号）. 2004-6-9

53. 山东省人民政府办公厅. 山东省人民政府办公厅转发教育厅物价局省财政厅关于在全省义务教育阶段学校试行"一费制"收费办法的意见的通知（鲁政办发〔2004〕65 号）. 2004-7-30

54. 山东省人民政府办公厅. 山东省人民政府办公厅转发省教育厅关于对 2004 年度教育工作进行综合督导实施意见的通知（鲁政办发〔2004〕103 号）. 2004-12-20

55. 德州市人民政府办公室. 德州市人民政府办公室关于印发德州市中小学危房改造（布局调整）工程专项资金管理实施意见的通知（德政办字〔2004〕53 号）. 2004-7-26

56. 德州市人民政府办公室. 德州市人民政府办公室转发市教育局市物价局市财政局关于贯彻落实鲁政办发〔2004〕65号文件在义务教育阶段学校试行"一费制"收费办法的意见的通知（德政办发〔2004〕13号）. 2004-9-9

57. 德州市人民政府办公室. 德州市人民政府办公室转发德州市户籍管理制度实施方案的通知（德政办发〔2004〕21号）. 2004-12-2

58. 德州市人民政府办公室. 德州市人民政府办公室关于对全市农村中小学危房改造项目申验检查情况的通报（德政办发〔2004〕80号）. 2004-12-31

59. 国务院. 国务院关于2005年深化农村税费改革试点工作的通知（国发〔2005〕24号）. 2005-7-11

60. 国务院. 国务院关于修改《征收教育费附加的暂行规定》的决定（国务院令第448号）. 2005-9-20

61. 国务院. 关于深化农村义务教育经费保障机制改革的通知（国发〔2005〕43号）. 2005-12-24

62. 教育部. 教育部关于进一步推进义务教育均衡发展的若干意见（教基〔2005〕9号）. 2005-5-25

63. 山东省人民政府. 山东省人民政府关于进一步深化农村税费改革试点工作的通知（鲁政发〔2005〕137号）. 2005-9-29

64. 山东省人民政府办公厅. 山东省人民政府办公厅关于征收地方教育附加有关问题的通知（鲁政办发〔2005〕6号）. 2005-1-21

65. 山东省人民政府办公厅. 山东省人民政府办公厅转发省财政厅教育厅关于对农村义务教育阶段贫苦家庭学生实施"两免一补"工作的意见的通知（鲁政办发〔2005〕49号）. 2005-7-15

66. 山东省人民政府办公厅. 山东省人民政府办公厅转发省教育厅关于2004年度教育综合督导评估情况的报告的通知（鲁政办发〔2005〕63号）. 2005-9-12

67. 教育部、财政部、人事部、中央编办. 关于实施农村义务教育阶段学校教师特设岗位计划的通知（教师〔2006〕2 号）. 2006-5-15

68. 教育部. 教育部关于实事求是地做好农村中小学布局调整工作的通知（教基〔2006〕10 号）. 2006-6-9

69. 山东省人民政府. 山东省人民政府关于实施农村义务教育经费保障机制改革的通知（鲁政发〔2006〕97 号）. 2006-9-26

70. 德州市人民政府. 德州市人民政府关于实施农村义务教育经费保障机制改革的通知（德政发〔2006〕29 号）. 2006-11-20

71. 德州市人民政府办公室. 德州市人民政府办公室关于加强民办教育管理工作的意见（德政办发〔2006〕2 号）. 2006-1-22

72. 国务院. 国务院批转教育部《国家教育事业发展"十一五"规划纲要》的通知（国发〔2007〕14 号）. 2007-5-18

73. 国务院办公厅. 国务院办公厅转发国务院农村综合改革工作小组关于开展清理化解农村义务教育"普九"债务试点工作意见的通知（国办发〔2007〕70 号）. 2007-12-19

74. 山东省人民政府办公厅. 山东省人民政府办公厅关于免除农村民办义务教育学校学生杂费的通知（鲁政办发〔2007〕65 号）. 2007-9-5

75. 德州市人民政府办公室. 德州市人民政府办公室关于免除义务教育阶段学生杂费及实施普通高中家庭经济困难学生资助政策的实施意见（德政办发〔2007〕32 号）. 2007-9-22

76. 住房和城乡建设部、国家发展和改革委员会. 关于批准发布《农村普通中小学校建设标准》的通知（建标 109-2008）. 2008-12-1

77. 山东省人民政府办公厅. 山东省人民政府办公厅转发省教育厅等部门关于实施初中学生综合素质评价制度深化高中阶段学校招生制度改革的意见的通知（鲁政办发〔2008〕2 号）. 2008-1-15

78. 山东省人民政府办公厅. 山东省人民政府办公厅关于开展清理核实农村义务教育债务工作的通知（鲁政办发〔2008〕18 号）. 2008-4-1

79. 山东省教育厅．山东省教育厅关于印发<山东省普通中小学基本办学条件标准（试行）>的通知》（鲁教基字〔2008〕15 号）．2008-5-7

80. 德州市人民政府办公室．关于加强农村中小学校舍维修改造工作的通知（德政办字〔2008〕34 号）．2008-5-13

81. 教育部．关于贯彻落实科学发展观进一步推进义务教育均衡发展的意见（教基一〔2010〕1 号）．2010-1-4

82. 山东省人大常委会．山东省义务教育条例（鲁教法字〔2010〕1 号）．2010-1-1

史志年鉴类

1. 《中国教育年鉴》编辑部．中国教育年鉴（1949～1981）[Z]．北京：中国大百科全书出版社，1984

2. 《中国教育年鉴》编辑部．中国教育年鉴（1985～1986）[Z]．长沙：湖南教育出版社，1988

3. 陈元晖．老解放区教育史[M]．北京：教育科学出版社，1982

4. 德州地区教育志编纂办公室编写．德州地区教育志[M]．天津：南开大学出版社，1996

5. 德州地区统计局．德州地区统计年鉴（1986 年）

6. 皇甫东玉等．中国革命根据地教育纪事[M]．北京：教育科学出版社，1989

7. 李桂林，戚名琇，钱曼倩．中国近代教育史资料汇编[M]．上海：上海教育出版社，1995

8. 罗平汉．农村人民公社史[M]．福州：福建人民出版社，2002

9. 孟昭贵主编．夏津县志（古本集注）[Z]．天津：天津人民出版社，2001

10. 山东省档案馆，山东省社会科学院历史研究所．山东革命历史档案资料选编（1941.12～1942.8）[M]．济南：山东人民出版社，1983

11. 山东省档案馆，山东省社会科学院历史研究所．山东革命历史档案资

料选编（1949.1～5）[M]．济南：山东人民出版社，1986

12. 山东省教育厅著．山东教育改革发展三十年（1978～2008）[M]．北京：教育科学出版社，2008

13. 山东省夏津县统计局．夏津县统计年鉴（2005）

14. 山东省夏津县志编纂委员会编．夏津县志[M]．济南：山东人民出版社，1990

15. 苏镇学校管理委员会档案室．1990 年全县教育工作会议材料

16. 苏镇学校管理委员会档案室．1994 年义务教育实施方案

17. 苏镇学校管理委员会档案室．各年级学生统计表．1991

18. 苏镇学校管理委员会档案室．苏镇 1992 年小学阶段义务教育统计表

19. 苏镇学校管理委员会档案室．苏镇 2008 年人事编制统计样表

20. 苏镇学校管理委员会档案室．夏津县苏镇 1995 年义务教育档案

21. 夏津县档案局．1960 年夏津县各公社小学教师统计．1960.

22. 夏津县档案局．1961 年各初中学校报表——学生、班级、教师等数据．1961

23. 夏津县档案局．1961 年苏镇公社国民经济情况．1961

24. 夏津县档案局．1965 年各类学校分布清册．1965

25. 夏津县档案局．1973 年各中小学综合报表．1973

26. 夏津县档案局．1976 年各级各类学校报表．1976

27. 夏津县档案局．1980 年各级各类学校情况报表．1980

28. 夏津县档案局．县文教局有关中小学教育调整等工作的计划、意见、总结报告等．1961

29. 夏津县教育志编辑组．夏津县教育志（1840～1985）.〔内部资料〕

30. 夏津县教育志编辑组．夏津县教育志（1985～2008）.〔内部文稿〕

31. 中共夏津县委组织部，中共夏津县委党史研究室．中共夏津地方史[M] 山东：山东地图出版社，2009

32. 中共中央马克思恩格斯列宁斯大林著作编译局编译．列宁全集（第 16 卷）[M]．北京：人民出版社出版，1988

33. 中国人民政治协商会议山东省夏津县委员会文史资料研究委员会. 夏津文史资料[Z].〔内部发行〕，1988

34. 中央教育科学研究所. 中华人民共和国教育大事记（1949～1982）[M]. 北京：教育科学出版社，1984

报刊类

1. 白莉. 农村教育发展有助于推进城市化[N]. 杭州日报，2006-01-23（10）

2. 鲍道苏. 农村需要什么样的小学教育[N]. 中国教育报，2004-09-26（3）.

3. 曹诗弟. 中国教育研究能否从下到上[N]. 中国教育报，2002-03-21（08）

4. 程娇. 读书郎回流增多，老师教学更用心[N]. 海南日报，2007-04-03（003）

5. 单中惠，杨捷. 发展中国家农村教育的出路[N]. 中国教育报，2003-09-14

6. 耿庆海. 乡镇撤并 600 个减负 6 亿元(山东 2001 年)[N]. 中国建设报，2001-04-10（001）

7. 韩俊杰，梁斌. 农民工自学 18 年拿到硕士学位求职仍屡遭碰壁[N]. 中国青年报. 2010-08-18（6）

8. 蒋夫尔. 西部农村教育综合改革到底卡在哪儿[N]. 中国教育报，2001-05-21（02）

9. 梁杰.滨州市滨城区城乡学校"捆绑"结盟[N].中国教育报，2009-08-31（01）

10. 刘峰，常国梁."洋思"进城仍然面向大众[N]. 泰州日报，2005-09-02（3）

11. 刘华蓉. 农村教育：重中之重[N]. 中国教育报，2003-08-22

12. 孙亚斐. 寄宿学校让家长省心又省钱[N]. 兰州日报，2007-12-17

13. 王伟健. 三问"最美乡村学校"[N]. 人民日报. 2010-04-13（12）

14. 徐永."小饭桌"不能成监管真空[N]. 南京日报，2009-09-13（A02）

15. 杨占苍，马贵明. 布局调整让农村教育第二次腾飞[N]. 中国教育报. 2004-04-24（1）

16. 于洪光，王学文. 乡财县管山东乡镇机构"瘦身"[N]. 中国改革报，2006-02-20（001）

17. 袁桂林. 对农村教育发展的调查和思考[N]. 中国教育报，2003-08-22

18. 郑玮娜. 海南在 8 个贫困县实施"教育移民"[N]. 中国教育报. 2008-2-21（1）

电子文献类

1. 安玉，周江. 农村娃返乡就学的背后——朔州市平鲁区推进城乡教育均衡发展 [EB/OL]. （2009-01-09) [2010/5/21]. 搜狐新闻：http://news.sohu.com/ 20090109/n261652883.shtml.

2. 中国教育年鉴[EB/OL]. [2010/3/29]. http://www.edu.cn/nian_jian_542/

3. 王宏旺. 农村中小学"撤点并校"八年之痛_深度报道_新闻_腾讯网 [EB/OL]. （2009-04-01)[2010/9/29]. http://news.qq.com/a/20090401/001634.htm.

4. 《中国新闻周刊》：读书无用在农村再抬头 [EB/OL]. （2007-01-14) [2011/1/27]. 搜狐新闻：http://newslsohu.com/20070114/n247600875.shtml.

5. 石小磊. 江苏拟规定教师在同所学校任职不能超 6 年 [EB/OL]. （2010-02-23) [2011/3/15] 人民网教育频道：http://edu.people.com.cn/ GB/ 11004842.html

6. 张宇鸿. 山东省乡镇行政区划调整近尾声减负 6 亿元 [EB/OL]. (2001-04-03) [2011/3/29]. http://news.sina.com.cn/c/222216.html

外文类

1. Christopher R. Berry. School Consolidation and Inequality[EB/OL]. http://harrisschool.uchicago.edu/About/publications/working-papers/pdf/wp_07_02.pdf

2. David Strang. The administrative transformation of American education: school district consolidation 1938-1980[J]. *Administrative Science Quarterly*, 1987 (3): 352-366

3. Douglas Lehman. Bringing the School to the Children: Shortening the Path to EFA[EB/OL]. August，2003. http://siteresources.worldbank.org/EDUCATION/Resources/Education-Notes/EdNotesRuralAccessInitiative.pdf

4. Duncombe, W., Yinger, J. Does school district consolidation cut costs? Center for Policy Research，The Maxwell School，Syracuse University Working Paper No. 33，2001

5. Mets, M. H. The Closing of Andrew Jackson Elementary School: Magnets in School System Organization and Politics，in B. S. Bachrach (ed.) *Organization Behavior in Schools and Schools Districts*，New York: Praeger, 1981

6. Phipps, A.G., and J. Holden. Intended Mobility Response to Innercity School Closure (, Canada)，*Environment and Planning,* 1985 (17)

7. Sara Heshcovitz，Socio-Spatial Aspects of Changes in Educational Services: TelAviv and Jerusalem，1970-1988 [J]. *The Service Industries Journal*, Apr 1991 (11)

8. Serge Theunynck (2003). Education for All: Building the Schools. http://siteresources.worldbank.org/DISABILITY/Resources/280658-1172610312075/EFABuildingSchools.pdf

9.　Serge Theunynck，School Constructionin Developing Countries: What Do We Know?[EB/OL].

http://www.sheltercentre.org/library/School+Construction+Developing+Countries+What+do+we+know

10.　Yeager, R. F. Rationality and Retrenchment: The Use of a Computer Simulation to Aid Decision Making in School Closing [J]. *Education and Urban Society* 1979 (11)

后 记

2008 年 9 月，我非常荣幸地考入华东师范大学，投在范国睿教授门下。然则，我在"上有老，下有小"的人生阶段，再次遁入象牙塔，未免被家乡父老及周边亲友所难理解。已过而立之年却仍无所成，舍弃家人远方求学，肩负的责任与压力自不必言。

"经师易遇，人师难求。"范老师不仅教学问，也教做人。他曾说过："偶遇困顿坚忍不拔方显英雄本色"、"做人要低调，敬天地自然，除骄奢淫逸"、"从点滴做起，修身养性，恪守礼纪"。在为学方面，他教导我们："戒虚夸浮躁，淡泊明志"、"慎思古今中外经典"、"自句辞入手，谋篇布局，激扬文字"。在范老师的精心指导下，我不仅在教育基本理论方面有所拓展，还接受了比较全面的学术训练，掌握了问卷设计、个案访谈、文献检索、统计分析、图表制作等一系列研究方法，既可以独立研究，也可以很好地与人合作。本研究从题目确定、方法选择、框架拟定、撰写成稿到修改润色，都凝聚着范老师的大量心血。他高深的智慧、敏捷的思维，常常令我有豁然开朗之感。高山景行，虽不能至，然心向往之。

为了做好学位论文，无愧于博士之称，我全身心地投入其中。无论观看电视还是与友聊天，我都能比较自然地转向对农村学校布局调整问题的思考与讨论。无论同学、朋友还是老师，都乐意与我交流，他们的忠告和建议为论文的顺利完成做出了重要贡献。

在开题过程中，老师们诙谐幽默、入门三分的点评，给我很多启发与灵感。黄向阳老师给我讲了几个例子，建议论文要有丰富的素材，呈现一定的历史感；黄书光老师建议修改论文的副标题，以体现研究的范围与侧重；黄忠敬老师从电视剧《蜗居》讲起，阐述了草根阶层利益博弈的艰辛，建议要深入挖掘沉默背后的声音；李家成老师更加关注研究定位及价值取向，建议结合学校发展与变革，阐述各个时期不同主体的利益博弈，展示教育对农村发展和国家命运的意义；李政涛老师对这个选题给予了充分肯定，认为这是尝试关注中国问题，有助于形成我们中国的经验，有助于通过学校布局调整的教育问题来为农村社会的改造、农民文化的改变做出来自教育问题的思考，发出教育领域的声音，为此，他在论文选材和研究侧重方面给出了宝贵建议；杨小微老师着重阐述了其中的文化因素，认为学校布局调整不能仅仅关注效率问题。

李剑萍校长来上海开会，勉励我说："做学问一定要长期坚持，习惯而自然。"谈及我的博士论文，他认为应该按照博弈思维行文，呈现其中的教育味道，并为教育学原理学科服务。2010年初春，我与大学同学冯剑兵在泉城济南小聚。他对费孝通颇有研究，还懂博弈论，对农村学校布局调整很感兴趣。他兴致勃勃地为我提供各种信息，希望能够增加论文的厚度。

2008级博士班是一个科研气氛非常浓厚的集体。围绕毕业论文的开题与撰写，我们自发组织了几次讨论，每次都有十几位同学参加，就各自论文进展中存在的问题进行研讨，取长补短，各有获益。有一次，我们非常荣幸地邀请到李政涛教授，他精彩的点评提升了学术研讨品位。在听完我的论文进展情况以后，他建议我一定要把视野打开，并推荐阅读曹锦清先生的《如何研究中国》。在多次的讨论与交流中，各位同学都对我的论文提出了宝贵建议，尤其是赖秀龙博士、董吉贺博士、冯旭阳博士、赵金坡博士、周翠萍博士、杜芳芳博士、尹伟博士、李福春博士、李飞博士等，都能知无不言，言无不尽。由此，论文思路更加清晰，也避免了不少弯路。

难忘文科大楼1115室，这间小小的办公室，汇聚了三年以来同门之间共同成长的温馨与快乐。难以忘记每人一台手提电脑，围坐桌前合作攻关情景；难以忘记，写作之余，有师弟师妹剥几瓣橘子、几颗糖果分与众人，甜美之情令写作中的劳苦与倦意尽消；难以忘记，刚从冬日寒冷的室外进入办公室，立刻有师弟师妹递上热乎乎的水杯，帮助驱散外侵的寒气。感谢戴成林、苏娜、王举、黄欣、张淑萍等在前期资料整理和后期论文修改中为我提供的各种帮助。

感谢舍友殷建华、林成堂和冯旭阳等三位博士，陪伴我在盘湾里研究生公寓度过了两年美好时光；感谢赖秀龙博士和董吉贺博士，虽然在同普路研究生公寓仅仅同处一年，却创建了一个令人羡慕的宿舍集体，秉烛夜谈的兴致常令彼此生出弥足珍贵的灵感，失意时的相互鼓励更是支撑着彼此可以在困顿难行时仍能保持坚忍不拔的毅力。

感谢德州市第十五中学的刘焕芹老师，耐心细致的帮我筛选访谈对象，帮我打听获取内部资料的方法；感谢我的妹妹张洪菊女士和妹夫周金华老师，他们帮我收集了大量一手资料并尽其所能地提供各种帮助。感谢夏津县第六中学张子春校长夫妇，是他们不厌其烦的为我提供各种信息材料，才使得本论文不断丰富；感谢夏津县教育局王子坤副局长，连续多次接受我的访谈，详细介绍了夏津县的办学情况；感谢苏镇学校管理委员会马洪奎主任、苏金生副主任，耐心细致的为我讲述苏镇各个学校的办学情况；感谢所有在访谈过程中为我提供帮助的校长、老师、村委书记和村民，感谢他们耐心细致地回忆各个时期的办学情景，为我讲述一个个生动有趣的故事，毫无保留的告诉我各种信息。

谨以此书献给我的父母、妻子和儿子。论文能够如期完成，离不开家人的帮助与支持。父亲病重怕影响我学习，一直没告诉我，连续两周家里一直没人接电话引起了我的怀疑，再三追问之下妹妹才告知实情。母亲在照顾父亲期间，年迈的姥爷又去世了，她承受了前所未有的压力，我却不能为她分担什么。感谢我的爱人马学梅医生，她含辛茹苦地为我撑持整个家，为了照顾双胞胎儿子上幼儿园，她经常请求同事协调工作时间，其中的艰辛可想而知。尽管如此，她仍对我的学习、调研和写作给予最大的理解与支持，她的爱给了我无限的动力之源。

本书是在我博士毕业论文基础上修改而成的。在写作和修改过程中先后得到华东师范大学 2010 年优秀博士研究生培养基金项目"农村中小学布局调整政策执行研究"（项目编号：2010001）和天津市教育科学"十二五"规划课题"城市化进程中的中小学布局研究"（项目编号：CEYP5008）的支持。本书的出版还得到了天津职业技术师范大学师范能力与职业能力研究发展中心的资助。南开大学出版社的赵文娇女士及其他编校人员耐心细致地通读了全稿，并提出了很多建设性建议，在此致以衷心的感谢。

作　者

2014 年 7 月 8 日

南开大学出版社网址：http://www.nkup.com.cn

投稿电话及邮箱： 022-23504636   QQ：1760493289
                                   QQ：2046170045(对外合作)
邮购部：   022-23507092
发行部：   022-23508339   Fax：022-23508542

南开教育云：http://www.nkcloud.org

App：南开书店 app

　　南开教育云由南开大学出版社、国家数字出版基地、天津市多媒体教育技术研究会共同开发，主要包括数字出版、数字书店、数字图书馆、数字课堂及数字虚拟校园等内容平台。数字书店提供图书、电子音像产品的在线销售；虚拟校园提供 360 校园实景；数字课堂提供网络多媒体课程及课件、远程双向互动教室和网络会议系统。在线购书可免费使用学习平台，视频教室等扩展功能。